城市轨道交通操作岗位系列培训教材

U0649679

URBAN
RAIL TRANSIT

Platform Screen Door, Lift and Escalator Repairman

城市轨道交通屏蔽门、电扶梯检修工

主　编　郝晓平

副主编　任艳江　曲泽超

主　审　张华英

人民交通出版社股份有限公司

北京

内 容 提 要

本书为城市轨道交通操作岗位系列培训教材，基于城市轨道交通屏蔽门、电扶梯检修岗位的培训需求，结合设备维护保养的实践经验编写而成。全书共分为基础知识篇和实务篇两篇，介绍了城市轨道交通屏蔽门、电扶梯系统、电梯系统的设备构造、工作原理，维修工具及仪器仪表，故障分析与处理等内容。为了便于读者理解和复习，在每章开始均附有岗位应知应会模块，以供学习时参考。

本书可作为城市轨道交通屏蔽门、电扶梯检修岗位培训教材，也可供职业院校城市轨道交通相关专业学生学习使用。

图书在版编目（CIP）数据

城市轨道交通屏蔽门、电扶梯检修工/郝晓平编著. — 北京：人民交通出版社股份有限公司，2017.6（2025.1重印）

ISBN 978-7-114-13464-7

I.①城… II.①郝… III.①地下铁道车站—屏蔽—门—检修—岗位培训—教材②地下铁道车站—自动扶梯—检修—岗位培训—教材 IV.①U231.4

中国版本图书馆CIP数据核字（2016）第273085号

城市轨道交通操作岗位系列培训教材

书　　　名：**城市轨道交通屏蔽门、电扶梯检修工**

著 作 者：郝晓平

责任编辑：吴燕伶　张江成

出版发行：人民交通出版社股份有限公司

地　　　址：（100011）北京市朝阳区安定门外外馆斜街3号

网　　　址：http://www.ccpcl.com.cn

销售电话：（010）85285857

总 经 销：人民交通出版社股份有限公司发行部

经　　　销：各地新华书店

印　　　刷：北京建宏印刷有限公司

开　　　本：787×1092　1/16

印　　　张：15.5

字　　　数：329千

版　　　次：2017年6月　第1版

印　　　次：2025年1月　第7次印刷

书　　　号：ISBN 978-7-114-13464-7

定　　　价：48.00元

（有印刷、装订质量问题的图书，由本公司负责调换）

P R E F A C E | 序

著述成书有三境：一曰立言传世，使命使然；二曰命运多舛，才情使然；三曰追名逐利，私欲使然。予携众编写此系列丛书，一不求"立言"传不朽，二不恣意弄才情，三不沽名钓私誉。唯一所求，以利工作。

郑州发展轨道交通八年有余，开通运营两条线46.6公里，各系统、设施设备运行均优于国家标准，服务优质，社会口碑良好。有此成效，技术、设备等外部客观条件固然重要，但是最核心、最关键的仍是人这一生产要素。然而，从全国轨道交通发展形势来看，未来五年人才"瓶颈"日益凸显。目前，全国已有44个城市轨道交通建设规划获得批复，规划总里程7000多公里，这比先前50年的发展总和还多。"十三五"期间，城市轨道交通发展将处于飞跃发展时期，相关专业技术人才将面临"断崖"处境。社会人才储备、专业院校输出将无法满足几何级增长的轨道交通行业发展需求。

至2020年末，郑州市轨道交通要运营10条以上线路，总里程突破300公里，人才需求规模达16000人之多。环视国内其他城市同期建设力度，不出此左右。振奋之余更是紧迫，紧迫之中夹杂些许担心。思忖良久，唯立足自身，"引智"和"造才"双管齐下，方可破解人才困局，得轨道交通发展始终，以出行之便、生活之利飨商都社会各界，助力国家中心城市和国际商都建设。

郑州市轨道交通通过校园招聘和订单班组建，自我培养各类专业技术人员逾3000人。订单班组建五年来，以高职高专院校的理论教学为辅，以参与轨道交通设计、建设和各专业各系统设备生产供应单位的专家实践教学为主，通过不断创新、总结、归纳，逐渐形成了成熟的培养体系和教学内容，所培养学生大都已成为郑州市轨道交通运营一线骨干力量。公司以生产实践经验为依托，充分发挥有关合作院校的师资力量，同时在设备制造商、安装商和设施设备维修维保商的技术支持下，编写了本套城市轨道交通操作岗位系列培训教材，希望以此建立起一套符合郑州市轨道交通运营实际且符合轨道交通行业发展水平的教材体系，为河南乃至全国轨道交通人才培养略尽绵薄之力。

教材编写过程中,得到了西南交通大学、大连交通大学、石家庄铁道大学、上海地铁维护保障有限公司、郑州铁路职业技术学院以及人民交通出版社股份有限公司的大力支持,在此一并表示感谢。

以羽扣钟,既有总结之意,也有求证之心,还请业内人士不吝赐教。

是为序。

张　洲

2016 年 10 月 21 日

FOREWORD | 前言

　　随着社会的发展,城市化建设进程越来越快,现代城市交通问题成为各大城市的重大难题,在寻求这一难题解决方法的过程中,人们的目光逐渐聚焦在城市轨道交通上。近年来,城市轨道交通在我国发展迅速。城市轨道交通改善了交通状况,并且节省土地、优化城市区域布局,进一步促进国民经济建设,改善了城市居民的生活质量。

　　城市轨道交通屏蔽门、电扶梯系统是城市轨道交通的重要组成部分,同时也是直接保护和运载乘客的主要系统之一,该系统及设备状态直接关系到乘客乘车的安全。为满足各大院校培养城市轨道交通屏蔽门、电扶梯系统相关人才的需要,特组织编写本书。

　　本书是按照由理论到实践的思路编写的,主要介绍了城市轨道交通屏蔽门、电扶梯系统的知识,国内外现状及发展趋势,各子系统或设备基础理论知识,各子系统或设备日常和定期维护,以及常见故障处理方法等。

　　本教材为城市轨道交通屏蔽门、电扶梯系统岗位培训教材,供屏蔽门、电扶梯系统岗位培训使用,亦可供有关专业技术人员参考。

　　本书由郝晓平担任主编,任艳江、曲泽超任副主编,张华英主审。其中第一、三、八、十二、十三章、十四章由曲泽超编写,第二、四、六章由路扬编写,第三、五章由王璐编写,第七章由孙世鹏编写,第九章由房梁编写,第十、十一章由于世杰编写。张华英来自上海地铁维护保障有限公司,其余人员来自郑州市轨道交通有限公司。

　　由于城市轨道交通屏蔽门、电扶梯系统技术更新快,加之编写人员技术水平和实践经验的局限性,错误与不足之处在所难免,敬请广大使用单位和个人不吝赐教,提出宝贵意见。

　　本书在编写过程中,得到西南交通大学、大连交通大学、石家庄铁道大学、上海地铁维护保障有限公司、郑州铁路职业技术学院以及人民交通出版社股份有限公司的大力支持,在此表示诚挚的感谢!

编　者
2016 年 10 月

INTRODUCTION | 学习指导

一 岗位职责

屏蔽门、电扶梯专业操作岗位的从业人员是城市轨道交通屏蔽门、电扶梯设备安装调试、运行维护、操作检修、故障处理、技术改造等项目的工作人员。其岗位职责包括安全职责和工作职责。

1. 安全职责

（1）对相应的生产工作负直接责任，做好生产第一现场的安全把控工作。

（2）保证安全生产的各项规章制度的贯彻执行。

（3）组织学习并落实公司的各项安全管理规定和安全操作规程。

（4）负责所辖范围内特种设备的安全管理工作，确保特种作业、特种设备操作人员持证上岗。

（5）参加公司组织的各项培训工作，努力提高业务技能水平，增强安全意识。

（6）定期开展自查工作，落实隐患整改，保证生产设备、安全装备、消防设施、救援器材和急救用具等处于完好状态，并能够正确使用。

（7）及时反映生产过程中存在的各类问题，及时找到解决途径，以确保安全生产，保障人身、设备安全。

（8）负责对屏蔽门、电扶梯专业系统设备的巡视、维修维护以及应急抢险工作。

2. 工作职责

（1）积极学习安全政策和规章制度，参加各项安全操作规程培训；协助班组做好安全检查和其他各项安全工作。

（2）做好对变电所的日常巡视、值班，数据及故障统计、汇总、上报等工作。

（3）按计划对设备进行日常维护、检修、保养，参与设备缺陷整改、整治。

（4）负责设备故障处理、配合设备抢修。

（5）积极参与班组建设，定期参加班组组织的各种会议。

（6）积极参与工班和科室开展的各种培训，不断提高个人业务水平和技术能力。

（7）积极完成上级领导交办的临时性工作任务，做好班组宣传工作，参与党、工、团组织的各项活动。

（8）配合设备的技改、工程整改工作的开展。

（9）参与新线建设工作，及时提报工程问题，并配合上级管理部门督促承包商进行整改；参与新线供电设备的验收工作。

二 课程学习方法及重难点

首先，需要掌握屏蔽门、电扶梯相关的基础知识，在基础知识篇里需要掌握屏蔽门、电扶梯系统的组成，屏蔽门、电扶梯系统各部件的结构特点、工作原理等内容。这些为后续介绍的设备维护和故障处理打下一定的理论基础。学习完基础知识篇的内容后，进行实务篇的学习。实务篇中需要学习并掌握屏蔽门、电扶梯系统的设备维护、设备故障处理、典型故障分析处理等内容。

本书基础知识篇的学习难点是掌握设备的工作原理，实务篇的难点是常见的故障处理和分析。这些内容需要反复学习，并加以实践，才能做到完全掌握。

三 岗位晋升路径

根据人员情况，定期对满足职级要求（工作年限、职称、学历、绩效考评）的人员，按照一定比例进行晋级。员工晋升通道划分：

1. 技术类职级序列

由低到高依次为：技术员、助理、工程师一、工程师二、工程师三、主管。

2. 操作类职级序列

由低到高依次为：初级工、中级工、高级工一、高级工二、技师一、技师二、高级技师。

CONTENTS|目录

第一部分 屏蔽门检修工

第二部分　电扶梯检修工

**第一篇
基础知识篇**

第二篇 实务篇

屏蔽门检修工

|第一篇|基础知识篇

第一章　城市轨道交通屏蔽门系统概述

岗位应知应会

1.对屏蔽门系统概念、功能及种类,技术发展趋势及主要技术标准有一个整体的认识。
2.掌握屏蔽门系统的概念、功能和种类,并了解屏蔽门系统的技术发展趋势和主要技术标准。

重难点
屏蔽门系统的概述、功能和种类。

第一节　屏蔽门系统概念

屏蔽门系统是安装于城市轨道交通和轻轨交通车站站台边缘,将轨道与站台候车区隔离,设有与列车门相对应、可多级控制开启与关闭滑动门的连续屏障系统。屏蔽门是集建筑、机械、材料、电子和信息等学科于一体的高科技产品,是城市轨道交通和轻轨交通站台安全防护的核心设施。

第二节　屏蔽门系统功能及种类

随着国家积极财政政策的实施,我国城市轨道交通建设进入高速发展期。目前我国城际轨道交通建设处于快速发展和不断完善时期,改善城市轨道交通系统工程及配套设施,优化候车环境,提高城市交通水平,是城市发展的必然要求和趋势。屏蔽门系统是应用在城市轨道交通中的一种安全装置。它是围绕城市轨道交通站台边缘设置的局部可控开关的隔离屏障,将列车与城市轨道交通站台候车区域隔离,当列车到达后和出发前可实现自动开启和关闭,为乘客营造一个安全、舒适的候车环境。我国大部分城市的城市轨道交通已经安装或即将安装屏蔽门系统。作为一项新技术的应用,屏蔽门系统在城市轨道交通中发挥着重要作用。

一、屏蔽门的功能

通过安装屏蔽门系统,有效减少了空气对流造成的站台冷热气的流失,降低了列车运行产生的噪声及活塞风对车站的影响,为乘客提供了舒适的候车环境,保障了列车和乘客上下车及进出站时的安全,提高了城市轨道交通运营社会效益。据地铁行业运营报告显示,地铁屏蔽门系统使空调设备的冷负荷减少 35% 以上,环控机房的建筑面积减少 50%,空调电耗降低 30%。因此屏蔽门系统在城市轨道交通运营中具有不可替代的重要作用。其具体作用如:

(1)屏蔽门系统可以防止人和物体落入轨道、非工作人员进入隧道,避免因此导致的延迟运营、增加额外成本的发生。

(2)减少站台区与轨行区之间气流的交换,降低通风空调系统的运营能耗。

(3)屏蔽门系统也是铁路车辆和车站基础设施之间的紧急栏障安全系统。

(4)减少列车运行噪声及活塞风对站台候车乘客的影响,改善乘客候车环境。

(5)保障乘客和工作人员的人身安全,阻挡乘客进入轨道,拓宽乘客在站台候车的有效站立空间。

(6)可有效管理乘客,当列车停靠在正确的位置上,乘客才可以进入列车或站台。

(7)在火灾或其他故障模式下,可以配合相关系统进行联动控制。

二、屏蔽门的种类

根据结构形式的不同,屏蔽门可分为以下几种:

(一)全封闭式屏蔽门

全封闭式屏蔽门如图 1-1 所示,它是一道从站台天花板至地板的全封闭式玻璃隔离墙和闸门,沿着车站站台边缘和两端头设置,将站台候车区与列车进站停靠区完全隔离。这种屏蔽门系统的主要功能是提高安全性、节约能耗以及降低噪声等,其适合新建或已运营路段增建站台门的轨道交通系统。

图 1-1　全封闭式屏蔽门

（二）全高式屏蔽门

全高式屏蔽门如图1-2所示,其亦称准屏蔽门,它由一道上不封顶的玻璃隔离墙和活动门(或不锈钢篱笆门)组成。只在近天花板处留下一缝隙,或者直接与车站的空间连通,这样的设计允许轨道与站台间有空气对流。与全封闭式相比,全高式屏蔽门安装位置基本相同,但结构简单,高度低,空气可以通过屏蔽门上部流通,造价也低。它主要是起隔离作用,提高站台候车乘客的安全性,同时它还起到一定的降噪作用。全高式屏蔽门适合新建或已运营路段增建站台门的城市轨道交通系统。

（三）半高式屏蔽门

半高式屏蔽门如图1-3所示,其为站台地板至天花板间提供一个半封闭式的闸门,虽然它遮蔽的范围仅一半,但其提供的安全保护性能没有打折扣,乘客依然可在安全的环境下候车。半高式屏蔽门同样适合新建或已运营路段增建站台门的城市轨道交通系统。

图1-2　全高式屏蔽门

图1-3　半高式屏蔽门

第三节　屏蔽门系统技术发展趋势

目前,屏蔽门系统门体以金属结构为主,存在与土建结构比绝缘水平低的问题,其主要原因是外界环境因素对门体的绝缘指标影响较大。具体影响因素:一是,在设备安装施工期间,其他专业施工对门体绝缘的影响和破坏,包括各个专业施工时的物料堆放、水泥砂浆的流淌、供水打压漏水、水管跑水等;二是,运营期间环境温度、湿度的变化,导致门体绝缘失效,这种情况既普遍,又不可控。

金属结构门体屏蔽门绝缘性能差,存在安全隐患。一是,存在乘客被电击的可能性;二是在门体绝缘达不到要求时,如果进行轨道等电位连接,就相当于人为制造了由轨道通过屏蔽门门体到大地的杂散电流通路,接触网上的电流会有很大一部分顺着这个通路流掉,从而加快车站主体结构钢筋的电化学腐蚀,使车站主体土建结构强度降低,甚至存在主体结构垮塌的可能性。同时,还将增加运营电费。鉴于金属门体屏蔽门存在绝缘安全隐患,开发了一种由绝缘材料构成的复合门体屏蔽门(以下简称"复合门体"),以解决屏蔽门门体绝缘性能差的问题。

复合门体屏蔽门的应用特点:

(1)复合门体结构直接与站台土建结构连接,不需要再做绝缘处理,安装工艺简化。

(2)取消门体与钢轨之间的等电位电缆连接,这样,既可减少工程量,又能阻断轨道电路可能出现的杂散电流通路。

(3)屏蔽门结构的金属构件等电位连接后直接接地,符合《低压配电设计规范》(GB 50054—2011)的相关要求。

(4)彻底消除屏蔽门绝缘问题引起的运营安全隐患,保障乘客和司乘人员的人身安全。大大减轻屏蔽门体重量,安装调试与金属结构门体一样,不增加任何额外工作量。

(5)复合门体的表面外观可以根据业主要求进行设计,表面可采用热转印、涂覆膜、预压膜等多种工艺方法处理,达到多颜色、多质地、亮光、亚光等不同的美化效果。

目前,利用复合材料成型及加工技术制造的复合门体屏蔽门样机已经完成结构测试,门体的各项机械性能指标完全符合要求。针对具体城市轨道交通线路中屏蔽门系统的要求进行二次复合结构设计后,将实现复合门体屏蔽门的批量生产及在城市轨道交通车站站台上的应用。

第四节　屏蔽门系统主要技术标准

屏蔽门系统设备的制造、试验和验收应符合如下标准:

(1)《地铁设计规范》(GB 50157—2013);

(2)《城市轨道交通工程项目规范》(GB 55033—2022);

(3)《城市轨道交通站台屏蔽门系统技术规范》(CJJ 183—2012);

(4)《城市轨道交通站台屏蔽门》(CJ/T 236—2022);

(5)《玻璃幕墙工程技术规范》(JGJ 102—2003);

(6)《建筑玻璃应用技术规程》(JGJ 113—2015);

(7)《建筑用安全玻璃 第4部分:均质钢化玻璃》(GB 15763.4—2009);

(8)《电力用固定型阀控式铅酸蓄电池》(DL/T 637—2019);

(9)《低压成套开关设备和控制设备 第1部分:总则》(GB 7251.1—2013);

(10)《低压配电设计规范》(GB 50054—2011);

(11)《电力工程电缆设计规范》(GB 50217—2018);

(12)《城市轨道交通工程质量验收标准 第2部分:设备安装工程》(DB11/T 311.2—2008)。

国外采购设备及材料满足国际相关标准,国内采购设备及材料满足国内相关标准。当两个标准有不一致时,按最高标准执行。

第二章　城市轨道交通屏蔽门系统设备

岗位应知应会

1. 明确屏障门设备的缩略语、设计原则、技术参数、有关具体设备组成及工作原理。
2. 掌握屏蔽门系统的相关缩略语、主要技术参数，并掌握屏蔽门系统各部件的基本构成、工作原理，及屏蔽门系统与其他设备接口关系。了解设计原则。

重难点

重点：屏蔽门系统相关缩略语、基本组成、工作原理。控制设备是屏蔽门系统的大脑，是全书最重要的知识点。

难点：屏蔽门系统的控制设备的组成、原理。

第一节　屏蔽门系统相关缩略语

1. 屏蔽门

"屏蔽门"英文全称 Platform Screen Door，简称 PSD。屏蔽门是安装在地铁和轻轨交通车站站台边缘，将轨道与站台候车区隔离，设有与列车门相对应，可实现多级控制开启与关闭滑动门的连续屏障。

2. 滑动门

"滑动门"英文全称 Automatic Sliding Door，简称 ASD。滑动门为中分双开式门，关闭时隔断站台和轨道，开启时供乘客上下列车。其在非正常运行模式和紧急运行模式下，作为乘客的疏散通道，一侧屏蔽门有 24 道与列车门对应的滑动门。

3. 固定门

"固定门"英文全称 Fixed Panel，简称 FIX。固定门设置在滑动门与滑动门、滑动门与端门之间，在站台公共区与隧道区域之间起隔离作用。

4. 应急门

"应急门"英文全称 Emergency Egress Door，简称 EED。应急门可隔断站台和轨道，有门锁装置，在紧急情况下允许手动打开，站台工作人员在站台侧可用钥匙打开应急门，或由列车司机通过广播指导乘客压推杆锁，打开应急门。

5. 端门

"端门"英文全称 Manual Secondary Door，简称 MSD。端门即站台两端的应急门，主要用于车站工作人员在站台和轨道之间的进出,同时兼顾紧急情况下疏散乘客的要求,有门锁装置,在紧急情况下允许手动打开。乘客在轨道侧压推杆锁打开端门,或由站台工作人员在站台侧用钥匙打开端门。

6. 中央控制盘

"中央控制盘"英文全称 Platform Station Controller,简称 PSC。其是屏蔽门控制系统的核心,位于屏蔽门设备房的控制柜内。

7. 就地控制盘

"就地控制盘"英文全称 Platform Screen Door,简称 PSL。每侧站台头端端门外设置一套 PSL,位置应与列车正常停车时驾驶门相对应,以便于列车驾驶员控制屏蔽门的开关。当因信号系统(SIG)故障失效或屏蔽门控制系统对屏蔽门门机控制器(DCU)控制故障时,由司机或被授权操作人员操作此开关,以控制屏蔽门的开关。

8. 综合后备盘

"综合后备盘"英文全称 Interface Backup Panel,简称 IBP。车站控制室在 IBP 屏蔽门模块上操作屏蔽门及屏蔽门开关的紧急控制开关。当发生火灾时,车站工作人员视具体情况可经授权操作此开关,以打开或关闭整侧屏蔽门。

9. 门机控制器

"门机控制器"英文全称 Door Control Unit,简称 DCU。DCU 是滑动门的电气控制装置,每个滑动门均配置一个 DCU,须安装在门体上部的顶盒内。

10. 单元控制器

"单元控制器"英文全称 Platform Edge Door Controller,简称 PEDC。每侧屏蔽门设置一台单元控制器,位于屏蔽门设备房的控制柜内。PEDC 是每个控制子系统的主要设备,属于整个总线网络的主设备,可实现系统内部信息的收发、采集、汇总和分析,能实现与综合监控系统、PSL、DCU 各单位之间的信息交换,并能够查询逻辑控制单元中各个回路的状态,具有足够存放数据和软件的存贮单元,及运行监视、自诊断功能。

11. 就地控制盒

"就地控制盒"英文全称 Local Control Box,简称 LCB。LCB 开关安装于每道滑动门门头门楣梁右侧。将 LCB 开关转至"手动"位时,用于屏蔽开关门信号对该道门的控制,并短接本道滑动门及对应应急门的关闭锁紧信号,同时开关滑动门;将 LCB 开关转至"隔离"位时,用于屏蔽开关门信号对该道门的控制,旁路本道滑动门及对应应急门的关闭锁紧信号。

12. 不间断电源

"不间断电源"英文全称 Uninterruptible Power Supply,简称 UPS。UPS 为屏蔽门提供可靠、平稳的驱动及控制电源。

13. 屏蔽门操作指示盘

"屏蔽门操作指示盘"英文全称 Platform Screen Doors Alarm,简称 PSA。PSA 用于监视屏蔽门的状态及故障信息,位于屏蔽门设备房内。

14. 综合监控系统

"综合监控系统"英文全称 Integrated Supervisory Control System，简称 ISCS。ISCS 采用计算机网络、自动控制、通信及分布智能等技术，实现对城市轨道交通相关系统的互联。通过对各相关机电设备的集中监控和各子系统之间的信息互通、信息共享和协调联动，确保机电设备处于安全、高效、节能的最佳运行状态，充分发挥各种设备应有的作用，从而为乘客提供一个舒适的乘车环境，保证乘客的安全和设备的正常运行。

15. 信号系统

"信号系统"英文全称 Signal System，简称 SIG。信号系统是一个集行车指挥和列车运行控制为一体的重要机电系统，它直接关系城市轨道交通系统的运营安全、运营效率以及服务质量。它具有保障乘客和列车运行的安全，实现列车快速、高密度、有序运行的功能。

第二节　屏蔽门系统设计原则、技术参数及要求

一、主要设计原则

屏蔽门系统的设置应满足城市轨道交通工程车辆编组及限界条件、信号条件、安装等条件及运营要求。

屏蔽门在站台边缘的设置和外形尺寸不侵入列车行驶动态包络线，屏蔽门外轮廓线满足限界的要求。

屏蔽门设置在车站站台边的有效站台长度范围内，以有效站台中心线为基准，向两端对称布置。

屏蔽门的所有结构部件在设计负荷下，不发生失效。

屏蔽门在设计上应安装、调节简单方便，易于维修，并能满足曲线站台的安装及运营的需要。

各车站端门单元的宽度根据车站建筑的实际情况确定，端门活动门的净开宽度1100mm，端门单元的固定门宽度根据各车站实际尺寸进行设计。同时考虑端门与车站装修的结合方案。端门顶部位置设有结构梁，以便端门单元安装。

非换乘站的地下车站站台板设计有2‰坡度时，屏蔽门门槛与站台装修完成面2‰的坡度保持一致，各部件设计也应充分考虑坡度，包括应急门、端门的设计。

屏蔽门顶箱面板兼做车站导向牌，导向牌的内容、布置、颜色，按要求生产。

控制子系统软、硬件的设计应充分考虑可靠性、可维护性、可用性和可扩展性。同时遵循模块化和冗余设计的原则。

紧固件，除上部与站台顶梁、下部与站台板连接的紧固件采用热浸镀锌紧固件，其他紧

固件采用不锈钢紧固件。

二、主要技术参数

门体框架材料和外装饰材料:门框表面、立柱表面、门槛表面的制作材料采用不低于00Cr18Ni10（304L）发纹不锈钢（厚度不小于1.5mm）。根据设计要求,主要连接螺栓防腐采用达克洛或热镀锌处理。

玻璃材料:单层钢化玻璃,其厚度满足负载条件要求,所有固定门玻璃厚度均为10mm。

屏蔽门纵向组合总长度:约114.08m。

屏蔽门结构总高度(从预埋件顶至门槛底部):约3.5m。

滑动门（ASD）净高度:2.15m。

滑动门净开度:1.9m（或1.65m）。

固定门（FIX）净宽度:0.85m（或2.56m、2.12m）。

端门（MSD）净高度:2.15m。

端门净开度:1.1m。

每侧站台滑动门数量:24道(48扇)。

每侧站台固定门（FIX）:24扇。

每侧站台应急门（EED）:3道(6扇)。

列车停车精度:±300mm。

阻止滑动门关门力:≤150N。

每扇滑动门关门的最后100mm行程最大动能≤1J。

每扇滑动门最大动能:≤10J。

噪声水平(站台侧):≤70dB（A）。

滑动门开启时间:(0.5±0.1)～(3.5±0.1)s范围内可调。

滑动门关闭时间:(3.0±0.1)～(4.0±0.1)s范围内可调。

PSC将命令传到DCU时间:≤0.15s。

DCU接受命令和响应时间:≤0.15s（包括解锁时间）。

门已关信号从DCU反馈到PSC的时间:≤0.15s。

屏蔽门主体结构寿命:≥30年。

输入电源:交流输入电压,380×(1±10%)V;额定频率,(50±0.5)Hz。

设备房内接地方式:TN-S。

三、火灾安全要求

屏蔽门具有安全、节能的功能,不作为站台防火分区隔离设备或火灾隔离设备用。

屏蔽门系统中所有材料不采用易燃、易爆材料。

屏蔽门门体中的所有辅材（黏结剂、两扇滑动门间的橡胶、密封毛刷、绝缘材料、垫圈、底漆、塑料等非金属材料）为不爆炸、不散发有毒气体、低烟、低热量的难燃材料。

电线、电缆采用阻燃（IEC332-3）、低烟（IEC1034-2）、无卤（IEC745-2）、耐火（IEC331）等级不低于 B 类的材料。

润滑油、润滑脂以及其他非金属密封件，与屏蔽门零部件所采用的原材料、表面处理材料互不溶化，以保证屏蔽门产品功能及表面美观。

润滑油选用防火型，闪点温度大于或等于 180℃，燃点温度大于或等于 450℃。

四、屏蔽门系统安装要求

已设计的屏蔽门易于在城市轨道交通站台边缘安装。机械结构的设计上能在 X、Y、Z 方向做适应性调整：X（平行于轨道）方向不小于 ±50mm、Y（垂直于轨道）、Z（垂直于站台面）方向不小于 ±30mm。

门机水平固定，导轨与水平面的不平行度公差小于 2mm，门机梁的挠度在其设计寿命内不会影响滑动门的运行性能。

所有连接螺栓和定位螺钉有可靠的防松设计，安装调整完成后，应检查防松零件是否可靠。

立柱中心至轨道中心的安装误差范围不超出 0 ～ +5mm。立柱中心线和站台平面相垂直（站台纵向坡度 2‰），不垂直度小于 1.5mm。

屏蔽门在站台上的各支座，在高程和平面安装调整时，保证门槛面和站台最终平面在同一平面内。

每侧站台固定门和应急门应整齐安装、调整在一个垂直平面内，平面度误差不大于 5mm。

固定门扇和固定门扇之间、固定门扇与门槛之间没有明显间隙，且间隙均匀。

滑动门扇关闭后两滑动门扇中缝没有明显的缝隙，不透光线，滑动门扇、应急门扇与门楣、门槛之间的间隙不大于 6mm，间隙处有密封毛刷或其他形式的密封装置。滑动门扇和固定门扇、滑动门扇和应急门扇之间的间隙，在门扇未受横向负载条件下，上下均匀一致。滑动门关闭状态下，这条间隙有可靠的装置自动密封，防止发生站台侧与轨道侧的空气串流。

在滑动门与固定门之间的间隙设一定厚度的橡胶条，以加强密封，防止小孩的手指伸入间隙中。

轨道侧顶箱安装不允许侵入限界，顶箱面板间的间隙平直、均匀。

屏蔽门系统内各电气设备的安装与更换简单方便，易于维护，系统各设备的结构设计力求精巧、实用。

安装屏蔽门系统内各电气设备时，考虑各电气设备在功能与容量上都易于扩展，且配置方便;采取可靠措施,保证其运行高度安全。

屏蔽门各类门体,其门框与钢化玻璃四周的安装间隙不大于 5mm,且间隙内有可靠的填充物。

第三节 门体设备结构及原理

屏蔽门系统的设计风格强调的是用最小的可视结构部分和紧固件,来产生一个明亮、精致和具有现代感外观的建筑效果(图 2-1),同时能够承受相应的设计载荷。屏蔽门的外观设计使人沿着站台看过去,显示的是一个和谐统一的整体。

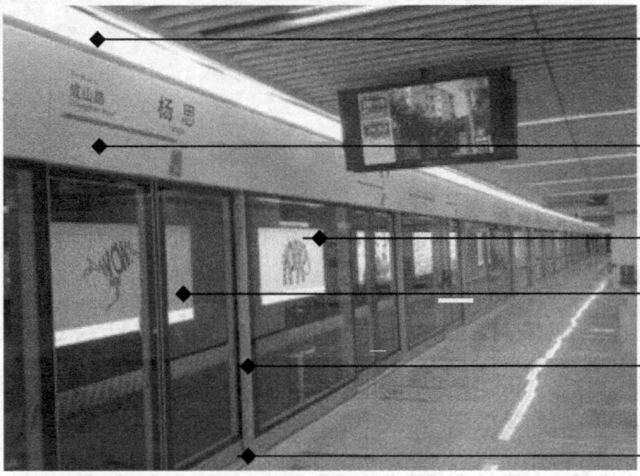

图 2-1 屏蔽门系统工程外观实景

门体结构由承重结构、滑动门、固定门、应急门、端门、顶箱和门槛等组成。门体结构中所有受力部件均采用机械性能不低于 Q235-A 的优质钢材。滑动门门锁、应急门门锁、端门门锁均采用标准化系列的成熟产品,门体玻璃采用经均质处理的钢化安全玻璃。屏蔽门采用底部支承与上部固定相结合的安装方案。

一、承重结构

承重结构采用钢结构,结构零件表面处理保证使用寿命至少 30a。承重结构能承受屏蔽门的垂直荷载以及最不利组合条件下荷载的共同作用。承重结构中的普通碳素结构钢构件表面采用热浸锌处理(厚度不小于 80μm)。

屏蔽门下部支承结构保证门体结构与土建结构的连接固定牢固,包括屏蔽门安装所需的所有连接件和紧固件。

屏蔽门采用上部顶梁侧面固定和下部支撑相结合安装方案。底部支撑件及上部连接部件保证屏蔽门门体结构与土建结构的可靠连接。屏蔽门上部连接部件与站台顶梁的混凝土结构梁相连接,底部支撑件与站台板混凝土结构相结合,采用高强穿透螺栓进行紧固安装,使整个站台屏蔽门稳定、可靠。承重结构中所有的连接螺栓和定位螺栓均采用热浸镀锌处理或不锈钢紧固件;根据不同情况,采用双螺母防松设计或加紧固胶防松设计。车站单侧屏蔽门安装效果渲染图和屏蔽门承重结构图如图 2-2、图 2-3 所示。

图 2-2　车站单侧屏蔽门安装效果渲染图　　　　　　　　图 2-3　屏蔽门承重结构图

门体结构的安装方案,连接紧固件的型号、规格及技术要求如下:

1. 底部支撑结构

屏蔽门底部支撑部件与站台板螺栓连接形式如图 2-4 所示,在站台边缘预留槽内安装支撑屏蔽门门槛及立柱的固定支座。固定支座通过土建预留孔连接固定在站台边缘预留槽内,预留槽下方放置一块钢板来加强连接效果。固定支座采用 T 形支架结构,两块 T 形板易于进行三维调节,以满足调节施工误差的要求。固定支座是承担门体重量及外部荷载的基础,它与站台钢筋混凝土结构直接连接,达到直接传递荷载的作用。由竖向螺杆调节门槛的上下安装位置,这种结构便于控制门槛的安装精度,调节门槛的安装误差。门槛 T 形支撑架的高度可在安装期间调整,随后安装到位。当绝缘材料遭到损坏或达到设计使用寿命时,可借助专用举升设备托住门槛及立柱,然后松开紧固螺栓进行快速替换。通过门槛边缘安装绝缘棒,保证门体与站台板绝缘。在门槛和固定支座之间装有绝缘件,绝缘件的绝缘值超过 500MΩ。

2. 顶部结构

顶部结构由 L 形支架、槽钢梁、伸缩调节装置等组成。

上部连接部件与站台顶梁连接形式如图 2-5 所示。L 形支架通过高强度螺栓穿过土建预埋件与站台钢筋混凝土顶梁连接,承受顶部结构的自重和传递荷载。槽钢梁通过螺栓与 L 形支架紧固在一起,承受水平剪切力和垂直应力,同时也是顶箱安装的一个支撑构件。

伸缩调节装置是通过垂直伸缩杆在绝缘件中上下移动和转动,起到多方向的伸缩调节作用,如图 2-6 所示。该装置能有效降低因土建误差、站台的不均匀沉降对屏蔽门系统的影响,消除温差引起的材料应力,能满足受力和土建结构变形的伸缩量。采用的高性能绝缘件,可确保屏蔽门系统与土建绝缘。

槽钢梁作为屏蔽门单元的承重结构之一,可保证门机梁处于自然悬挂状态和较简单的受力状态,保证门机单元内的传动机构及导轨不会因受力而对门体运行状态造成影响。

整个顶部结构通过顶箱与门体连接构成一个完整的受力屏障,承受屏蔽门系统内部载荷及外部环境载荷。

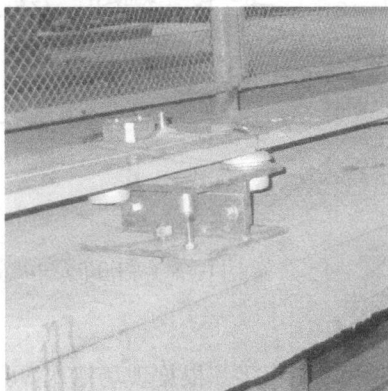

图 2-4 屏蔽门底部支撑部件与站台板螺栓连接形式　图 2-5 上部连接部件与站台顶梁连接形式

3. 屏蔽门立柱

屏蔽门立柱如图 2-7 所示,其由方形型钢加工而成,立柱安装后的外包板采用发纹不锈钢,外形美观。立柱是承重结构中的主构件,是连接底部结构和顶部结构的关键部件。屏蔽门立柱下部与门槛相连,上部与门机梁相连。顶部可调节,使门机梁和顶箱能够安装在准确的高度。

图 2-6 伸缩调节装置　　　　　　　　图 2-7 屏蔽门立柱

屏蔽门承重结构安装、调节方便,上部连接件与站台顶梁之间、底部支承结构与站台板之间的设计满足工程安装的需要,上下两处均可实现三维调节,调节幅度均满足:X(平行于轨道)、Y(垂直于轨道)方向不小于 $\pm50\text{mm}$、Z(垂直于站台面)方向不小于 $\pm35\text{mm}$,采用热浸镀锌钢结构。利用站台顶梁的预埋件及站台边缘的预留孔提供屏蔽门结构的固定支点,可实现 X、Y、Z 三个方向上的调节,具体如图 2-8、图 2-9 所示。

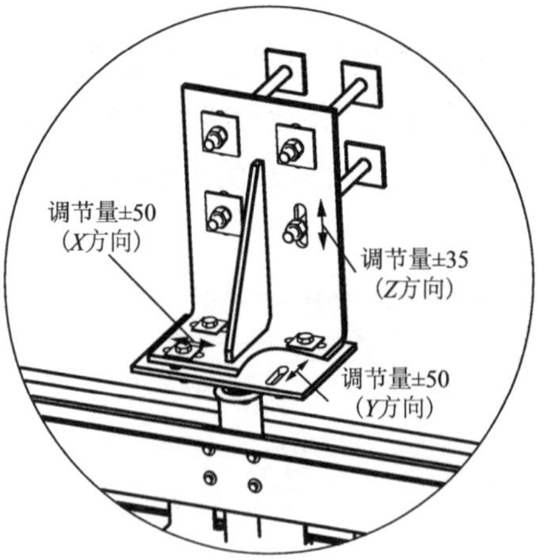

图 2-8　屏蔽门上部连接件安装调节方案(尺寸单位:mm) 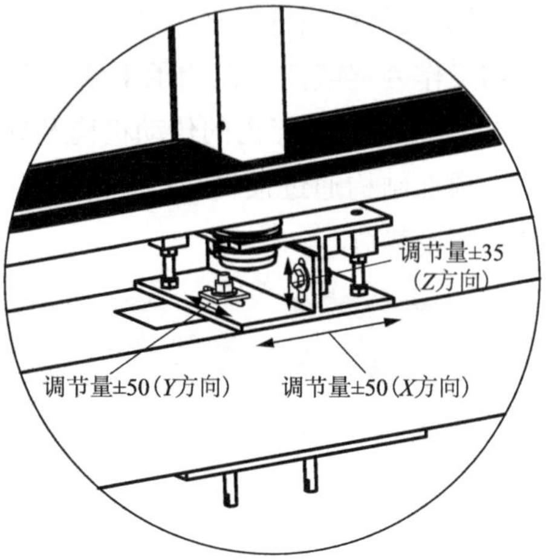　　　图 2-9　屏蔽门底部支承结构(尺寸单位:mm)

4. 安装调节方案

上部连接件的 L 形支架与站台顶梁的预埋件用螺栓连接。根据现场情况,可采用 L 形支架上的横向腰形孔,来实现 Y(垂直于轨道)方向不小于 ±50mm 的调节;通过与 L 形支架连接的垂直伸缩杆纵向腰形孔,可以实现 X(平行于轨道)方向不小于 ±50mm 的调节;通过 L 形支架的竖向腰形孔,可以实现 Z(垂直于站台面)方向不小于 ±35mm 的调节。伸缩调节装置中的垂直伸缩杆在绝缘件中可上下移动,可以有效解决因土建沉降引起的屏蔽门结构变形,而不影响屏蔽门的正常运行。

底部支承结构的固定支座与站台边缘土建预留孔,通过高强穿透螺栓连接固定在站台板边缘上。通过条形预留孔,可以实现 X(平行于轨道)方向不小于 ±50mm 的调节;通过底部支承结构下 T 形座上的腰形孔,可以实现 Y(垂直于轨道)方向不小于 ±50mm 的调节;根据现场情况,利用上部及下部 T 形板 Z 方向上的腰形孔,可实现高度 Z(垂直于站台面)方向不小于 ±35mm 的调节。

屏蔽门的立柱、底部支承结构、滑动门滑动拖板及屏蔽门的顶梁采用性能不低于 Q235-A 的钢材、热浸锌表面处理,锌层厚度不小于 80μm。

承重结构的外包板(包括轨道侧)均为发纹不锈钢,立柱外包不锈钢厚度不小于 1.5mm,满足 30 年以上使用寿命要求。

二、屏蔽门门槛

屏蔽门门槛如图 2-10 所示。屏蔽门门槛包括:滑动门门槛、应急门门槛、固定门门槛、端门门槛。所有门槛采用铝合金(采用阳极氧化表面处理,厚度不小于 25μm),满足 30 年以上使用寿命要求,并可保证结构、外形及尺寸统一。

门槛的导槽与滑动门门扇下缘导靴组成往复滑动的运动副,不仅为门扇开关起导向功能,而且可以保持滑动门门扇运行平稳。

图 2-10　屏蔽门门槛

　　滑动门导靴在门槛中滑动自如,且门槛导槽便于清扫,不藏杂物与灰尘。滑动导槽的贯通设计可以防止杂物堵塞滑动门导靴的运动,以避免发生滑动门不能关闭的情况。滑动门导靴布置如图 2-11 所示。屏蔽门门槛与滑动门导靴之间摩擦系数不超过 0.4,相对运动时没有明显的摩擦噪声。

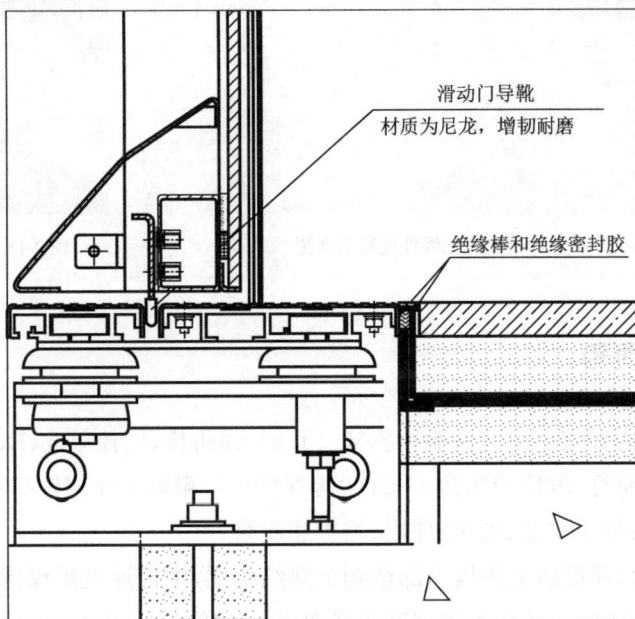

图 2-11　滑动门导靴布置图

　　门槛踏面平整、无障碍,表面作防滑处理,以保证乘客上下车安全、无绊倒危险;门槛耐磨、防滑、安装拆卸方便。

　　门槛能承受乘客荷载 225kg（按 75kg/ 人,共 3 人计）,且没有任何方向的位移和变形,挠度不大于 1/1000。

　　门槛通过底部支撑固定在站台边缘,底部支撑座可在水平和垂直方向调节,以满足安装调节要求,确保门槛安装不侵入限界。门槛型材通过螺栓安装固定在底部固定支座上。固定支座与土建预留孔连接固定在站台板边缘上。在门槛型材和固定支座之间装有绝缘件（图 2-12）,满足屏蔽门与土建的绝缘要求。门槛 T 形支撑架可在三个方向可调,以确保安装调整方便。T 形支撑架设计有绝缘件拆卸 U 形开口,当绝缘材料遭到损坏或达到设计使用寿命时,可以借助专用举升设备托住门槛及立柱,然后松开紧固螺栓,进行快速替换。门槛边缘通过安装绝缘棒并采用绝缘密封胶填隙处理,保证门槛与站台板石材绝缘。

门槛为每个门单元对应的长度分段、门槛上与立柱及固定门相配合的孔位在工厂内预留好,不在现场进行配装。为保证外观,门槛接缝不得位于滑动门区域,门槛接缝设在固定门中部遮盖区域,且固定门边与门槛边线对齐,整体简洁、流畅。

门槛与站台板采用绝缘安装,门体结构对地绝缘值不小于 0.5MΩ(用 500V 兆欧表测试);具有保护底部绝缘件的措施,以防止土建施工砂浆、运营过程中的水及灰尘破坏绝缘效果。绝缘件方便更换。

滑动门门槛上表面靠近站台处制作凹槽,内添性能优良的自发光带,当滑动门开关时提供一条安全带,以提醒乘客上下车时注意安全。发光带效果如图 2-13 所示。

图 2-12 底部固定支座绝缘件安装示意图   图 2-13 发光带效果图

三、屏蔽门顶箱

屏蔽门的顶箱内设置门单元的驱动机构、门(解)锁机构、门控单元(DCU)、接线端子、导轨、顶梁、门状态指示灯、就地控制盒(LCB)等部件。顶箱对上述部件起密封保护作用。顶箱的结构设计特点:便于安装、调试、使用、维护和检修。

如图 2-14 所示,顶箱后上盖板上部达到土建结构梁,中部通过绝缘橡胶与下封板连接,这样,既保证了密封要求,又满足了屏蔽门顶部与土建的绝缘要求。顶盖板与前盖板(图 2-15)、后盖板及带毛刷的门楣梁,形成密封顶箱内腔。在前盖板与顶盖板连接处有橡胶密封,在后盖板与门楣梁连接处有毛刷密封结构。在前盖板的边缘装有可压缩的橡胶密封结构,当它在关闭和锁紧时,形成一个相对密封的空间。

门机梁满足最大工作载荷组合情况下的工作要求,门机梁上的运行导轨耐磨,各种水平荷载不会造成门机梁在水平方向的变形;门机梁上的各种电气组件及机械部件合理固定,符合相关标准规范要求,在列车运行和滑动门工作时顶箱及内部元器部件不产生震动,便于检修和拆换。导轨断面形状与导轮匹配,导轮与导轨之间的传动除有拖动滚轮外,还设计有防倾覆滚轮,在水平风压作用下,导轮能够与导轨保持传动关系。

顶箱的导向标识采用贴膜工艺,颜色醒目、字体美观,风格与建筑装修协调一致。

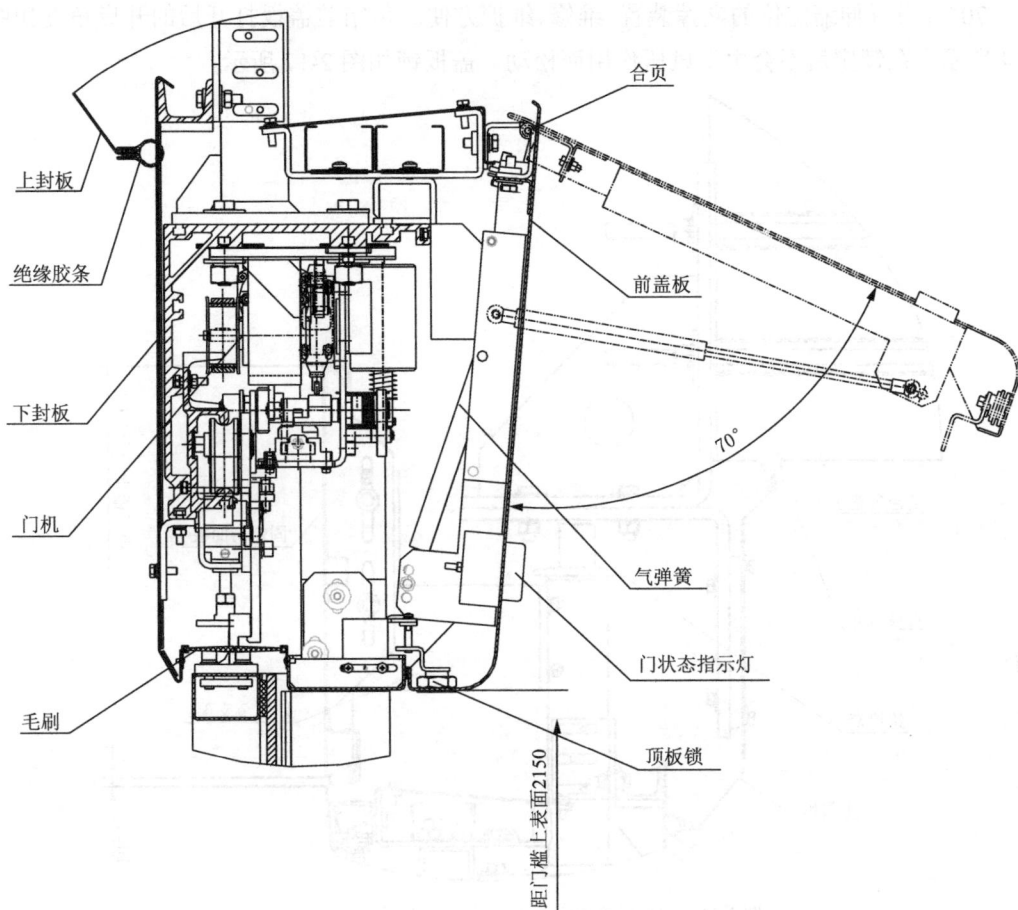

图 2-14 顶箱剖面示意图（尺寸单位:mm）

上封板 绝缘胶条 下封板 门机 毛刷 合页 前盖板 70° 气弹簧 门状态指示灯 顶板锁 距门槛上表面2150

顶箱前盖板间的分缝宽度不大于 5mm,后盖板能承受列车活塞风荷载。盖板与顶箱之间的配合密封完好。顶箱内不发出风的啸叫声,便于顶箱内各部件的安装调试和维护维修。

顶箱前盖板的材质采用一次挤压成型的铝合金型材,厚度不小于 2mm（两侧表面采用氟碳喷涂,涂层厚度不小于 35μm）,前盖板四周采用翻边处理,以加强盖板刚度,盖板中部采用加强筋结构,保证盖板的刚度。前盖板在存放、安装及日常检修维护过程中,不会出现因其自重而产生的扭曲和永久变形。

顶箱后盖板采用发纹不锈钢材料（厚度不小于 1.5mm）。顶箱后盖板不直接安装在土建顶梁上。顶箱后盖板具体安装方案如图 2-16 所示。

顶箱盖板的设计应保证足够强度,耐腐蚀,使用寿命达 30 年以上。

顶箱前盖板与顶箱的固定合理,接触严密。前盖板上配锁,前盖板在解锁后能打开,开启角度不

图 2-15 顶箱的前盖板

小于 70°；设置伸缩定位的支撑装置，维修、维护方便。顶箱前盖板打开后的开启角度如图 2-14 所示。在锁定后不会由于风压作用而松动。盖板锁如图 2-17 所示。

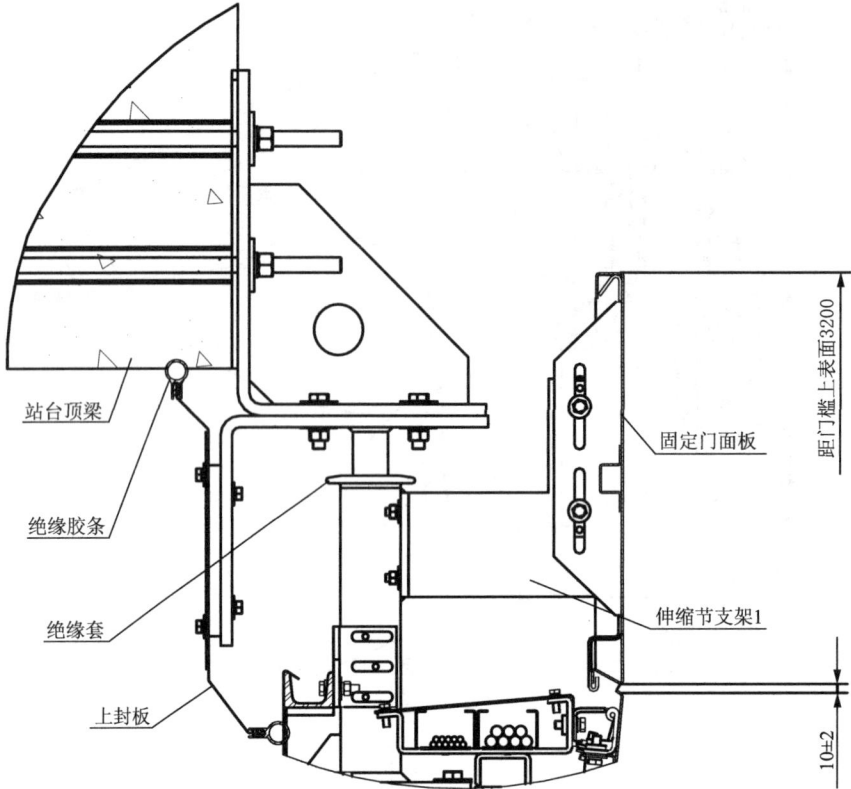

图 2-16 顶箱后盖板安装方案示意图（尺寸单位：mm）

顶箱底部与滑动门顶部开口槽有良好的接合，以保证门扇开、关活动顺畅，并有良好的密封装置。

顶箱横截面的宽度尺寸为 348mm，小于 350mm，满足屏蔽门横向限界要求，保证了屏蔽门整体外形美观。

顶箱后盖板与顶箱上部采用沟槽扣式连接方式，上、下部用螺栓固定。在轨行区活塞风压的作用下，后盖板不会脱落危及行车安全。

图 2-17 盖板锁示意图

1- 盖板锁；2- 锁钩；3- 锁杆；4- 前盖板

🚃 四、滑动门

屏蔽门系统滑动门如图 2-18 所示。滑动门关闭时将站台公共区与轨行区间隔开；打开时，为乘客提供上、下列车的通道，以及在隧道区间列车发生火灾或故障时乘客的疏散通道。

所有滑动门在打开、关闭状态时均不超出屏蔽门的总长度。首末非标准滑动门单元设置不影响司机在正常停车精度范围内的出入,标准滑动门全开后所形成的通道规格不小于1900mm(宽),每扇滑动门行程950mm。

滑动门轨道侧下横框安装导靴,可保证滑动门的平稳运行;左右滑动门中间相对的竖框上装有互相啮合的橡胶条,用于密封,防夹伤。滑动门下部导靴与门槛导槽之间为接触式结构,其间隙满足要求,并方便更换导靴。

更换导靴时,先将防踏板拆除,然后从下方即可将导靴和导靴安装板拆除,不用拆掉滑动门,就可实现导靴的更换。导靴安装如图 2-19 所示。

图 2-18 屏蔽门系统滑动门示意图   图 2-19 导靴安装示意图

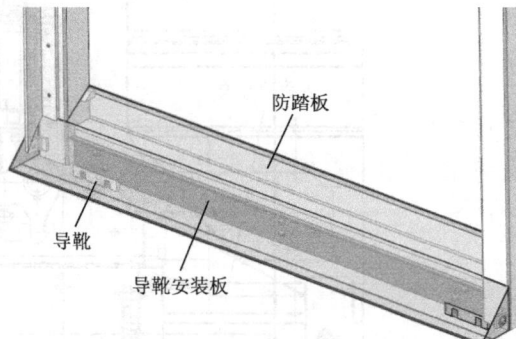

滑动门在轨道侧设有手动解锁装置,在站台侧设有钥匙开关,当系统级控制和站台级控制失败时(如电源供应或控制系统故障门不能自动打开时),工作人员可从站台侧用钥匙手动操作;乘客可从轨道侧手动开门,手动解锁装置操作简便。手动解锁装置外观造型美观,采用阻燃材料制作,如图 2-20 所示。

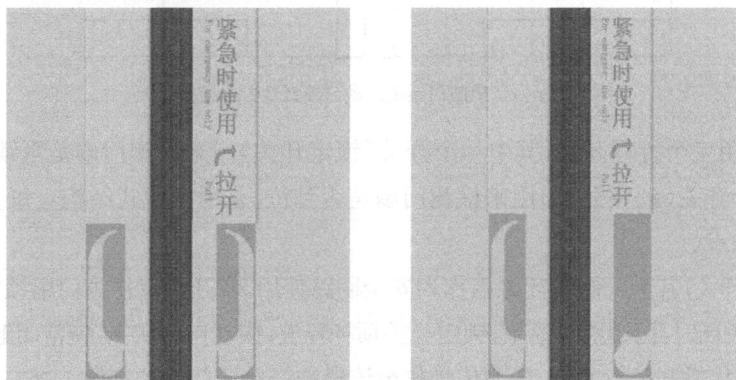

图 2-20 滑动门手动解锁示意图

紧急情况下,允许乘客手动打开滑动门,具体操作步骤及原理是:乘客扳动解锁把手,解锁机构顶起在门框内的顶杆,这个顶杆在垂直方向顶起手动解锁装置底部的圆盘,带动锁紧装置而使门锁解锁。同时,手动解锁行程开关触发,所发出的信号传递给门机控制器(DCU),滑动门(ASD)声光报警装置将报警。经过数秒时间(可设置)后,重新恢复通电,滑动门将自动关闭。当接收到一个"门关闭并锁紧"的信号后,门机控制器才恢复到正常的操作模式。关门的动作将使解锁装置自动复位并锁紧门,滑动门恢复至安全状态。为便于乘客辨认和操作手动解锁装置,在滑动门框背面设有醒目操作标识,以提醒乘客正确操作。

滑动门设置锁紧装置。滑动门自动开启时锁紧装置能自动释放,故障时可采用开门把手或钥匙,手动释放锁紧装置。滑动门关闭后,该锁紧装置能防止外力将门打开。滑动门锁紧装置如图 2-21 所示。

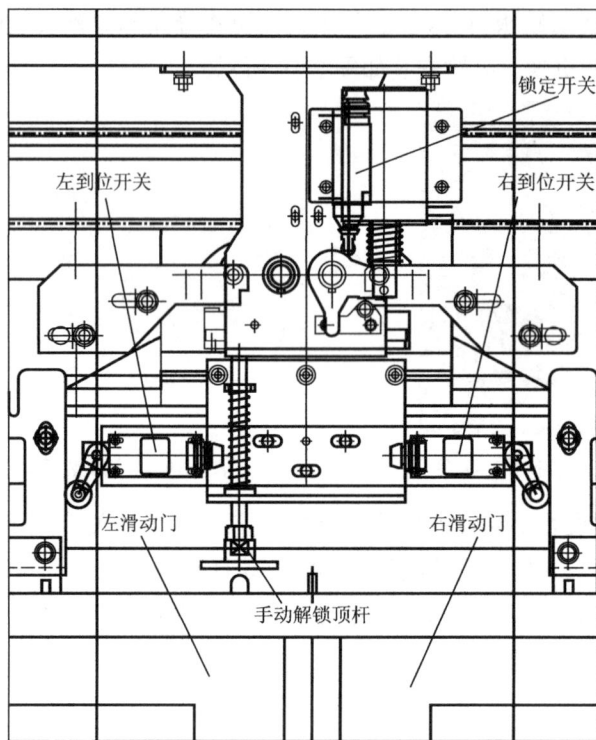

图 2-21　屏蔽门系统滑动门锁紧装置示意图

滑动门采用三个行程开关,其中一个开关(锁定开关)用来检测门扇是否锁定,采用顶杆式结构,另两个开关(到位开关)用来检测门扇是否到位,采用摆臂式结构。每个开关具有多副常开、常闭触点。

对于锁定开关,其中一副常闭触点作为安全回路使用,常开触点作为门扇锁定—解锁状态检测。当扇关闭时,门锁拨叉落下,锁定开关顶杆释放,恢复自由状态,使常闭触点闭合,安全回路接通。同时,常开触点断开,检测信号传至该滑动门单元门机控制器(DCU),门机控制器处理后传至中央控制盘(PSC),再由中央控制盘上传到综合监控系统(ISCS)进行显示和报警。

对于到位开关,其中一副常开触点作为安全回路使用,常闭触点作为门扇到位—打开状态检测。当门扇关闭时,门体挂件碰触摆臂,使常开触点闭合,安全回路接通。同时,常闭触点断开,检测信号传至该滑动门单元门机控制器,门机控制器处理后传至中央控制盘(PSC),再由中央控制盘上传到综合监控系统(ISCS)进行显示和报警。

滑动门的所有状态信号均反馈到门机控制器和中央控制盘,并且门已锁闭和门解锁等重要状态信号还通过屏蔽门控制系统中央控制盘与综合监控系统的接口,上传到综合监控系统进行显示。

屏蔽门每道滑动门单元设置一套锁紧装置。

滑动门具有障碍物探测功能,能探测到最小障碍物为 5mm(厚)×40mm(宽)的物体。障碍物探测试验时,障碍物厚度方向放置在门行程直线上,障碍物宽度方向放置与行程直线垂直位置。

滑动门关门受阻时,门操作机构能通过探测器检测到有障碍物存在,并释放关门力,后退一定距离(后退距离可调),门停顿 2s(停顿时间应在 0 ~ 10s 范围内可调)后再重关门,重复关门 3 次(1 ~ 5 次可调),门仍不能关闭时,滑动门全开或后退一定距离,并进行报警,等待处理。

关门力:关门力是在滑动门关门过程中,加速阶段完成之后,行程超过 1/3 所测量的最大阻力;门运动在匀速阶段,给门施加一反作用力,电机不断电,门运动速度为零时测得的力。关门力不能大于 150N。

滑动门运动的动能:关门过程中,在最后 100mm 的行程中动能不超过 1J/ 扇门;在行程中的最大动能不超过 10J/ 扇门。

从轨道侧手动打开滑动门、应急门、端门所需要的力:手动解锁所需要的力≤ 67N;手动将门打开所需的最大力≤ 133N;将门打开到门设计净开度过程中所需的力≤ 67N。手动关门力≤ 133N。

滑动门、应急门、端门、顶箱和侧盒的钥匙孔设有防止被无关人员损坏的措施,锁与钥匙采用通用设计,如图 2-22 所示。车站有关工作人员使用的 1 把钥匙可以打开所有的滑动门、应急门、端门、顶箱和侧盒,而且全线屏蔽门的钥匙保持一致。

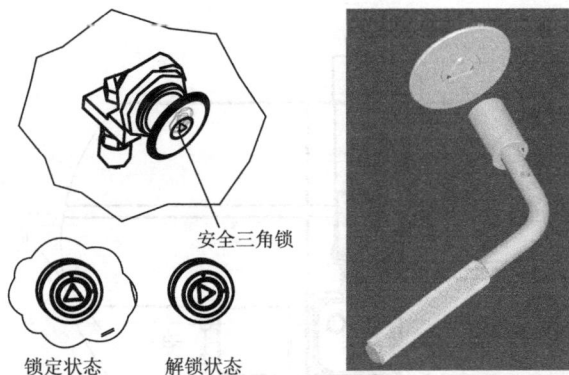

安全三角锁

锁定状态　　解锁状态

图 2-22　锁和钥匙示意图

滑动门玻璃边缘采用丝网印刷黑色彩釉装饰边框,用以遮挡门框结构。在门玻璃丝网上印刷开门方向箭头,以满足导向标识要求,如图 2-23 所示。

第 1 道及第 24 道门单元为不对称滑动门,不对称滑动门采用大小门的方案,小门设置在靠近端门一侧,设计小滑动门全开时不超过屏蔽门纵向限界,不影响司机的正常上下车。不对称滑动门全开状态如图2-24所示。

图2-23 滑动门防撞标识和彩釉边示意图

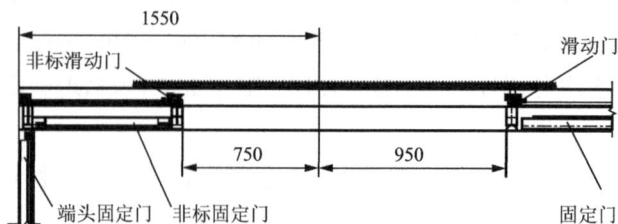

图2-24 不对称滑动门全开状态示意图(尺寸单位:mm)

在第1(或24)道门的结构设计中,将其中的一扇门按正常滑动门设计(开度950mm),另外一扇门按非标准滑动门设计(开度750mm)。门机设计中采用同步带轮变速机构,可以按标准门控单元控制程序(第2～23道门的控制程序)来控制第1道和第24道门的正常开关,可以解决第1道和第24道门(开度1700mm)的同步全开问题。

每道滑动门设置就地控制盒(LCB),供维修人员使用。就地控制盒的钥匙开关设在滑动门门楣下方右侧。就地控制盒钥匙、互锁解除钥匙的钥匙柄应适当加大,方便操作人员使用。就地控制盒钥匙与互锁解除钥匙应区别开。

滑动门与立柱装饰扣板之间间隙不大于5mm,设置防夹胶条,防止夹伤乘客手指,而且不影响滑动门正常开关,如图2-25所示。

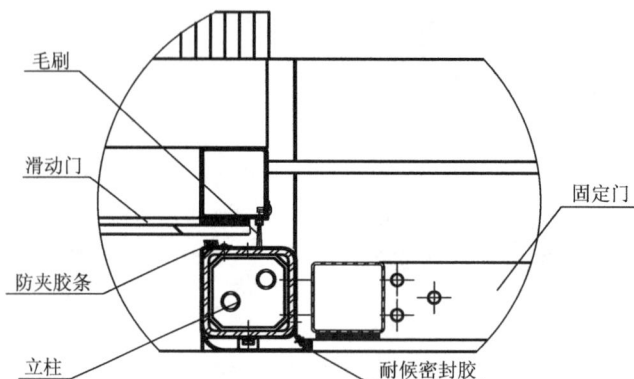

图2-25 滑动门与立柱、固定门之间密封结构示意图

屏蔽门的滑动门与门槛的间隙不大于5mm,屏蔽门的应急门、端门与门槛的间隙不大于10mm。

滑动门开、关过程时间与列车门的开关过程时间相匹配,且在一定范围内可以调节,同步精度不大于 0.1s。

五、固定门

屏蔽门系统固定门如图 2-26 所示。固定门设置在滑动门与滑动门之间、滑动门与端门之间,在站台公共区与隧道区域之间起隔离作用。为提高通透效果,固定门采用整体固定门。

固定门上部与门楣连接,下部与门槛销轴连接,左右两侧与立柱通过插接结构相连。

固定门玻璃边缘采用丝网印刷黑色彩釉装饰边框,用以遮挡门框结构。固定门与周边立柱、门楣、门槛之间的缝隙采用橡胶条密封。在门玻璃上设置必要的防撞标识。

六、应急门

应急门设置在固定区域。列车正常运营时,应急门应保证关闭且锁紧,在公共区与轨行区之间起隔离作用;当列车进站无法对准滑动门时,可作为乘客应急疏散通道。屏蔽门系统应急门如图 2-27 所示。

图 2-26 屏蔽门系统固定门示意图

a)站台侧视图　　b)轨道侧视图

图 2-27 屏蔽门系统应急门示意图

应急门向站台侧旋转 90°对开,定位能保持在 90°开度,不自动复位。开、关门时锁销、门扇部件与站台地面(含盲道)之间无摩擦现象。应急门的结构强度及锁闭方式适应城市轨道交通车站的负载要求,门锁锁定可靠。在列车活塞风压的作用下,应急门不会打开或锁闭不严密。

应急门在站台侧设门锁装置,在轨道侧设开门推杆,推杆与门锁联动,推杆采用铝合金。站台工作人员可在站台侧用钥匙开门,乘客可在轨道侧推压开门推杆,将门打开。开门推杆外部粘贴黄色警示标识,开门推杆与门锁的联动机构隐藏在门框中不外露,且门槛处的门锁机构外露件不影响人员通行。应急门锁装置如图 2-28 所示。

应急门的门锁装置设计合理,门锁在锁定位设计有限位块,以防止出现锁不住或过锁的现象。锁孔标识出锁定及未锁定状态,锁定及未锁定状态钥匙行程不超过 90°。

图 2-28　屏蔽门系统应急门锁装置示意图

应急门锁闭信号纳入安全回路。应急门锁闭信号和解锁状态信号反馈到中央控制盘(PSC)中,由中央控制盘上传到综合监控系统(ISCS)进行显示和报警。屏蔽门系统状态开关安装如图 2-29 所示。

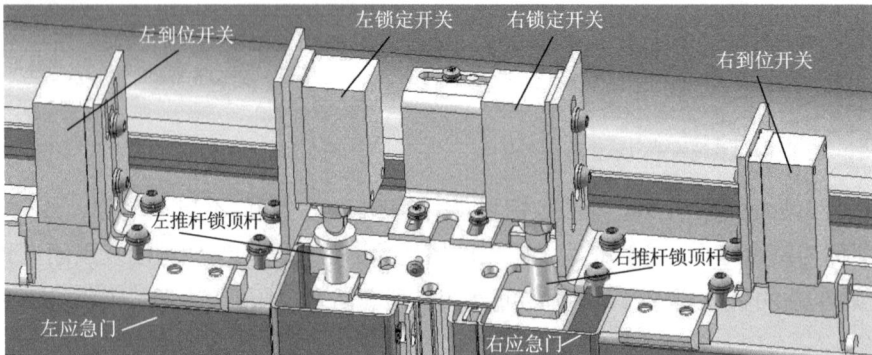

图 2-29　屏蔽门系统状态开关安装示意图

应急门左右门扇分别采用两个行程开关,其中一个开关用来检测门扇是否锁定,采用顶杆式结构;另一个开关用来检测门扇是否到位,采用摆臂式结构。每个开关具有多副常开、常闭触点，其中一副常开触点作为安全回路使用，当门扇关闭时，门体顶部碰触开关顶杆，使该触点闭合，安全回路接通；另一副常闭触点作为门扇锁定—打开或到位—打开状态检测：门扇关闭时，门体碰触开关摆臂，使该触点断开；门扇打开时，摆臂恢复自由状态，使该触点接通。同时，检测信号传至相邻单元门机控制器，门机控制器处理后传至中央控制盘（PSC），再由中央控制盘上传到综合监控系统（ISCS）进行显示和报警。

当停车发生故障时，列车门与滑动门发生错位，使乘客不能正常使用滑动门下车，在此情况下，乘客可通过列车门与应急门的对应口下车。屏蔽门的应急门打开后的通道宽度为2272mm，远大于列车门的宽度1300mm。该通道完全可供乘客的疏散使用。应急门的设置方案如图 2-30 所示。

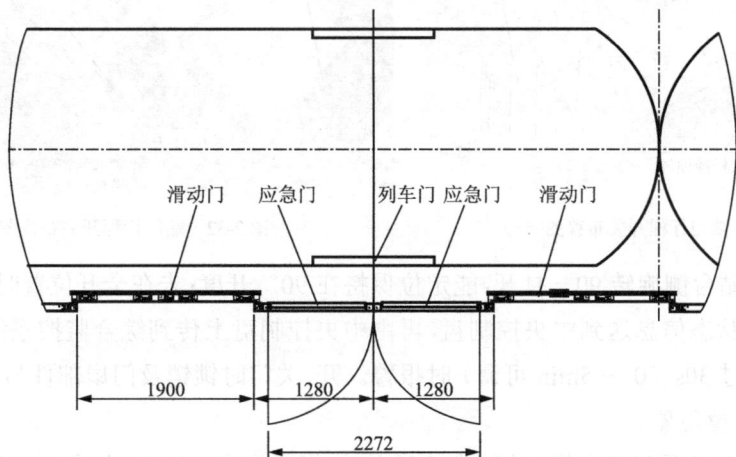

图 2-30　应急门设置方案（尺寸单位:mm）

应急门手动解锁装置的操作方向与开门方向一致。

七、端门

端门是列车在区间隧道发生火灾或故障时的乘客疏散通道以及工作人员进出站台公共区的通道。正常运营时，端门关闭且锁紧，不会由于风压而导致端门解锁打开。

端门单元整体与站台边屏蔽门、车站大地绝缘，且可作电气隔离。端门净开度为1200mm。

端门上设推杆门锁装置，可从轨道侧推压门锁推杆开门。从站台侧用三角钥匙开门，并设置隐形把手。开门推杆设有明显的指示标识，开门推杆与门锁的联动机构隐藏在门框中不外露，推杆有效作用部分采用通长设置，且门槛处的锁机构外露件不影响人员通行。端门单元门锁装置充分考虑地下车站端部活塞风压（高架车站为风荷载）较大的情况，确保可靠锁闭。

端门检测开关采用两个行程开关（图 2-31、图 2-32），其中一个开关用来检测门扇是否锁定,采用顶杆式结构;另一个用来检测门扇是否到位,采用摆臂式结构。每个开关具有多副常开、常闭触点,但端门不串入安全回路。其中一副常闭触点作为门扇锁定—打开或到位—打开状态检测,门扇关闭时,门体碰触开关摆臂,使该触点断开;门扇打开时,摆臂恢复自由状态,使该触点接通。同时,检测信号传至相邻单元门机控制器(DCU),门机控制器处理后传至中央控制盘(PSC),再由中央控制盘上传到综合监控系统(ISCS)进行显示和报警。

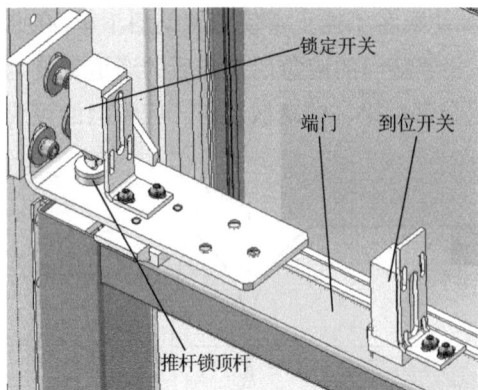

图 2-31　端门行程开关布置图(一)

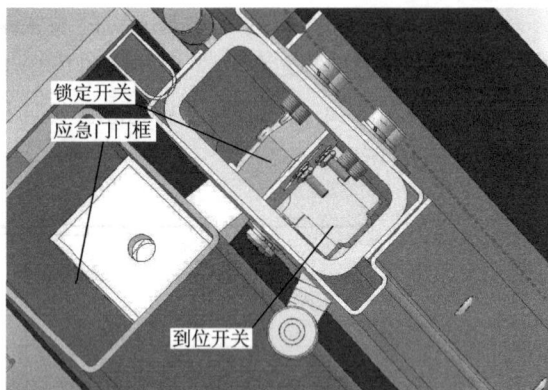

图 2-32　端门行程开关布置图(二)

端门可向站台侧旋转90°打开,能定位保持在90°开度;未在全开位置时,端门能自动复位至关闭。状态信息送到中央控制盘,再由中央控制盘上传到综合监控系统并显示。端门开启时间超过30s(0～5min可调)时报警。开、关门时锁销及门扇部件与站台地面(含盲道)之间无摩擦现象。

在端门上方设置门状态指示灯,端门开启时,指示灯亮;关闭并锁紧时,指示灯灭。端门的开关不纳入屏蔽门系统的安全回路。

端门在公共区侧设置隐形把手(图2-33),把手平滑、便于运营人员开关端门。

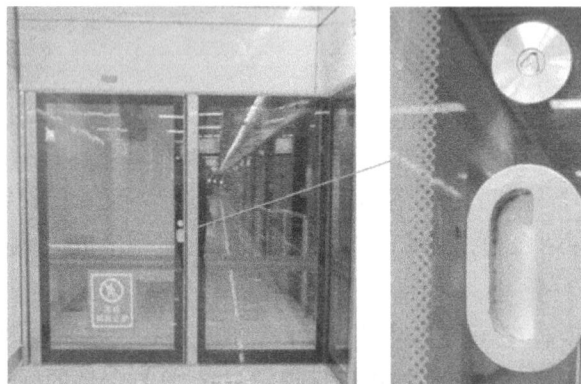

图 2-33　端门暗藏关门把手示意图

端门与土建墙体固定的门立柱由屏蔽门设备方提供,其承重件采用 Q235-A 优质钢材,外包板采用发纹不锈钢。端门两端的立柱是端门主要受力构件,满足承受列车活塞风压及自重荷载的要求。

八、玻璃

所有屏蔽门系统门玻璃均采用符合现行国家标准的钢化玻璃,无色透明,经均质处理。玻璃厚度及强度均满足设计荷载要求,在最大荷载条件下不会破碎或产生永久变形。滑动门、端门玻璃厚度不小于 8mm;固定门、应急门玻璃厚度不小于 10mm。

对损坏的门体玻璃处理,一般来说可采用先整体更换,然后再修复损坏的门扇作为备用的方法,滑动门更换时间为 28min/ 扇,应急门及固定门更换时间为 25min/ 扇。

玻璃的黏接作为屏蔽门门体的关键工序,采用性能可靠的黏接胶是该工序施工关键因素之一。所采用的 DC993N 双组分结构密封胶广泛应用于城市轨道交通屏蔽门及高层建筑幕墙隐框玻璃中,经验证十分可靠。道康宁 993N 硅酮结构密封胶不受阳光、雨水、风雪和极度高低温的影响。它独一无二的耐候性,使它即使暴露在恶劣天气条件下,若干年后,依然保持本质不变。接口的操作性能不会因老化和暴露在大气中而产生显著的变化,密封胶仍维持防水和耐候特性。固化后的密封胶在 $-50℃$ 的低温和 $+150℃$ 的高温范围内,仍保持弹性状,而不会脆化、龟裂或被撕裂。玻璃的黏接胶基本参数见表 2-1。

玻璃的黏接胶基本参数　　　　　　　　　　　　　　　　表 2-1

内　　容	说　　明
化学组分	DC993N 双组分硅酮结构密封胶
下垂度	小于 5.1mm
颜色	A 组分白色,B 组分黑色,混合后黑色
固化方式	湿气固化
表干时间	约 120min
肖氏硬度	40
极限延伸率	375%
拉伸强度	2.14MPa
撕裂强度	7730N/m
收缩率	<1%
电阻系数	约为 $10Ω \cdot cm$

第四节　门 机 设 备

门机系统常用的门机设备包括电机、减速器、传动装置门机梁、导轨和门锁等。

一、电机

电机是高性能直流无刷电机,采取门机控制器控制的工作模式。该电机具有以下优点:

（1）使用寿命长，连续运行时间可达 50000h。

（2）采用电子换向装置取代传统直流电机的机械式电刷换向器，在运行过程中无换向火花和电磁干扰，省去更换电刷的麻烦，免维护。

（3）电子换向，基本无发热现象；运行比较平稳、可靠，效率较高。

（4）易实现变频调速，能耗低。

（5）基本无干扰现象。

以德恩科电机有限公司生产的直流无刷电机（图 2-34、图 2-35）为例，其型号为 BG65×75、其连续运行时间可达 50000h。

图 2-34　电机内部构造效果图

图 2-35　电机实物图

该电机的外壳保护等级不小于 IP54，绝缘等级为 F。

选用电机负载计算标准：两个开、关门周期间隔最多 120s。

选用的减速机为德恩科电机有限公司生产的 SG80K 型蜗轮蜗杆减速机，减速机的减速比为 10 ：1，表面最高温升 104℃。减速机、门机系统电机参数分别见表 2-2、表 2-3。

减速机参数　　　　　　　　　　　　　　　　表 2-2

主要参数	符　号	单　位	数　值
效率	η	%	80
传动比	i	—	10
最大输出扭矩	M	N·m	8

门机系统电机参数　　　　　　　　　　　　　表 2-3

电机型号	BG65×75	额定转差率（%）	0
额定功率（W）	134	功率因素 $\cos\phi$	0.99
额定电压	110	转矩常数 kt（N·m/A）	0.22
最小电压	75	电机额定扭矩（N·m）	0.4
最大电压	140	电机转动惯量（N/m²）	0.000172
电压常数 ke（V/1000r·min⁻¹）	30.58	电机绕线电阻（Ω）	1.83
电机额定电流（A）	1.8	绝缘等级	F
启动电流	54（最大）	外壳保护等级	IP54
额定转速（r/min）	3200	电机、减速机表面最高温度（℃）	104

二、传动装置

屏蔽门系统采用皮带传动装置传动。皮带传动装置由带轮、同步带、张紧装置、皮带挂件等组成,导轨靠在门机梁的定位台阶上,上下通过螺栓和门机梁连接,稳固可靠。电机在控制系统指令下通过减速机驱动"主动轮—皮带—从动轮"进行往复循环运动;连接在皮带上的挂件,通过滚轮拖板组带动吊挂其上的滑动门进行往复运动,从而实现滑动门的开、关门动作。从动轮侧设置了张紧装置,便于定期进行张紧维护;皮带挂件可左右任意调节位置,便于左右滑动门吊挂位置的调整。

皮带传动装置具备以下特征:

(1)皮带传动装置采用重载荷齿形同步带,正向啮合驱动,以保证两门扇运动同步、稳定。所采用的皮带传动装置能调节皮带张紧力和避免皮带打滑,满足运行 12 个月检查调节一次张紧力的要求。

(2)皮带采用阻燃、耐磨、低烟、无毒材料。

(3)皮带节距 8mm、带宽 20mm。正常维护条件下,皮带寿命可以达到 8 年以上。滑动门门体与皮带间的连接保证在整个运行过程中,皮带不发生折弯等现象。

(4)皮带轮使用滚动轴承,轴承寿命不小于 10 万小时。

三、门机梁及导轨

门机梁采用铝合金(牌号 6063T5)挤压而成,表面采用阳极氧化,氧化层厚度不小于 25μm(图 2-36);门机梁预留有安装电机、传动机构、门锁、控制单元等部件的螺栓孔或槽。导轨固定在门机梁内,导轨表面与滚轮行走面采用弧形接触面啮合,滚轮拖板组设置有防倾覆设计,保证门体在受到风压后,滚轮与导轨间的啮合行走不受影响。导轨表面是不锈钢,与滚轮接触的导轨表面通过燕尾槽结构镶嵌到导轨上,滚轮与导轨的啮合面光滑且耐磨,保证了啮合的稳定性,具体如图 2-37、图 2-38 所示。

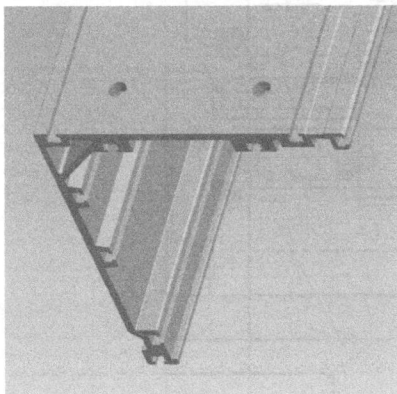

图 2-36　门机梁型材截面示意图

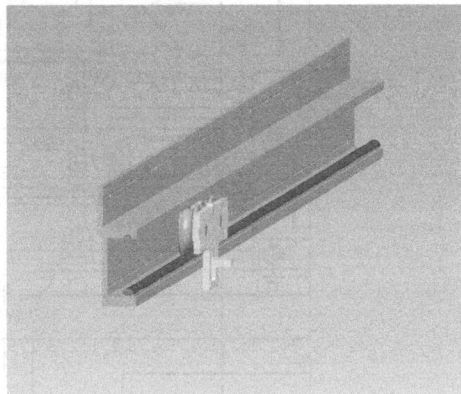

图 2-37　导轨及滚轮拖板组合示意图(一)

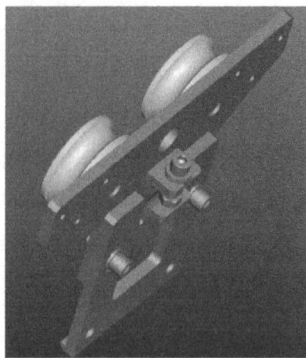

图 2-38 导轨及滚轮拖板组示
意图(二)

门机梁具有较强的抗弯能力,在两扇滑动门及门机自重的情况下,能够保证门机梁及导轨的稳定性,并且门机梁及导轨能够承受滑动门按照设计要求的强度运行时对门机梁及导轨产生的疲劳负载。导轨自身具有足够的强度和刚度,屏蔽门每扇门设置两组滚轮拖板组,每组滚轮拖板设计了两个导向承载的滚轮,导向承载滚轮的弧形接触面与导轨表面啮合,导轨上部设计有防倾覆结构;能够保证屏蔽门在受到风载荷作用时,滚轮拖板组运行平稳、噪声小。

门机梁上的各种电气元件及机械部件应合理固定,在列车运行和滑动门工作时顶箱不产生振动。

四、门锁

门锁包括机械部分及电子部分。机械部分保证滑动门运行至锁定位置后能够锁定。电子部分保证能够通过行程开关将滑动门的状态反馈至每个门单元的门机控制器(DCU)。门锁提供单道滑动门的关闭状态、锁紧状态、全开状态三种状态,并将三种状态提供给锁闭安全回路使用,也能够将该道滑动门当前的状态反馈至该道门的门机控制器。

门锁装置安装在门机梁上。滑动门门锁设置有自动锁定、门到位且锁定位置检测、自动解锁及手动解锁功能,如图 2-39 所示。

图 2-39 滑动门门锁行程开关布置图

当正常通电时,或两扇门被手动关至关闭位置时,安装在每扇滑动门滚轮拖板组的锁销滑入锁钩啮合锁闭,使滑动门不被非正常打开。采用两个同模数、同齿数的齿轮啮合,分别与两根转轴连接,通过齿轮传动,使左右锁钩同步张开或闭合,完成滑动门解锁与锁定;采用导轨滑块结构实现了滑动门关门是否到位和门是否锁定一并检测,并在自动锁定过程中发送"门到位且锁定"信号。滑动门门锁不仅安全性、可靠性高,而且能够及时反馈门开、门关状态,从而更好地为门机电气控制提供保障。

当执行开门前,门机控制器(DCU)发出通电命令,电磁铁通电将锁钩转动拉起一定角度,实现解锁,使行程开关触发,随即门机控制器发出开门命令,左右滑动门背向运动一段距离后,便脱离锁钩的水平约束。与此同时,电磁铁断电,由滑块保持行程开关门已开状态。滑动门继续移动到门全开位置。同样,当执行关门前,门机控制器发出关门命令,电机动作,两扇滑动门相向运动,在门关闭位置处每扇滑动门行走托架上的锁销滑入锁钩啮合锁闭,同时行程开关触发,发出门关且锁闭信号。

出于安全性和可靠性的考虑,还设置有手动解锁功能,在紧急情况下,可以通过转动滑动门上的把手,进行手动开关门动作。国际、国内采用的门锁装置对比见表2-4。

国际、国内采用的门锁装置对比 表2-4

序号	锁闭类型	功能原理	主要优缺点说明
1	电插锁式锁闭	从滑动门开启开始到滑动门关闭,需要一直向电磁锁提供高电压	(1)长时间高电压通电的电磁铁的寿命大大缩短; (2)加工成本低,但无状态保持设计,检测开关数量多,可靠性降低
		滑动门开启瞬间向电磁锁提供高电压,门开启后提供低电压,直至门关闭	(1)长时间通电的电磁铁的寿命大大缩短; (2)加工成本低,无状态保持设计,检测开关数量多,可靠性降低
2	电机反转解锁式机械锁闭	电机反转时丝杆与螺母产生的摩擦力带动锁舌实现解锁	(1)无外加动力源和控制装置,一般结构复杂; (2)由于解锁使用电机,造成电机浮动,不利于电机本身对门系统的驱动
3	电磁铁解锁式机械锁闭	滑动门开启瞬间提供高电压,门打开瞬间直至下一开门之前,电磁铁一直处于断电状态	(1)只是瞬间向电磁铁提供电力,电磁铁的寿命大大延长; (2)解锁状态设置保持机构,即使断电的情况下,依然能够保证滑动门能够关闭,保证乘客的安全

注:郑州市轨道交通采用的是表中的第三种锁闭方案,门锁装置具体的特点如下:

1. 门锁单元专门为屏蔽门的应用和轨道环境而特别设计,使用免维护;

2. 坚固的啮合式机械锁闭,防止非正常开门;

3. 电磁铁瞬时通电,使用寿命30a;

4. 顶杆式紧急解锁装置,解锁可靠性高且免维护;

5. 关闭且锁紧由一个开关实现检测,可靠性、安全性提高;

6. 可快速替换单元;

7. 成熟可靠的门锁单元,已应用多条城市轨道交通线路。

第五节 控 制 设 备

一、控制设备组成

屏蔽门控制系统主要由中央控制盘(PSC)、就地控制盘(PSL)、门机控制器(DCU)、屏蔽门状态监视系统等设备组成。控制系统应满足设备在正常状态下、非正常状态下的安全、可靠运行,应满足非正常状态下乘客安全疏散的需要。

屏蔽门控制系统是以一侧站台的屏蔽门为一个控制单元、以车站为单位构成的独立、完整的控制系统。各侧站台的屏蔽门控制相互独立,任何一侧的屏蔽门及该侧的控制单元出现故障,均不影响另一侧屏蔽门的安全运行。

屏蔽门控制系统采用不间断电源(UPS)方式供电,且具备抗电磁干扰能力。不间断电源供电方式保证屏蔽门系统在火灾等特殊情况仍能正常工作。

屏蔽门状态监视系统由现场总线通信局域网构成总线型监视系统,可对每个门机控制器的相关状态进行显示、查询记录;可通过中央控制盘对整个监视系统进行参数修改、软件写入,以及对每个门单元进行故障、状态查询。

发生紧急情况下,地下车站的屏蔽门边门接受综合后备盘的控制,以作为消防排烟通道使用,但其他的滑动门均处于关闭锁紧状态。

屏蔽门控制系统是以站台为基础进行设置的,也就是说,每个站台的屏蔽门都是独立运行的。两侧门控制系统主要由以下系统部件组成:

(1)中央控制盘:1个两侧站台的车站配置1个中央控制盘(PSC)。

(2)单元控制器:1个中央控制盘含2个单元控制器。

(3)门机控制器:1个单元控制器连接一定数量的门机控制器,其数量根据车站设置来决定。

(4)就地控制盘:1个单元控制器连接1个就地控制盘。

(5)车控室综合后备盘:1个中央控制盘连接1个车控室综合后备盘。

二、控制系统

(一)中央控制盘

1. 基本规格

中央控制盘包括柜体、逻辑控制单元控制器、监控主机及显示终端、信号系统和综合监控系统的接口装置、接线端子排、布设电缆的线槽、排热风扇、测量表及中央控制盘面板的相关状态指示灯。每座车站屏蔽门设备室内均设置一套中央控制盘,单个中央控制盘包括两套独立逻辑控制单元控制器,分别控制上行及下行两侧屏蔽门,如图 2-40 所示。

在中央控制盘的控制回路设计中,均采用国际知名品牌安全继电器完成综合后备盘、就地控制盘及信号系统等部分的控制功能。在继电器整个寿命过程中,甚至在继电器发生故障的情况下,如继电器触点粘连,触点也会通过机械的连锁结构强制断开,从而保证屏蔽门控制的高可靠性。在各个控制过程中,采用分散供电、独立控制的方式进行设计,使系统中部分故障不影响整个系统的可靠运行。

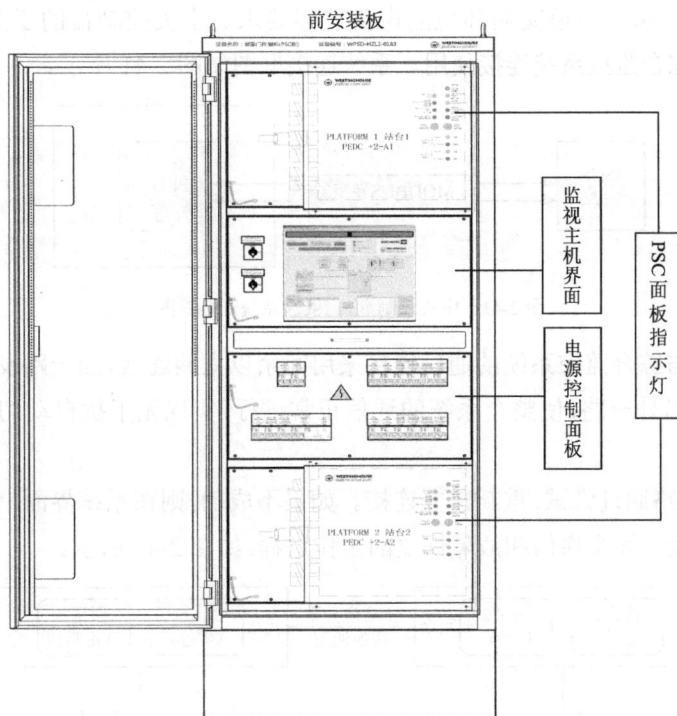

图 2-40　中央控制盘示意图

2. 柜体的配置

在中央控制盘的设计中,采用安全继电器完成综合后备盘、就地控制盘及信号系统等部分的控制功能,连接各站台侧门机控制器的总线网络接口板均互相独立。在各个控制过程中,采用分散供电、独立控制的方式进行设计,使系统中部分故障不影响整个系统的可靠运行。

(1)中央控制盘输入电源具有过流、过压保护。

(2)中央控制盘内所有设备具有抗震、防尘、防潮及抗电磁干扰功能,并满足城市轨道交通环境要求,防护等级不小于 IP31。

(3)每个中央控制盘内所有设备共用盘内的接线端子及其他辅助设备,每种类型的接口端子预留 20% 的余量。

(4)中央控制盘盘体外形(宽 × 高 × 深)不大于 1000mm×2000mm×800mm。

(5)中央控制盘可以将逻辑控制单元的正常的状态信息显示在箱体外表面。正常用绿灯显示,故障用红灯显示。

（6）在中央控制盘内，能完成与其他系统接口前的其他准备工作，如将两个单元控制器及本车站内其他设备需要监视的信息集成，通过接口设备，将信息分别送至综合监控系统。中央控制盘综合监控系统采用冗余的以太网方式接口，两个接口回路中的信息是相同的。具体的冗余方案如下：

中央控制盘与综合监控系统的通信连接采用冗余以太网连接设计方式，如图2-41所示，通过电缆或光缆进行连接，采用网络接口标准支持 MODBUS/TCP/IP 协议标准，支持 IEEE802.3 标准，并满足轨道交通环境的电磁兼容要求。中央控制盘的工业计算机设置有静态 IP 地址，供综合监控系统连接使用。系统连接框图如图2-41所示。

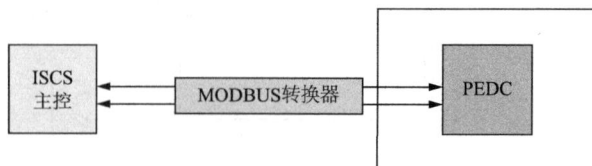

图2-41　中央控制盘与 ISCS 系统连接框图

中央控制盘与综合监控系统的通信连接采用冗余以太网连接，当一路发生通信故障时，系统自动切换到另外一路，使整个系统的通信正常进行，实现无干扰自动切换，不会给系统通信带来影响。

同时，故障线路通过尝试，重新建立连接。如果不成功，则在系统界面上进行报警，提示维护人员维修处理。冗余通信和故障恢复的工作过程，如图2-42所示。

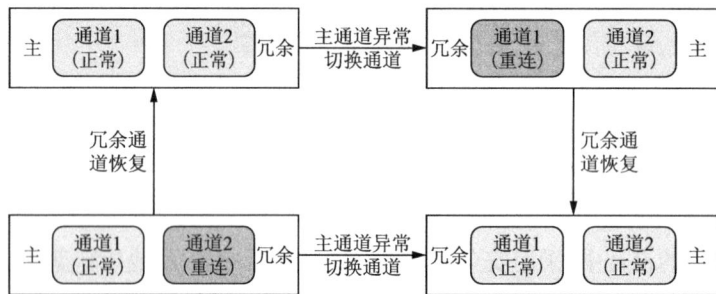

图2-42　冗余通信和故障恢复的工作过程

①中央控制盘箱体盘面设有各类指示灯、按钮的中文标识。

②柜体内接线明确清晰，均有明确标识。

③中央控制盘能按周、月、季生成运营报表（包含正常运营记录、故障记录等），并可输出至可编辑的计算系统，如 Excel。可通过 USB 等通用接口导出。

（二）屏蔽门操作指示盘

监控主机包含与现场总线控制局域网接口的通信模块、CPU、存储器、继电器模块、输入输出模块、接口设备等相关设备及各种软件。

1. 监控主机

监控主机采用工业级电子计算机,具有协议转换功能,适应城市轨道交通车站的工作环境。监控主机由不低于 64 位的双 CPU、支持以太网协议的软件及硬件产品、足够的数据存储器组成,见表 2-5。

监控主机的硬件参考配置 表 2-5

显示器	19in LCD		10/100/1000Mbps LAN×2
CPU	Inter AtomTMD510		RS-232/422/485×4
内存	2GB DDR2 667MHz	接口类型及数量	USB 2.0×5
硬盘	≥ 160GB 2.5in HDD		PS/2×1
BIOS	AMI 16MB		8-bit digital IO×1

(1)具有 RS485/RS422 现场总线接口、以太网的 RJ45 接口。

(2)能实现对屏蔽门单元进行声光报警功能。

(3)从设备状态改变至中央控制盘的显示终端显示出来的过程处理时间不大于 250ms。

(4)在监控主机上能够查询到该车站的每个屏蔽门单元的状态。

(5)安装具有版本不低于 Windows7 的操作系统。

(6)监控软件采用良好的数据结构、软件算法,具有强大的容错性能、故障恢复功能等。

(7)监控主机配置了与门机控制器组相连的冗余现场总线接口;配置了与综合监控系统接口用的冗余以太网接口;USB3.0 接口至少两个,内存容量不小于 64GB,内存容量能够满足可调参数及其他需要修改软件参数的调用需求。

(8)监控主机具有足够存放数据和软件的存储单元,数据的存储容量不能超过控制器总存储容量的 50%,具有运行监视功能和自诊断功能;整个车站故障记录、访问事件记录保存至少一年,状态记录可以保存三个月。

2. 监控主机的数据记录功能

监控主机系统实时监测屏蔽门系统的运行状态和搜集系统的故障信息。监视主机内的软件能够不间断的监控屏蔽门系统和捕捉所有系统故障及紧急状态下的操作。数据记录系统可以最少保存屏蔽门故障信息,这些记录的信息可以作为系统诊断的依据,以及事故发生后,用于事故的进一步调查。

如果有新的信息需要存入存储器,且存储器里已经存满数据,按照"先进先出"的原则,为新的信息腾出存储空间。数据记录备份传输可利用与手提电脑相连的输入/输出接口,实现数据打印。

(1)存储屏蔽门设备的运行各种事故信息。

(2)记录屏蔽门设备各种报警信息。

(3)记录屏蔽门的关键报警信息。

通过操作监视主机软件,可以完成对门机控制器的重新编程。每个设备的运行状态用不同颜色的图形表示。不同的颜色表示门单元的运行状况,如正常、故障或隔离等状态。

（三）单元控制器

单元控制器（图2-43）是每个控制子系统的主要设备，属于整个总线网络的主设备，可实现系统内部信息的收发、采集、汇总和分析，实现与综合监控系统、就地控制盘、门机控制器各模块之间的信息交换，并能够查询逻辑控制单元中各个回路的状态；具有足够存放数据和软件的存储单元，具有运行监视功能及自诊断功能。

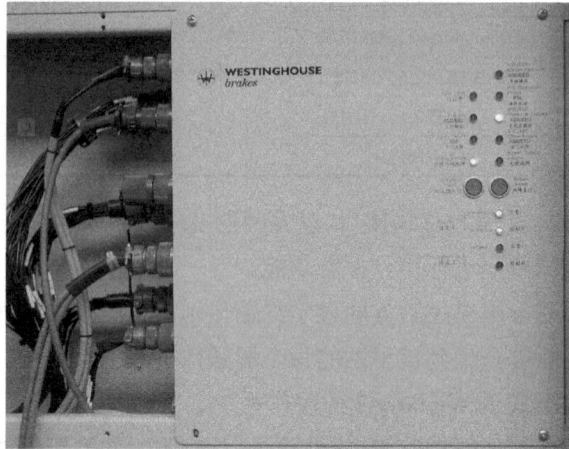

图2-43　单元控制器实物图

（1）能够通过现场总线在线监视所有门机控制器的工作运行状况。

（2）每个单元控制器均能够在接收到信号系统开/关门命令后，能够快速准确地反应，并发出开、关门命令。

（3）每个屏蔽门控制子系统在个别门机控制器故障、总线断开等状态下，仍能正常工作。

（4）执行信号系统指令，控制门机控制器实现相应操作，并向信号系统反馈屏蔽门的状态信息。

（5）能够查询就地控制盘上的操作和状态信息。

（6）通过设置的编程/调试接口，可下载并可在线或离线调整参数和软件组态，通过现场总线对各门机控制器单元重新编程。

（7）可以接受车控室综合后备盘的开门命令，以配合环控系统，完成防排烟模式。

（8）监控主机系统支持以太网传输协议，能顺利完成与综合监控系统进行通信功能，将屏蔽门的运营状态及有关故障信息发送至车站控制室。

（9）监控主机系统能够自动检测屏蔽门系统内部的一些重要故障，包括电源故障报警和不间断电源故障报警、控制网络故障、门机控制器等相关设备故障，并进行故障显示或故障记录。

（10）单元控制器内能设置速度曲线，有不少于60条曲线的存储容量，并且存储常用的开/关门障碍物探测以及停电等意外模式下门体的运行曲线。在单元控制器内可以修改滑动门速度曲线参数，并能实现集中下载到每个门机控制器。

（11）屏蔽门系统内部各设备状态从状态出现至显示终端的整个处理时间不大于 2s。

（12）能够在控制室内监控系统中查询到状态信息量及种类。

单元控制器上的指示灯和指示灯按钮功能见表 2-6。

单元控制器上的指示灯和指示灯按钮 表 2-6

指示灯 / 按钮	功　能	指示灯颜色
PSL 操作允许指示灯	当 PSL 单元有效时亮（"允许"开关已打开，PSL 可以操作整侧站台屏蔽门）	绿色
开门指示灯	当 EED 或 PSD 打开时亮，当所有 EED 和 PSD 关闭且锁紧时熄灭	绿色
ASD/EED 关闭和锁紧指示灯	当收到 ASD/EED 关闭和锁紧信号时亮； 没有收到 ASD/EED 关闭和锁紧信号时熄灭	绿色
ASD/EED 互锁解除指示灯	当 PSL 单元有效和 PSL 的"互锁解除"开关处于解除状态时亮；当"互锁解除"开关返回到关闭状态或 PSL 无效时熄灭	红色
ASD/EED 关门故障指示灯	当 PSD 三次遇阻并重新打开时亮；当门关闭和锁紧时熄灭	红色
PSD 开门故障指示灯	当 PSD 不能打开时亮	红色
数据总线故障指示灯	当 PEDC 或任何 DCU 发现一路或两路 CAN 数据总线的故障时亮	红色
电源故障指示灯	当 PSD 电源或 UPS 发生故障时亮	红色
故障复位按钮 / 指示灯	如果指示灯因为相关故障的发生而点亮，故障清除后复位各故障指示灯熄灭	绿色
手动操作指示灯	当屏蔽门手动操作打开时亮	橙色
指示灯测试按钮 / 指示灯	按下测试按钮，会使所有的 PSL 上的指示灯亮	绿色

单元控制器对整侧门的关闭锁紧信号进行监测以确保安全。滑动门 / 应急门（ASD/EED）关闭锁紧信号是所有 ASD/EED 与信号系统串联的关键线路信号。当整侧门关闭锁紧后，通过 1 条 4 线双切的"ASD/EED 关闭锁紧"线路将关闭锁紧信号提供给信号系统。关闭锁紧线路与每个滑动门、应急门串联。当所有 ASD/EED 关闭且锁定时，该线路将接通。提供给信号系统关闭锁紧信息的电源由信号系统提供电压。

（四）门机控制器

门机控制器（DCU）是滑动门电机的监控装置。每道滑动门单元均配置一套门控单元，控制两扇滑动门动作，DCU 安装在顶箱内。

DCU 为整体快速更换单元设计，选用的器件均为高集成度产品，接口简单方便，可以快速便捷进行 DCU 的更换。该 DCU 的结构设计减少了 DCU 的尺寸、提高了 DCU 密封 IP 等级（IP54）、提高了维护效率、减少故障延误时间，提高了整个控制系统的可靠性和集成度。

DCU 的工作电压输入范围宽，电机驱动芯片具有过温过流保护功能，且 DCU 具有门过速保护装置；可以调节开门指示灯（DOI）的闪烁频率，采用不同的闪烁频率来表示滑动门故障或正常开启、关闭过程。

1. 门机控制器（DCU）的组成

门机控制器的 CPU 组、存储单元、接口单元，网络模块通过一块主板集成，通过专用监控软件,执行 PEDC、IBP 和 PSL 的命令控制与监测滑动门的运动。

DCU 功能及接口配置如下:

(1)DCU 配置就地控制盒的控制输入接口。

(2)DCU 配置门状态指示灯。

(3)DCU 配置冗余的现场总线接口。

(4)DCU 配置用于开/关门命令、就地控制盘、综合后备盘相关功能回路的接口。

(5)配置便携式电脑接口,便于对每道滑动门 DCU 进行软件调试及试验。

DCU 硬件接口示意图如图 2-44 所示。

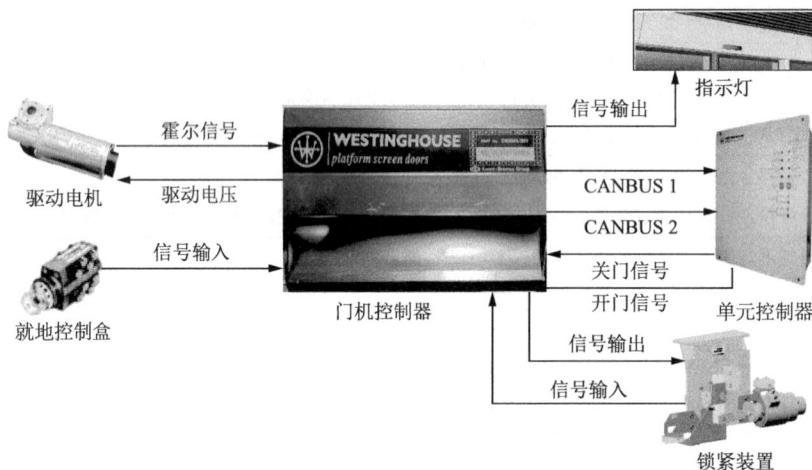

图 2-44 DCU 硬件接口示意图

2. 门机控制器(DCU)的设备配置

门机控制器的 CPU 组、存储单元、接口单元、网络模块通过一块主板集成,通过专用监控软件,执行单元控制器、综合后备盘和就地控制盘的命令控制与监测滑动门的运动。其设备配置如下:

(1)DCU 内部应存储必要的速度曲线,设置多组门体夹紧力阈值(夹紧力阈值最大不超过 150N)、重关门间隔时间(0.3s,可在 0.3 ~ 2s 内可调)和重关门延迟时间(2s,可在 0.1 ~ 10s 内可调)和重关门次数(3 次,1 ~ 5 次可调)等参数。

(2)DCU 输入电源具有过流、过压保护。

(3)DCU 具有抗震、防尘、防潮及抗电磁干扰及静电干扰的功能,并满足城市轨道交通环境要求。

(4)DCU 的安装位置便于维修及更换。

(5)DCU 具有足够存放数据库和软件的存贮单元,具有自诊断功能。

(6)DCU 组按照其中设定的速度曲线,实现对电机的实时控制,能够准确探测门体、门锁等设备的状态信息。

(7)防护等级不小于 IP54。

3. 配置选型及技术参数

（1）电路结构

高电压侧电路，其由电机驱动电路、电子锁驱动电路、电机电流一次回路侧测量电路，电压一次回路侧测量电路组成，此部分有其专用的电源，电机驱动芯片具有不依赖软件干预的短路保护、过流保护、温度保护等功能。

电流电压测量电路采用光电隔离数字化处理（保证线性度要求）的芯片，其他反馈采用普通可靠的光耦电路。电压的测量能保证电压大范围变化时能及时调整，从而进行精确控制；电流的测量能使 CPU 可控制电机驱动力。

数字 IO 电路采用独立的电源供电，与 CPU 的连接通过隔离措施，保护 CPU 不受外路的电磁干扰。

DCU 电路结构在电机驱动电路部分、输入输出接口电路部分、CPU 电路部分，网络电路部分均采用相应的隔离措施，这种电路设计大大提高了可靠性和抗干扰能力。

（2）主控芯片

DCU 的主控芯片应用先进的接口保护技术和电路保护技术，具有工作频率高、抗干扰能力强、超大规模集成、性能稳定、运算能力强的特点，广泛应用于大型控制系统和工业控制领域。其主要技术特点如下：

①高性能低功耗：工作频率高、抗干扰能力强、超大规模集成、性能稳定、运算能力强；和同类产品相比，性能更好、集成度更强、功耗更低。

②单片、高集成度、瞬间上电、高安全性：不但集成了单片机的控制功能和数字信号处理器的计算能力和数据吞吐能力，而且集成了目前最先进的控制模块和系统管理、安全单元，集成度高；为总线桥接、总线接口和译码、控制等提供了最佳服务，具有瞬间上电（时间小于 1ms）、无外围配置芯片、保密性好等特点，安全性高。

③最好的 DDR 存储器支持。

（3）电源部分

整个 DCU 的电源分成多组，它们采用一二次回路隔离的开关电源，从而保证各个不同性质的电路在电气口完全隔离，提高电路的安全性和可靠性。

（4）软件方面

DCU 的软件能够监测机械结构负载、摩擦等参数的变化，通过一定的算法对电机的控制进行调整，以达到系统设定参数的要求。通过对电机的算法控制，减小电机的冲击电流，减小整个系统的功耗和电源负荷，达到节约能源的效果。

4. 门机控制器（DCU）的功能

（1）执行系统级和站台级发来的控制命令

DCU 通过硬线信号与 PEDC/PSL/IBP 连接，接受来自 PEDC/PSL/IBP 的信号控制，执行相关控制指令。

（2）能够采集并发送门状态信息及各种故障信息

DCU 能够采集门状态信息及各种故障信息,并通过 CANBUS 现场总线网络将门状态信息及各种故障信息发送到中央控制盘(PSC)。

5.门机控制器(DCU)的控制原理

(1)PEDC-DCU 接口信号管理

单元控制器(PEDC)与门控单元(DCU)之间的电频信号示意图如图 2-45 所示。

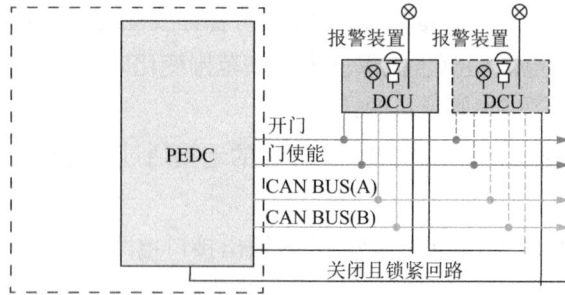

图 2-45 PEDC-DCU 电频信号示意图

(2)开门信号,允许信号

DCU 接受来自 PEDC/PSL/IBP 的信号控制,DCU 通过硬线信号与 PEDC/PSL/IBP 连接。门的允许硬线信号:一条关键的 50V 交流线路与站台每个对称门的 DCU 串联从而控制所有的对称门。开门信号:一条非关键的 50V 交流线路与站台的所有 DCU 串联。

允许信号:从 PEDC 主板或者 /PSL/PEC 控制继电器发给 DCU 的双切关键信号。

开门信号:与所有 DCU 相串联的非关键 50V 交流信号。

允许、开门信号影响见表 2-7。

允许、开门信号影响   表 2-7

允　　许	开　　门	对屏蔽门的影响
0	X	没有允许信号,门不动作
1	0	关门
1	1	开门

(3)双冗余 CANBUS 数据总线

原理图如图 2-46 所示。

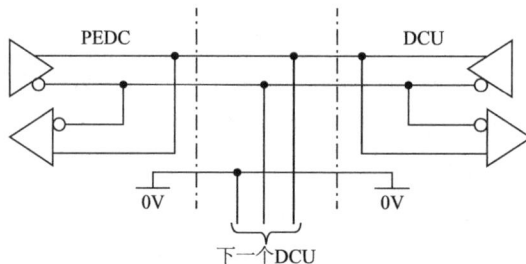

图 2-46 双冗余 CANBUS 数据总线原理图

注:CAN 为 PEDC 与每个 DCU 的双向串联接口。

双冗余 CANBUS 数据总线与所有 DCU 串联，实现 DCU 和 PEDC 之间的数据通信。

（4）ASD/EED/ 端门活动门关闭锁紧信号

所有 ASD/EED/ 端门与信号系统（SIG）串联的关键线路信号 1 条 4 线双切的 "ASD/EED/ 端门活动门关闭锁紧" 线路将提供给该信号。该线路与每个滑动门与应急门串联。当所有"ASD /EED"关闭且锁定时，该线路将接通。信号系统将提供屏蔽门（PSD）系统电压。该电压的供应将通过四线双切继电器回路切换给信号系统，ASD /EED/ 端门关门信号。如图 2-47 所示。

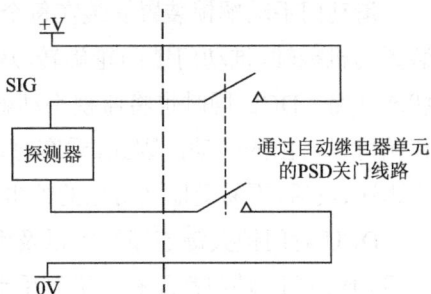

图 2-47　关闭锁紧信号原理图

（5）门运动曲线的控制

DCU 能够储存开关门运动曲线，运动曲线可适用于所有车站的对称与非对称门。滑动门的运动曲线是通过 DCU 来控制的。这些曲线是通过选取不同的门速，开关门时间以及门开始启动、开门加速度与关门减速度来设置的，速度与开关门力可以调节。

DCU 包含一个微处理器，它提供了一个脉宽调制动力给电源晶体管输出极，并且依次驱动免维护的直流电机。电机装置含有一个霍尔开关电机位置传感器，可以将门运动的位置反馈至 DCU 内的计算机控制主板。

DCU 能根据指定的速度曲线和各个滑动门的特性，对门机的调节实施智能控制，电机的加速度通过监测电机后端的电动势来测量，电机的扭矩通过测量电机电流来获得。最终达到各个滑动门开闭的同步性和一致性，并能够准确探测门体、门锁等设备的状态信息。

DCU 组按照其中设定的速度曲线实现对电机的实时控制，能够根据门体在安装后，滑动门体推拉阻力的偏差，自动修正速度曲线，使滑动门到达规定的开关门时间。

屏蔽门滑动门的位置通过监测电机霍尔探测器的行程来跟踪，DCU 同时对电机的反馈的信息进行监测，从而确保遵循门的运动曲线。

过速保护装置的独立线路与电机相连，对门的速度进行监测。若门速过快或者在门运动过程中出现供电故障，电机的驱动就会被切断并产生制动力，使门停止动作。门的超速中断发生的情况也会传递给 PEDC。

（6）关键数据监测及软件控制

对于重要的 DCU 参数，包括开门时间、关门时间、开 / 关门障碍物次数、重关门延迟时间等参数，可以在便携式测试设备（PTE）或监视系统上通过通信网络在线修改、调整。通过 DCU 内设置的编程 / 调试 / 诊断接口，可在线和离线调整参数和软件组态，可进行重新编程和重新设置参数，能够在监控主机上存储故障，操作历史记录。可通过监视系统上通信网络在线升级或通过 PSA，对 DCU 软件进行下载。

（7）开门指示灯控制

每个门单元的"开门指示灯"用于显示每个门单元的运行状态。屏蔽门系统指示灯由 DCU

控制,这对于所有的站台都适用。光报警装置为多簇 LED 组成,从而达到理想的显示效果。

（8）手动解锁装置的监视

滑动门手动解锁装置安装在每个滑动门门框的外侧边缘,通过操作手柄,可以驱动锁定装置的机械轴,推动门锁凸轮旋转,从而将两扇滑动门解锁,同时切断关键的门关闭且锁紧状态回路。DCU 同时也将监视手动解锁装置的操作,它将断开"允许继电器",这样将使减速箱可以自由的转动。因此,乘客可以通过施加门扇的水平力将门扇打开。机械零部件配合迅速、灵活,不易受地区常见的沙尘、雨雪、闷热、潮湿环境的影响。

DCU 对门锁关键连锁开关以及滑动门/应急门的手动开锁机构开关进行监控,每道滑动门/应急门/端门都配有轨道侧手动解锁装置,可以通过手动操作,打开门锁定装置,允许手动打开滑动门。手动解锁装置也可以在站台侧由工作人员通过钥匙打开,站台侧的钥匙孔是隐藏式的,轨道侧操作紧急解锁装置打开,打开手动解锁装置的动作如下:滑动门在手动解锁操作完成的 15s（可调）之后,滑动门将收到一个较小的重新关门力,电机线路恢复供电。在不需工作人员参与的情况下,门可以自动关闭,从而使门处于安全的状态。

（9）手动操作模式

每个屏蔽门滑动门可以通过就地控制盒(LCB)进行就地的操作监视。

（10）应急门（EED）的监视

每侧站台的每扇应急门都装配有限位开关。一旦门打开,限位开关可以监测门的状态。应急门的监测是通过邻近 DCU 来实现的。

应急门的关门与锁定状态是与滑动门的关门与锁定状态一起组合的,一起发出关键的关门信号给 PEDC。

部分门单元的滑动门的左侧或右侧设有应急门门扇。这些门单元的 DCU 监视应急门的锁定开关并且通过 CAN 数据总线将应急门的操作信息反馈给 PEDC。应急门的锁定开关与每个门单元的关闭且锁紧关键回路相连接。

（11）端门的监视

端门通过邻近的门单元来监测。这些门单元的 DCU 将监视端门（MSD）的锁定开关并且将 MSD 操作的信息通过 CAN 数据总线反馈给 PEDC。MSD 的锁定开关不与每个门单元的关闭且锁紧关键回路相连接。

（五）就地控制盘

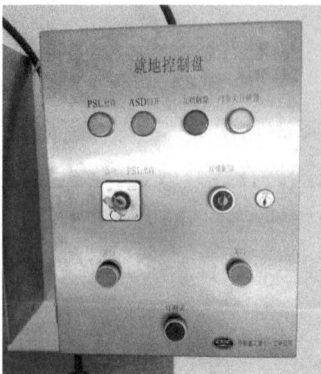

图 2-48　屏蔽门就地控制盘

每侧站台的司机立岗处设置一套就地控制盘（PSL）,如图 2-48 所示,PSL 的设置位置与列车正常停车时驾驶门相对应,以便于列车驾驶员控制屏蔽门的开关。就地控制盘具有对整侧屏蔽门进行开/关操作的功能。当信号系统与屏蔽门系统无法进行通信时,站台工作人员或列车驾驶员可通过就地控制盘对屏蔽门进行开 / 关操作。当个别滑动门因故障不能关闭锁紧而无法发车时，在人为保证安全的前提下，站台工作人员可通过就地控制盘向信号系统发出"互锁解除"信号，允许列车离站，同时互锁解除信号灯点亮表示操作有效。任何一道滑动门或应急门没有关闭锁紧时，就地控制盘面板上的"ASD/EED"状态指示灯熄灭（整侧门关闭且锁紧时，为常亮显示）。当车控室值班人员将屏蔽门控制权限切换至综合后备盘后，PSL 操作无效，将无法实现对整侧门的开关门操作，互锁解除操作仍有效。

就地控制盘面板上包括如下内容：

（1）按钮、开关及指示灯均有明显的中文标识。

（2）PSL 操作允许钥匙转换开关、PSL 允许指示灯。

（3）PSL 开 / 关门按钮，可以控制屏蔽门的开 / 关门动作，并有 PSL 操作状态指示灯。

（4）ASD/EED 状态指示灯，灯亮表示 ASD/EED 关闭且锁紧。

（5）ASD/EED 互锁解除钥匙开关、互锁解除操作指示灯，灯亮代表互锁解除操作有效。

（6）测试按钮用于验证就地控制盘上所有指示灯是否正常工作。

当 PSL 插入钥匙开关并离开禁止位后，PSL 能够提供模拟 SIG 系统的开关门命令，该命令直接发送给 DCU。通过这种方式，一旦发生 SIG 系统或者 PEDC 故障，仍能通过 PSL 进行开关门操作。

PSL 通过硬线传输控制信号至 PSC 柜体内的 PSL 安全继电器。PSL 开关的状态信息将反馈给 PEDC，并在相应设备上提示。

（六）就地控制盒

LCB 设有"自动、手动关、手动开、隔离"四位钥匙开关。钥匙从"自动"位顺时针旋转90°为"手动关"位；再顺时针旋转 90°为"手动开"位；从"手动开"不能直接旋转至"隔离"位；从"自动"位逆时针旋转 90°为"隔离"位。"自动"位钥匙开关对应位置设一个绿灯，当钥匙处在该位时绿灯亮。钥匙只有在自动位及隔离位时可取出。"自动"位进入安全回路，"手动"位、"隔离"位退出安全回路。

屏蔽门 LCB 的安装位置在滑动门门楣右下方，钥匙开关的安装位置便于站台侧工作人员通过钥匙进行模式转换。

每个门单元中无论发生网络通信故障、电源故障、DCU、门机故障以及其他故障，均可通过就地控制盒（LCB）使此单元隔离，切断电源，从而不影响整个系统的正常工作。LCB 的设置（图 2-49）应充分考虑系统的运行安全。

通过钥匙开关，可选择下列操作模式：

（1）"自动"位：当转换开关处于"自动"位置时，允许门控单元接收中央控制盘的"开门命令"与"关门命令"。

图 2-49　屏蔽门 LCB 设置示意图

（2）"隔离"位：当转换开关处于"隔离"位置时，单个滑动门单元与系统隔离，隔断本单元的电力供应，不影响整个系统的正常工作，便于维修。在此模式下，此道门的安全回路被旁路。

（3）"手动关"或"手动开"位：当开关处于"手动关"或"手动开"位置时，不执行来自中央控制盘的命令。门扇可通过设置在就地控制盒上的"手动关"或"手动开"进行操作，此道门的安全回路被旁路。

（七）综合后备盘（IBP）

在 IBP 上以每侧屏蔽门为单位设置开门钥匙开关、开门状态指示灯、关门状态指示灯，并设置一个测试按钮，以测试 IBP 上屏蔽门指示灯的工作状态。开门、关门状态指示灯可实时反映门状态，显示功能与 PSL 的状态指示灯一致。

在 IBP 上操作一侧屏蔽门的开门命令时，不影响另一侧屏蔽门的正常控制。

（八）门状态指示灯

屏蔽门每一道滑动门、应急门、端门的顶箱活动盖板设置门状态指示灯。指示灯的安装位置应能保证工作人员在无障碍情况下清楚观察，屏蔽门的门状态指示灯亮度和颜色应保证在站台公共区正常照明条件下能清楚观察，门状态指示灯亮度和颜色应保证在强光下能清楚观察。门状态指示灯如图 2-50 所示，其工作状态见表 2-8。

图 2-50 门状态指示灯示意图

屏蔽门的滑动门关闭锁紧时，门状态指示灯熄灭；滑动门开启时，门状态指示灯点亮；在滑动门开启、关闭过程中及故障状态时门状态指示灯闪烁；采用不同的闪烁频率，表示故障或正常开启、关闭过程。其亮度应满足远距离视觉要求，在站台一端可清晰地观察另一端屏蔽门的门状态指示灯的状态。

门状态指示灯工作状态　　　　　　　　　　　　　表 2-8

门开关状态	指示灯状态	声音提示
滑动门正常开门过程（EED 锁紧）	闪烁 1	无
滑动门正常关门过程（EED 锁紧）	闪烁 1	有
滑动门全开位置（EED 锁紧）	常亮	无
滑动门关闭且锁紧位置（EED 锁紧）	熄灭	无
EED 打开，临近 ASD 无故障	常亮	无
滑动门单元故障状态	常亮	无
滑动门单元隔离状态	闪烁 2	无

说明：

（1）"闪烁 2"的频率高于正常开关门过程的"闪烁 1"。

（2）门状态指示灯应具备"声音提示"功能，并便于切断，报警声音大小可调。

（3）门状态指示灯状态及动作在设计联络阶段确定。

应急门正常关闭，且锁紧时门状态指示灯熄灭；滑动门开启或发生故障时，门状态指示灯点亮并闪烁。

端门单独设置状态指示灯，以显示端门是否锁紧：门状态指示灯亮，表示门扇打开未锁紧，灯灭，表示门扇关闭且锁紧。

（九）控制系统运营模式

屏蔽门控制模式可分为 4 种，即系统级控制、站台级控制、车站级控制和就地级控制。屏蔽门操作的优先级顺序见表 2-9。

屏蔽门操作的优先级顺序　　　　　　　　　　　　表 2-9

控 制 设 备	优 先 级	控 制 级 别
SIG（信号系统）	最低	系统级控制
PSL	高于 SIG 与 IBP	站台级控制
IBP	高于 SIG	火灾模式应急控制（车站级）
就地控制盘（LCB）	高于 SIG、PSL 和 IBP	门单元控制（就地控制）
三角钥匙开关、把手或推杆	最高	门单元控制（就地控制）

1. 系统级控制

系统级控制模式是在正常运行模式下由信号系统直接对屏蔽门进行控制的方式。在系统级控制方式下，列车到站并停在允许的误差范围内时，列车信号系统向屏蔽门发出开 / 关门指令，控制指令经信号系统发送至屏蔽门中央控制盘，中央控制盘通过门控单元对滑动门开 / 关进行实时控制，实现屏蔽门的系统级控制。

（1）系统级控制下的开门流程

列车进站停稳并经信号系统确认列车停在允许范围后，信号系统向屏蔽门系统发出开门指令到中央控制盘。中央控制盘向每个门控单元发送开门的指令，滑动门打开。开启时，门状态指示灯和 PSC 上 ASD/EED 状态指示灯点亮，中央控制盘面板、就地控制盘和综合后备盘上所有滑动门、应急门关闭且锁紧状态指示灯熄灭。开门流程如图 2-51 所示。

（2）系统级控制下关门流程

列车即将离站时，信号系统发出关门指令到中央控制盘，中央控制盘向门控单元发送关门指令，整列滑动门的门控单元执行关门指令，门关闭并锁紧后顶箱上指示灯熄灭，单元控制器向信号系统发送"所有滑动门、应急门关闭且锁紧"信号，同时，中央控制盘面板、就地控制盘和综合后备盘上的"所有滑动门 / 应急门关闭且锁紧"状态指示灯点亮。关门流程如图 2-52 所示。

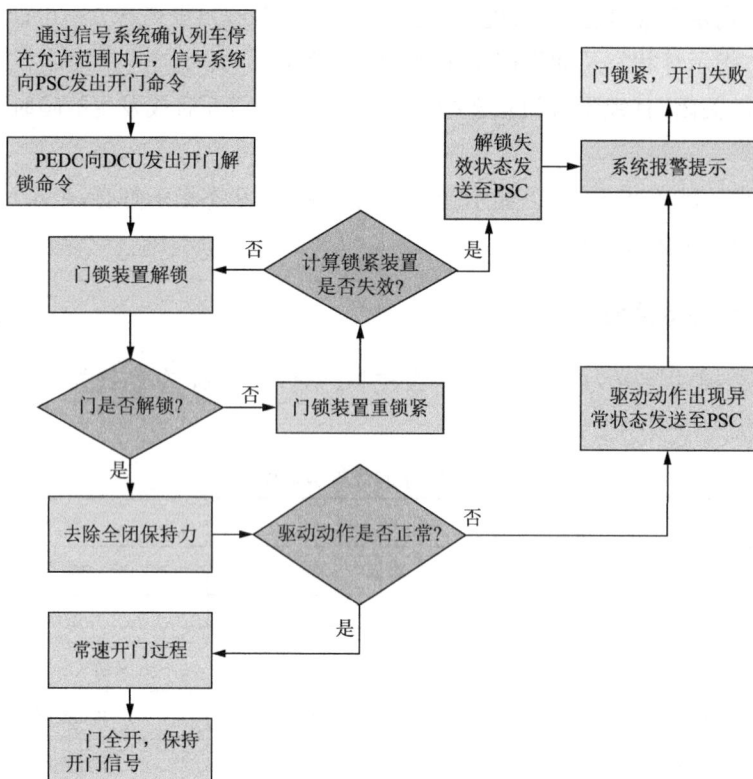

图 2-51 开门流程

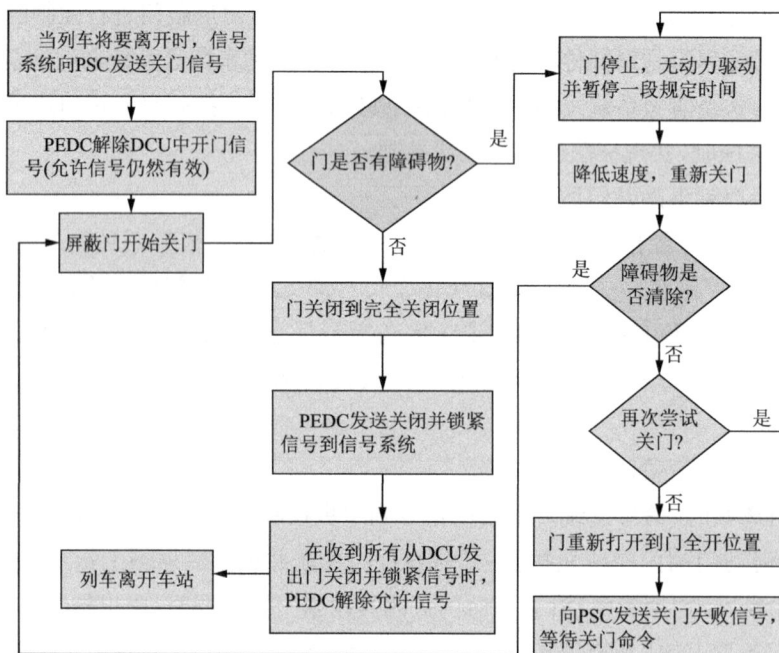

图 2-52 关门流程

2. 站台级控制

（1）就地控制盘（PSL）控制

在系统级控制出现故障时，可进行 PSL 操作。PSL 控制是由列车驾驶员或站务人员在站台就地控制盘上对滑动门进行开 / 关门的控制。如信号系统故障、信号系统与中央控制盘开 / 关门指令界面故障状态下，列车驾驶员或站务人员可在就地控制盘上进行开门、关门操作，实现屏蔽门的 PSL 控制操作。

（2）开门操作

列车驾驶员或站务人员将 PSL 开 / 关门钥匙开关打到开门位发出开门指令，滑动门开始打开，中央控制盘面板、就地控制盘和综合后备盘上的所有"ASD/EED 关闭且锁紧"状态指示熄灭。滑动门完全打开后，PSC 面板、PSL 和 IBP 上的"ASD/EED 开门"状态指示灯点亮。开门流程图如图 2-53 所示。

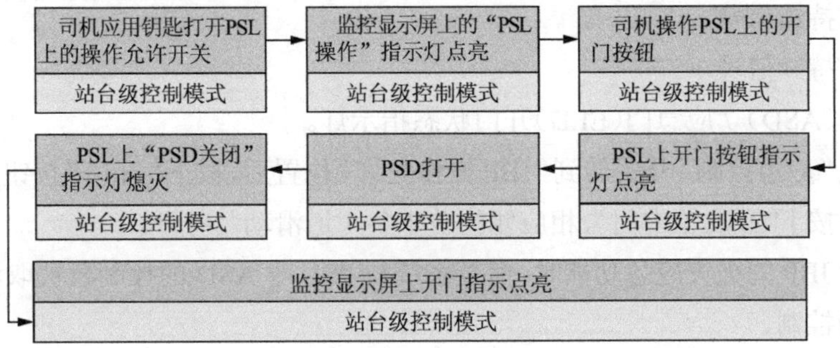

图 2-53　开门流程

（3）关门操作

列车驾驶员或站务人员将 PSL 开 / 关门钥匙开关打到关门位发出关门指令，滑动门开始关闭，当屏蔽门全部关闭且锁紧后，PSC 面板、PSL 和 IBP 上的所有"ASD/EED 关闭且锁紧"状态指示灯点亮。关门流程图如图 2-54 所示。

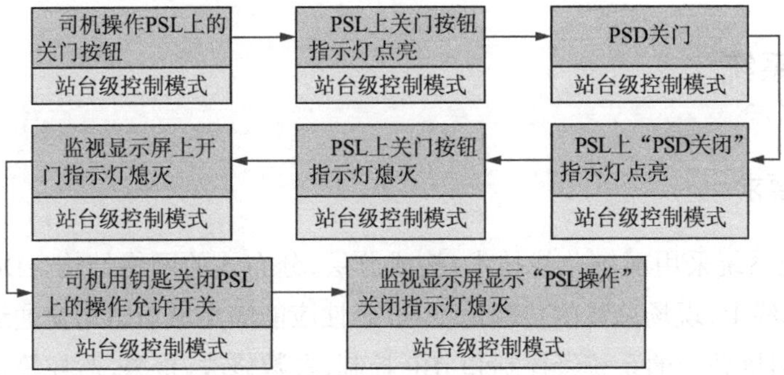

图 2-54　关门流程

（4）门关闭后无法发车

当滑动门全部关闭后，所有"ASD/EED 关闭且锁紧"信号丢失或信号系统无法确认屏蔽门是否锁闭而不能发车时，列车驾驶员或站务人员在就地控制盘上对"ASD/EED 互锁解除"

开关进行互锁解除操作,"ASD/EED互锁解除"状态指示灯点亮。

3. 车站级控制

(1)IBP控制模式:在车站紧急情况下（如火灾）,在车站控制室操作IBP上的钥匙开关打到开门位,打开上行或下行屏蔽门全部滑动门,滑动门完全打开后PSC面板、PSL和IBP上的开门指示灯亮。

在站台火灾情况下,操作IBP上的钥匙开关可以根据FAS系统指令打开上行或下行屏蔽门首末各2道滑动门,以配合站台排烟。

IBP命令属于紧急状态下的紧急开门命令,优先级高于PSL控制和系统级控制。IBP所有连接采用硬线。

(2)火灾控制模式由以下信号组成:

①"IBP操作允许"信号。

②"开门"持续信号。

③"关门"持续信号。

④滑动门(ASD)/应急门(EED)开门状态指示灯。

⑤IBP上"应急控制"开关转到"IBP操作允许"位置后,按下"开门"按钮后,全部ASD将打开。或者按下"开启首末门",相应侧的首末各1道滑动门打开。

⑥在执行IBP的火灾应急功能时,信号系统与PSL对ASD的控制权被取消。

4. 就地级控制

手动操作是指站台工作人员或乘客对屏蔽门进行的手动操作。当系统电源或个别屏蔽门操作机构发生故障时,站台工作人员可在站台侧用钥匙操作LCB打开/关闭,隔离单道滑动门,或者乘客在轨道侧操作屏蔽门开门把手打开滑动门。此时,PSC上的"ASD/EED手动操作"状态指示灯点亮;PSC面板、PSL和IBP上的所有"ASD/EED关闭且锁紧"状态指示灯熄灭。

在维修测试情况下,单扇门就地操作是指维护人员使用LCB对单道滑动门进行操作。

三、监视系统

(一)配置要求

屏蔽门监视系统采用现场总线技术,构成分层、分布式的网络结构,DCU设备作为网络节点挂接在总线上,现场总线的传输速度、准确性应能满足城市轨道交通运营对屏蔽门的监控要求,实现对屏蔽门的系统级控制和IBP控制、参数修改、报警、监控等功能。

屏蔽门的网络系统采用具有先进性、可靠性、开放性和可操作性的成熟的工业级产品。

屏蔽门系统与综合监控系统(ISCS)的通信接口采用基于TCP/IP协议（支持IEEE802.3标准）的MODBUS协议,支持标准、通用、开放、软件解码的协议,便于与ISCS进行数据传输,并满足城市轨道交通环境的电磁兼容性要求。

现场总线传输网络的系统内任何设备开关状态的改变、监视系统状态更新速度不大于0.3s。

（二）监控系统网络的实施

PSC将与运营相关的屏蔽门状态及故障信息发送至ISCS系统进行状态、故障显示,综合监控系统的车站控制室工作站可实现屏蔽门相关状态的查询及故障报警,如图2-55所示。

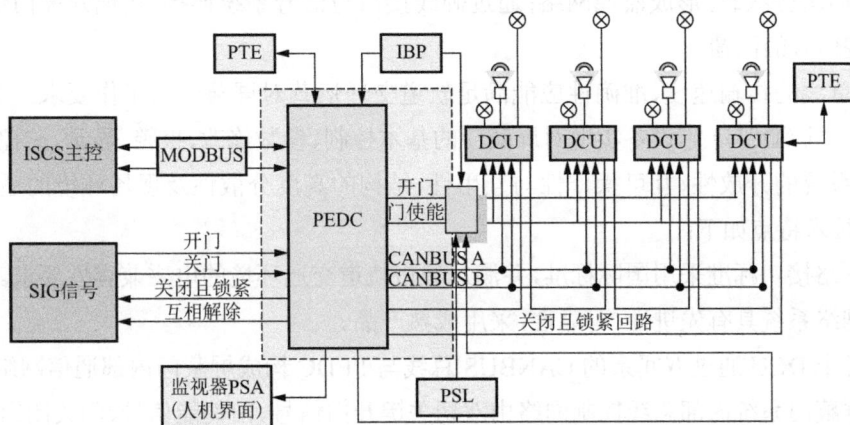

图2-55　监控系统网络实施示意图

（三）外部网络系统

屏蔽门系统主要针对外部主控系统和信号系统通信,其外部网络如图2-56所示,PEDC的站台屏蔽门系统的状态和故障信息通过Modbus网络转换器以及标准的Modbus、TCPIP协议提供的光纤接口发送到设备监控系统,与信号系统之间通过硬线连接和安全继电器实现开关门命令、关闭且锁紧命令以及互锁接触等关键命令的通信。

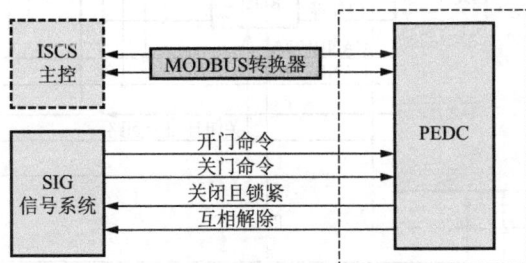

图2-56　外部网络

屏蔽门网络系统是具有先进、可靠特点的成熟产品,在全球项目中得到广泛应用。其网络拓扑结构为总线型,控制子系统中的逻辑控制单元、DCU通过现场总线构成开放式结构,采用标准通信协议,网络接口标准支持MODBUS/TCP/IP协议标准,支持IEEE802.3标准,并满足轨道交通环境的电磁兼容性要求。现场总线发生故障时,系统能进行声光报警,并向ISCS反馈故障信息。

（四）内部网络系统

在一个屏蔽门的控制系统中 PSC、PSL、监控主机－人机界面（工业级电子计算机+PEDC）、维修终端和 DCU 通过网络总线构成开放网络系统,在外部,通过网络接口及串行接口与主控系统及通信系统形成数据交换网络,同时传送数据,监视及反馈系统运行信息、电源组件的运行状态,形成监控网络;通过硬线接口与信号系统连接,实现开关门信号发送接收、关键信号的回馈。

现场总线的传输速度、准确性应能满足轨道交通运营对屏蔽门的工作要求。利用网络上的监控主机（DCU）等设备实现对屏蔽门的基本控制、参数修改、报警、显示、监控等,具有现场总线系统的开放性、互可操作性与互用性、结构的高度分散性及现场环境的适应性,总线网络的技术特点如下:

（1）网络接口标准采用国际标准,并满足城市轨道交通环境的电磁兼容性要求。

（2）网络系统具有先进性、可靠性,采用成熟产品。

（3）各个 DCU 通过双冗余的 CANBUS 总线与 PEDC 构成屏蔽门内部通信网络。

（4）屏蔽门系统内部总线控制网络由双切关键开门信号、门使能信号、门关闭锁紧信号、互锁解除信号和非关键双 CAN 数据总线组成,如图 2-57 所示。

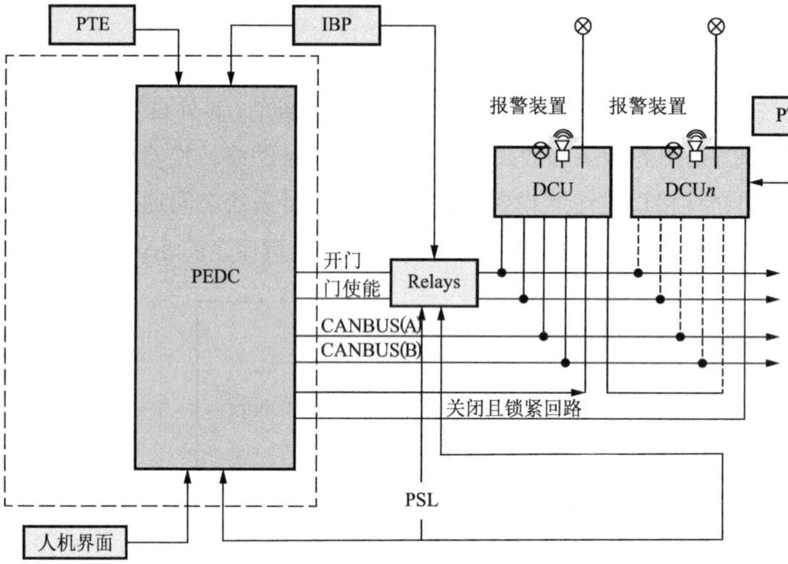

图 2-57　内部网络图

屏蔽门监控系统采用现场双 CANBUS 总线技术,采用冗余式总线式设计,按照监控系统向分散化、网络化、智能化发展的要求,把门控单元组作为网络节点挂接在总线上,连接为网络集成式的全分布监控系统。

当一路总线发生通信故障时,系统自动切换到另外一路,使整个系统的通信正常进行,并在监视系统中进行报警。总线通信切换时,实现无扰自动切换,不会给系统通信带来影响。

第六节 供电设备

一、供电设备组成

供电系统无论在城市轨道交通的各类系统当中,都是一个必不可少的为本系统提供能源的子系统,其设备质量和供电质量均直接影响整个系统设备的工作状态和运行质量。由于城市轨道交通屏蔽门系统供电属于一级负荷供电,其使用的供电设备尤其重要。屏蔽门系统供电设备处于良好状态是城市轨道交通安全运行的基本保障。

屏蔽门系统供电设备由双电源切换装置、驱动电源、控制电源、蓄电池四部分组成。

二、双电源切换装置

双电源切换装置设置在屏蔽门控制室内,可对主备两路电源自动切换,正常状态时由主电源供电,当主电源断电,相电压过压、欠压或缺相时,经设定的时延后自动切换到备用电源供电。当主电源恢复正常后,经设定的时延后,自动返回主电源供电。

当主备电源出现断电,相电压过压、欠压或缺相时,控制器发出报警声,提示及时修复。

三、驱动电源

驱动电源主要由整流模块、监控模块、绝缘监测、电池巡检及充放电管理模块、驱动蓄电池组、馈线回路等构成。屏蔽门驱动电源具有以下特点:

(1)驱动电源系统整流模块具有在线式热插拔及在线维修功能,并具备 $N+1$ 冗余备份功能,主机设备单点故障不会引起整台设备的故障,主机设备个别部件的故障不会引起整台设备的故障。

(2)驱动电源充电模块与驱动模块单独设置,驱动模块为屏蔽门提供驱动电源,充电模块为蓄电池充电。

(3)过载能力强。针对屏蔽门这种冲击性负载特性,直流供电系统采用整流模块,可以在 4s 内承受 2.5 倍的负载。

(4)维护方便。所有的模块都支持热插拔,无需专业维修人员,只要有备用模块,直接换上即可,不会影响 UPS 回路的正常工作。

(5)可靠性高。由于系统主要部件都是采用并联冗余设计,一个模块出现故障不会影响其他模块的运行,故障模块自动退出系统。

(6)整机效率高,整机效率不低于 90%。

（7）输出电源对地绝缘值高，屏蔽门驱动电源与车站大地的绝缘值大于10MΩ。

（8）具有自动均充功能。输出电流、电压平稳，设备使用寿命不少于10年。

（9）驱动电源设有输出过压、过流保护装置，能够通过辅助无源触点提供电源故障报警信号，并传输到屏蔽门控制系统的中央控制盘上。

（10）每侧站台设置四路供电回路，保证对应一节车厢的其中一个回路电源故障时，其余3个门能够正常工作。

（11）监控模块能对驱动电源内重要的状态、故障信息进行数据采集、显示、报警处理和历史数据管理等；能对处理结果加以判断，根据不同的情况实现电池管理、输出控制和故障呼叫等功能；能远程监视驱动电源重要状态（内部故障、供电故障等），将故障、状态信息传输到屏蔽门控制系统的PSC上，并可查询具体故障信息；能监测电源装置的输入、输出电压和输入、输出电流，隔离变压器输出的电压、电流，蓄电池浮充电压、电流等，并配有输出端口。

（12）监控模块可对系统母线电压、负载总电流、输入电网电压、直流各馈线回路及电池组熔断器通断状态等进行检测，对充电模块开启、关停及充电模块均充/浮充转换进行控制，对充电模块输出电流实行限流控制，对充电模块输出电压进行调节控制。

（13）绝缘监测模块用于实现母线及各支路正负极对地绝缘状况的检测，能直接监视正负极对地电压。当电压过高、过低或绝缘电阻过低时，发出报警信号，且报警值可整定。

（14）驱动供电模块的容量配置保证在脱离蓄电池组时完全能够带动整个站台所有门机的供电。

（15）为了避免因屏蔽门到设备房长距离电缆敷设而产生供电回路的较大压降对屏蔽门正常供电的影响，在每个门单元的屏蔽门顶箱内配置一个宽电压输入的就地配电单元（110V/48V，直流/直流转换模块），确保各门机的正常工作。

（一）整流模块

整流模块分为两组，一组用于为屏蔽门系统提供直流110V驱动电源，另一组用于为驱动电源的蓄电池充电。整流模块采用中文液晶显示、操作灵活简便，是一款自然冷却型整流模块。整流模块主要技术指标见表2-10。

整流模块保护功能如下：

（1）输出过压保护

当模块输出电压高于最大输出电压时，模块通过电压保护电路实现过压保护。此时，模块自动关断其输出，并点亮模块故障指示灯。

（2）软件过压保护

当模块输出电压高于模块输出过压值3.0V时，发生软件过压保护。此时，模块自动关断其输出，并点亮模块故障指示灯。

（3）并机保护

模块内部设有隔离二极管和输入输出长短针，实现了模块热插拔功能。同时保证模块故障时,自动退出工作而不影响系统正常工作。

（4）过流保护

过流保护主要保护大功率变流器件。在变流的每一个周期,如果通过电流超过器件承受电流,切断功率器件的开关,达到保护功率器件的目的。

（5）过载能力

4s 内,可以承受 2.5 倍额定输出电流的负载（50A）。

整流模块主要技术指标   表 2-10

整流模块输入	
额定电压	380 V
电压范围	±20%
额定频率	50Hz
频率范围	±10%
整流模块输出	
输出电压	直流 110 ～ 120V
电压稳定度	±0.5%
电压范围	80 ～ 130V,连续可调
输出额定电流	20A
输出过载电流	50A（持续 4s）
输出过压保护	130V+2.0V
输出欠压保护	80V+2.0V
纹波系数	≤ 0.1%
动态响应	在 20% 负载跃变到 80% 负载时,恢复时间≤ 200μs,超调≤ ±2%
转换效率	≥ 93%（满负荷输出）
功率因数	0.92
对地绝缘	≥ 10MΩ
绝缘强度	输入对地、输出对地、输入对输出施加直流电压 2kV，1min 无飞弧、无闪络
可闻噪声	≤ 55dB

（二）驱动电源配电回路

驱动电源配电回路位于驱动电源配电柜中,从而减少对设备房面积的需求。驱动电源配电回路为车站两侧站台的屏蔽门提供直流 110V 的驱动电源。

（1）向两侧站台提供驱动电源的供电回路相互独立,一侧站台的屏蔽门的供电回路故障不会影响另一侧站台的屏蔽门的正常运行。

（2）每个供电回路均有断路器保护,各配电回路断路器作为电路保护装置,在接地故障或电路短路故障时,可以提供必要的保护。

（3）每侧站台由 4 个供电回路,分别向每节车厢的每个门供电,保证对应一节车厢的其中一个回路电源故障时,其余 3 个门能够正常工作。

（三）就地配电单元

为了避免驱动供电回路长距离电缆敷设而产生较大的压降对屏蔽门正常供电的影响，在每个屏蔽门的门单元顶箱内配置一个就地配电单元 LPSU（110V/48V，直流/直流转换模块），由驱动电源配电回路提供的 110V 直流电源到达各门单元后，经直流/直流转换模块输出直流电压 48V，为各门单元的门机控制器（DCU）供电。该供电单元具有宽电压输入范围，即使到门头的驱动供电电压降到 80V，DC/DC 模块仍能够输出稳定的直流电压 48V 电源给 DCU，从而确保各门单元的正常工作。门机供电回路如图 2-58 所示。

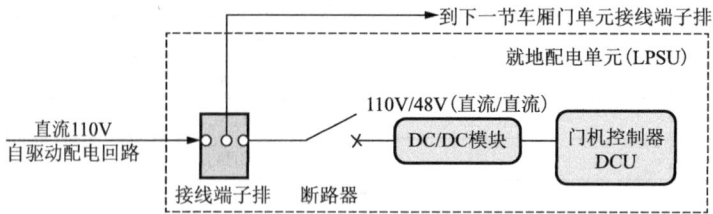

图 2-58　门机供电回路示意图

（四）屏蔽门系统驱动电源简图

屏蔽门系统驱动电源同时向两个站台的屏蔽门提供驱动电源。驱动电源如图 2-59 所示。

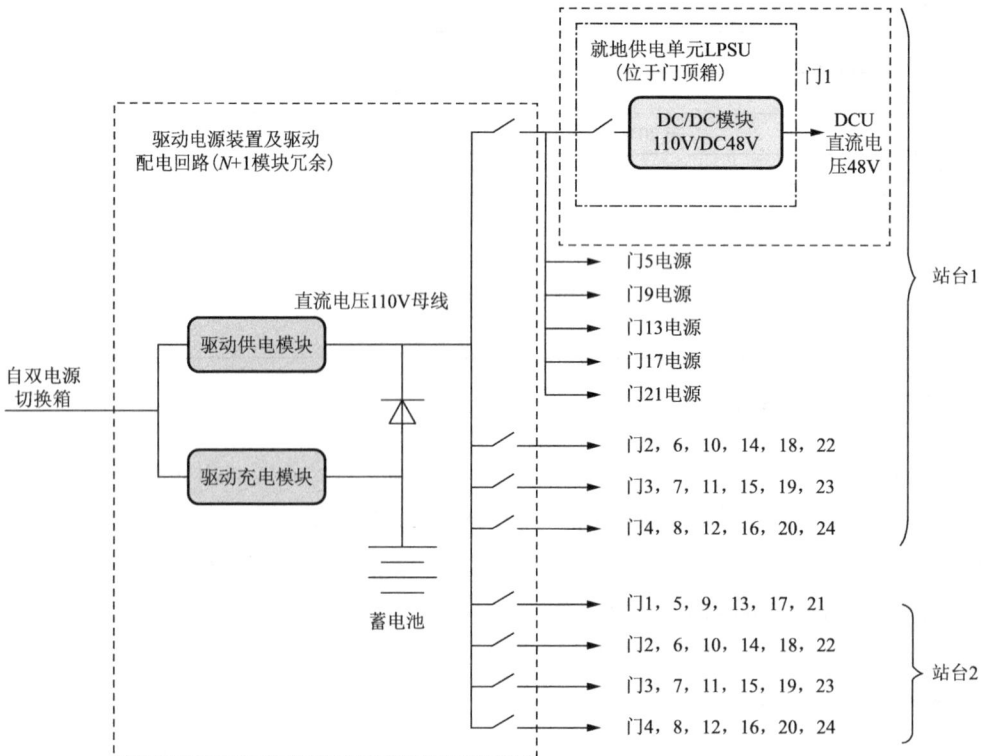

图 2-59　驱动电源简图

四、控制电源

控制电源主要由不间断电源、隔离变压器、监控模块（带液晶显示屏）、绝缘监测模块、蓄电池、馈电单元及软件等构成,控制电源可完成外部电源停电后,蓄电池投入供电的功能。

控制电源采用不间断电源作为后备电源,主要为 PSC、PSL、IBP、逻辑监控模块等设备供电,控制电源的 UPS 独立于驱动电源。

控制电源主要有以下特点:

(1)电源系统主要部件能实现在线维修功能,具有手动、自动旁路功能。主电源供电切换到蓄电池供电转换时间 0ms,逆变器过载切换旁路供电时间小于 2ms。由旁路复位主电源供电切换时间小于 2ms。主机设备个别部件的故障不会引起整台设备的故障。

(2)控制电源具有模块化在线式热插拔和在线式维修功能,具有完善的 $N+1$ 冗余备份功能。

(3)监控模块能监视电源装置的输出电压、电流,并能监视电源装置正常运行状态和故障状态。

(4)绝缘监测模块用于实现直流母线及各支路正负极对地绝缘状况的检测,能直接监视正负极对地电压,当电压过高、过低或绝缘电阻过低时发出报警信号,且报警定值可整定。

(5)控制电源的馈线回路能够满足系统控制设备正常使用,保证系统的运行安全可靠。

(6)控制电源与车站低压配电系统的隔离等级不低于 5MΩ。

(7)电池的接入和直流输出部分通过放电端子,可实现在配电柜内对蓄电池进行放电的功能。

（一）整流模块

控制电源采用整流模块,整流模块采用中文液晶显示、操作灵活简便,是一款自然冷却型整流模块。其技术参数见表 2-11。

整流模块技术参数 表 2-11

输入交流电压	380（1±20%）V、50（1±10%）Hz		
额定输出	110V（直流）	输出范围	85～150V（直流）
额定电流	20A	输出电流不平衡度	≤ 3%
稳压精度	≤ 0.5%	稳流精度	≤ 0.5%
纹波系数	≤ 0.1%	转换效率	≥ 95%
对地绝缘	≥ 10MΩ	可闻噪声	≤ 55dB
动态响应	在 20% 负载跃变到 80% 负载时,恢复时间≤ 200μs,超调≤ ±2%		

(二)逆变模块

逆变模块采用全模块化热插拔设计,可以根据交流电源的需求自由拼装为"DC/AC 模块"。逆变模块技术参数见表 2-12。

逆变模块技术参数   表 2-12

逆变模块输入	
线制	单相三线制
额定电压	直流 120V
电压范围	±25%
额定频率	50Hz
频率范围	±10%
逆变模块输出	
额定功率	1kV·A
输出电压	直流 220V
电压稳定度	±1%
频率	50Hz±0.25Hz
输出波形	正弦波
输出功率因数	0.9
失真度	<3%(线性负载)
峰值因数	3:1
过载能力	120% 连续工作 10min;150% 连续工作 20s
输出动态瞬变范围	0～100% 负载变化时,0～100%,瞬变小于 5%,恢复时间小于 20ms
转换方式	双变换在线式
逆变输出短路	立即关机保护
隔离	内置高频变压器隔离

(三)中央控制盘(PSC)

PSC 中央控制盘为屏蔽门系统控制逻辑单元、PEDC、继电器单元、IBP、PSL,以及开/关门命令等提供电源,控制及监视屏蔽门的运行。

(四)屏蔽门系统控制电源

屏蔽门控制电源系统同时向两个站台的屏蔽门提供控制电源。屏蔽门系统控制电源如图 2-60 所示。

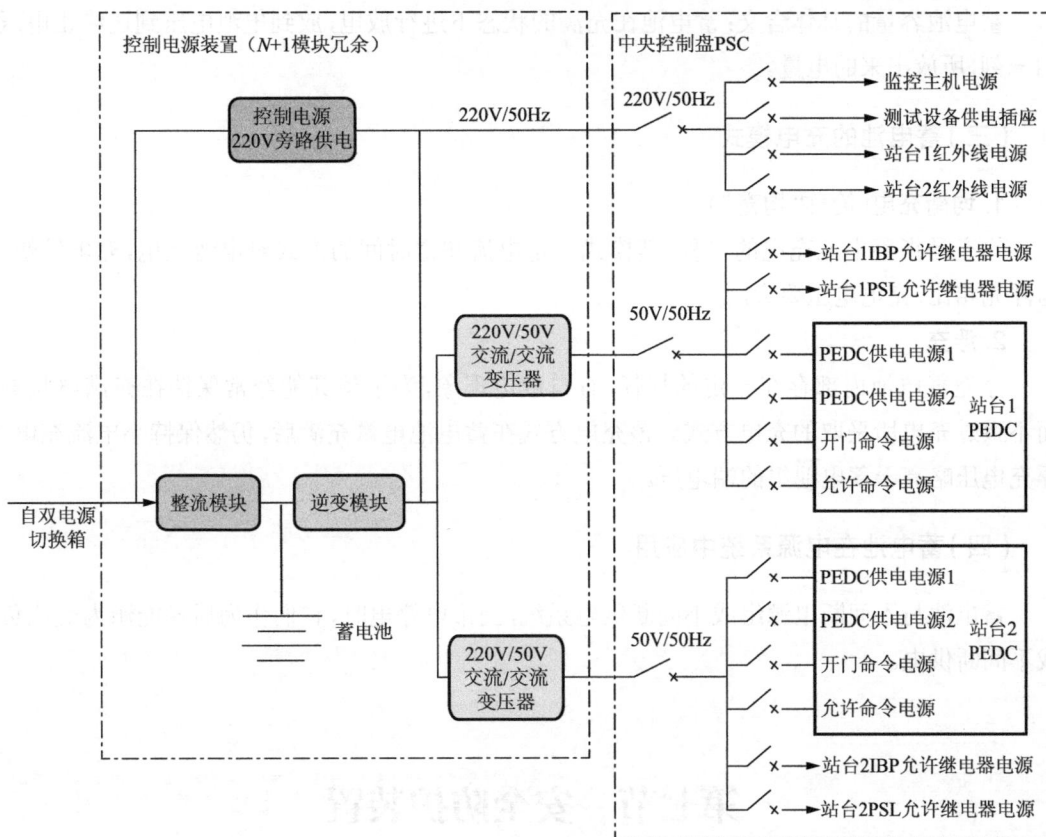

图 2-60　控制电源简图

五、蓄电池

蓄电池是保障屏蔽门系统的电源系统不间断供电的关键设备,是一种储能装置,可实现电能与化学能的转换。充电时,电能转换为化学能储存起来;停电时,蓄电池放电,化学能转换为电能。目前多采用免维护铅酸蓄电池。

(一)蓄电池终止电压

所谓蓄电池终止电压,是指蓄电池放电时,电压下降到电池不宜再继续放电的最低工作电压值。放电的具体条件不同,电池的终止电压也不同,根据目前设备运行环境,通常规定单体为 12V 的电池,终止电压为 10.8V。

(二)蓄电池容量

蓄电池的容量,标志着储能电量的多少,一般用"安时"标示,符号为"Ah"。其容量与电池的放电电流和放电时间有关。

蓄电池容量的具体含义:蓄电池在充满的状态下进行放电,放到电池电压到达终止电压的一刻,所放出来的电量。

(三)蓄电池的充电模式

1.均衡充电(简称"均充")

均充是指蓄电池充电的一种,其模式以定电流和定时间的方式对电池充电,充电较快。与浮充相比,充电电压要大。

2.浮充

浮充蓄电池内部存在一定的损耗,有自放电现象,为了使其能经常保持在充满电状态而不致过充电所采取的充电方式。该充电方式在蓄电池电量充满后,仍然保持小电流充电。浮充电压略高于蓄电池组的端电压。

(四)蓄电池在电源系统中应用

蓄电池与不间断电源组成不间断供电系统,当市电停电时,它们作为后备能源为交流负载不间断供电。

第七节 安全防护装置

一、绝缘地板

(一)绝缘地板敷设范围

绝缘地板的敷设范围为距离屏蔽门门槛边线宽 0.9m、长 114.08m 的区域,以及整个端门中心线两边各 1.5m 宽的区域,所敷设的绝缘地板可作为站台装修完成面,其装修效果在色泽、花纹上与地面的其他部分相接近、协调。为便于检修及验收,施工过程中及施工完毕后对整个站台进行分段绝缘效果测试。绝缘地板敷设内容包括:绝缘地板与屏蔽门门槛间 10mm 缝隙内支撑件及密封胶,绝缘地板与站台板上其他形式地面间的约 10mm 宽、20mm 厚的不锈钢收口条,站台绝缘地板与门槛的接口,绝缘地板与墙壁的接口,绝缘地板与非绝缘区的接口等。

(二)技术要求

绝缘地板敷设平整、无折皱,整个站台的绝缘地板色差控制在 ±5% 以内,站台板绝缘地板能承载 650kg/m² 压力而不破坏。

站台板铺设绝缘材料后（工程完工后），实测绝缘电阻≥0.5MΩ（500V 兆欧表）。绝缘地板在其寿命期限内绝缘性能不降低，使用寿命不低于 15 年。

站台层工作环境温度 28±3℃，相对湿度（75±15）%。

绝缘地板施工环境温度 0～45℃，相对湿度 80%～100%。

绝缘材料可采用块材进行敷设，块材宽为 900mm，与墙面、屏蔽门门槛等边缘结合处的块材须特殊处理。块材间隙用相关绝缘材料或绝缘焊剂进行填充。块材设计中应考虑两块绝缘材料间隙，应与城市轨道交通车站内其他地面装修的规格相匹配。

绝缘地板、其他辅材与基础的黏结强度不小于 1MPa，日常清洁后，地板不发生卷曲、脱胶等。

绝缘地板采用单层敷设在站台上，作为站台装修完成面展示给乘客。除能满足机械、电气、防火性能要求外，还应具有装饰性功能，主要表现在：

（1）采用材料能够制作盲人导向带，满足盲人导向带的功能。

（2）具有与车站站台板上的孔洞、椅子相配合的方案。

（3）能够在绝缘地板上做出乘客导向的标识（如箭头等），标识醒目，与其他绝缘地板用颜色相区别。

（4）绝缘地板的颜色、花纹与本车站内所采用的地面装修协调一致。

绝缘地板厚度不小于 3.5mm，绝缘地板可以作为站台装修完成面。站台绝缘地板为一层敷设，两块绝缘材料的接缝处可以达到无缝连接，如车站站台装修需要留缝，则地板间隙用绝缘密封剂进行填充。

绝缘地板的负荷要求：每个城市轨道交通站台客流按 50000 人次 /h 设计。

每侧车站站台上均有 2‰的坡度，敷设完成后绝缘地板表面也能维持现有的 2‰的坡度。

绝缘地板敷设过程中，根据城市轨道交通实际情况作防水处理，以避免地下水破坏绝缘地板。

绝缘地板所采用的材料无气味，易清洗，防滑，不含 PVC、卤素、铅、苯、甲苯等有害物质。

站台装修完成面所敷设的绝缘地板性能指标如下：

（1）机械性能指标

①绝缘材料厚度≥3.5mm。

②尺寸稳定性：寿命期内变化不大于 0.2%。

③抗压强度 55N/mm²。

④材料硬度：≥75（绍尔硬度计）。

⑤吸水率≤0.3%。

⑥抗刺穿力≥490N。

⑦抗拉强度≥9MPa。

⑧摩擦系数≥0.85。

⑨延伸率≥200%。

⑩非弹性变形:75kg 的负载下工作不能有非弹性变形。

⑪耐磨性:磨耗量不超过 0.002g/cm²。

（2）化学性能

①绝缘材料不低于 Bf1 级、无卤材料。

②香烟烧灼反应:不因与燃烧的香烟接触而产生损坏(发出异味、材料被烧伤等)。

（3）电气性能

①绝缘性能:材料本身绝缘性能(表面电阻)不低于 109Ω。

②敷设最大范围为距离屏蔽门门槛边线 0.9m 宽、114.08m 长的区域,以及整个端门中心线两边各 1.5m 宽的区域。工程施工完毕后,其对地绝缘值不小于 0.5MΩ（用 500V 兆欧表在冷态下测量）。

③静电:在乘客经常行走过程中,材料表面与皮、塑料、橡胶、丝织品的相互摩擦不引起静电。

（4）密封胶(连接缝填充物)

密封胶用于填充两块绝缘地板间隙,间隙值与车站地面装修间隙相匹配,密封胶表面与绝缘地板表面在同一水平面上。密封胶颜色与绝缘地板协调一致,密封胶的填充不会影响绝缘地板的整体敷设效果。密封胶为阻燃、低烟、无卤材料。密封胶与地板基础的黏结强度不小于绝缘地板与基础的黏结强度。须利用密封胶将绝缘地板与屏蔽门门槛间的间隙进行密封。

（5）底涂及黏结剂

底涂采用环氧底涂等高绝缘性、渗透力强、成膜快、可防水的底涂材料。为了保证防水效果,应做二遍涂布,以确保防潮效果;自流平层适应城市轨道交通高客流的环境,有优良的流动性（流动速率不低于 130mm）、精确自动找平,与胶水、水泥砂浆结合紧密,提高基层密实度和硬度,拉伸黏结强度不低于 1MPa,24h 抗压强度不小于 6MPa,28d 抗压强度不低于 35MPa（C35 级）;黏结剂用于绝缘地板和基础的黏结,具有良好填补性,无溶剂,挥发性极低,干固速度快,黏结强度高,能提高绝缘地板与基础的黏结力,其胶接强度（ER 型）不低于 1MPa。

（6）与其他地面、墙面、屏蔽门门槛接口的材料

接口材料主要功能是将周边建筑物与屏蔽门绝缘地板隔离开并起装修作用。

绝缘地板与屏蔽门门槛的接口材料为绝缘材料,以便于绝缘材料及屏蔽门系统的调试、检测、验收。接口材料阻燃、无毒,施工、维修方便。

绝缘地板与墙面、其他地面的接口方式应与墙面装修、地面装修相协调,以使整个站台地板的装修效果协调一致。

二、瞭望软灯带

为避免乘客被夹在滑动门与列车车体之间,特别是防止因乘客在滑动门与列车车厢门

即将关闭时强行挤上车而造成的安全事故的发生，在地下车站直线站台屏蔽门站台一端端门（列车在站台停车后，车尾端）处设置瞭望软灯带，作为司机观察屏蔽门与列车间隙中是否存在异物的辅助措施。如图 2-61 所示。在列车要启动之前，司机从车头往车尾方向（软灯处）观看，如果司机能看见软灯无障碍物遮挡，则可以启动列车；如果发现障碍物，排除障碍物后，启动列车。

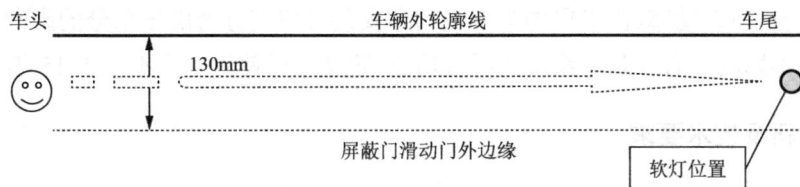

图 2-61　软灯方案示意图

列车进站端屏蔽门端门位置安装瞭望软灯装置，软灯管的长度不小于 1800mm。瞭望软灯装置由支架和 LED 软灯组装而成，支架的材料为橡胶。采用硬度较高的橡胶板材支撑固定软灯管；软灯选用橙色光且不少于 48 粒 /m 的 LED 的软灯管产品。橡胶支架具有足够的强度，能够承受列车开行产生的活塞风力，同时又能够在车辆运行可能产生碰擦时避免车辆受损。安装方式应安全可靠，支撑牢固，无松动和断裂现象。

LED 软灯采用单相电源供电，电源由动力照明专业单独提供，自动开启、关闭时间可以设定。软灯装置的安装不影响屏蔽门门体的绝缘，软灯装置的材料满足城市轨道交通环境及城市轨道交通设计有关规范的要求，且属环保型材料。产品能满足在环境温度为 0～45℃（轨道侧）下的使用要求。橡胶软管灯带如图 2-62 所示。

三、防夹挡板及防踏空板

为保障行车安全，避免有乘客或大件物品有意、无意被夹在屏蔽门与列车车体之间，或乘客上下车过程中意外踩空造成危险，设置屏蔽门防夹挡板及防踏空装置（图 2-63）。

图 2-62　橡胶软管灯带

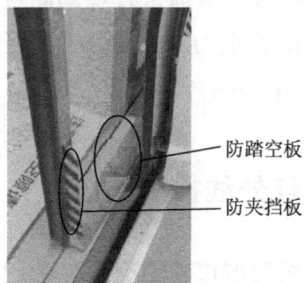

图 2-63　屏蔽门系统防踏空板和防夹挡板

（一）基本要求

防夹挡板安装在轨道侧滑动门门框，由刚性支撑板、橡胶弹性挡板组成；防夹挡板面向乘客面平整并设置黄色警示带。

防夹挡板的宽度根据车辆与门体间隙确定,安装后,直线站台,其边缘距离静态车体间隙暂定为50mm;曲线站台车站,根据限界要求适当加宽,高度为700mm,厚度暂定10mm。屏蔽门防夹挡板的刚性支撑板在任何工况下不得侵入车辆限界。

每扇滑动门上防夹挡板的质量不大于3.5kg,在满足功能要求的条件下尽量减小质量。同时滑动门门机驱动功率、门机梁的强度及门体安装等应充分考虑该部分的影响;防夹挡板安装完成后,不影响原有屏蔽门系统的所有功能,防夹挡板使用寿命不低于15年。

(二)材料及技术要求

1.刚性支撑板

刚性支撑板采用厚度不小于3mm、机械性能不劣于Q235-A的优质钢材,并经喷砂、磷化表面处理。

2.橡胶弹性挡板

橡胶弹性挡板指标见表2-13。

橡胶弹性挡板指标 表2-13

检验项目	单　位	性能指标	检测标准
硬度	shore A 度	65±5	GB/T 531.1—2008
扯断强度	MPa	≥8	GB/T 528—2009
扯断伸长率	%	≥200	GB/T 528—2009
压缩20%永久变形(70℃×22h)	%	≤30	GB/T 3512—2014
燃烧性能	级	Bfls1t0	GB 8624—2012
黏接强度	MPa	≥4.0	GB/T 11211—2009
其他要求	低烟、无卤、难燃		

3.安装要求

防夹挡板安装前进行现场测量,确定挡板的宽度。安装后,直线站台时,其边缘距离静态车体间隙暂定为50mm;曲线站台车站时,根据限界要求适当加宽,确保挡板垂直于站台平面,与屏蔽门贴合紧密。

四、红外线探测系统

本系统对城市轨道交通屏蔽门和列车车体之间的空隙,进行红外线探测。一旦发现有乘客或障碍物,立即发出报警信号。

红外线探测系统由红外线保护传感器、固定支架、探测控制器以及声光报警装置等构成。红外线保护传感器安装在屏蔽门和列车门之间,可选择在每节车厢或每套滑动门单元安装一套红外线保护传感器,其分别由发射侧和接收侧组成。探测控制器和声光报警装置安装在站台的顶端,位于机车头部一侧。

（一）系统功能介绍

红外线探测系统具有以下功能。

（1）能探测屏蔽门和列车门之间障碍物。

（2）具有探测到障碍物和旁路的声光报警功能。

（3）具有待机模式、实时模式、隔离模式和旁路模式四种工作状态。

（4）能侦测出探测控制器内程序的死机状态等自身故障,并及时报警提示。

（二）系统工作流程

红外线探测系统工作流程如图 2-64 所示。系统上电后,光幕进行自检,收到自检通过信号后,探测系统进入待机模式。待收到屏蔽门"关闭且锁紧"信号后,探测系统进入实时模式,同时报警器绿灯亮。如其间某红外保护传感器持续 0 ～ 10s（可设置）探测到障碍物,该红外保护传感器将输出信号通知探测控制器,同时报警器绿灯熄灭、红灯闪烁,蜂鸣器发出报警声音。如期间没有探测到障碍物,系统在 0 ～ 40s（时间可设置）后,将再次进入待机模式,提醒司机屏蔽门和列车门之间无遮挡物,系统输出继电器吸合,安全回路闭合,可以考虑发车。当探测控制器收到红外线保护传感器的自身故障信号（包括有障碍物的情况）后,系统立即将输出继电器触点断开,并发出声音和红色光报警信号。待工作人员将系统切换到旁路模式时,系统输出继电器触点再次吸合,不影响列车正常运行,并发出黄灯信号,提醒工作人员更换红外线保护传感器,此时红外线保护传感器仍然可以正常投入工作。

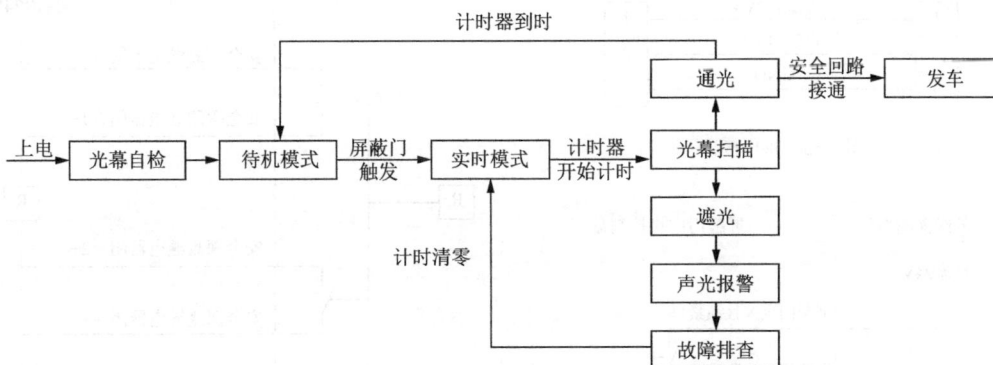

图 2-64　红外线探测系统工作流程

红外线探测系统具有待机、实时、隔离和旁路四种工作模式。

（1）待机模式:控制器的控制输出总是接通,控制器的监控输出指示出该状态。

（2）实时模式:控制器的控制输出在持续探测到障碍物后断开,障碍物离开后恢复,其监视输出反映探测物体及红外线保护传感器故障的实际状态。

（3）隔离模式：某个信号的输出被开关隔离，其余信号仍然保持正常工作状态。

（4）旁路模式：控制器的控制输出被钥匙开关旁路，持续有效输出。其监视输出指示出该状态，红外线保护传感器仍然可以正常投入工作。

（三）接口说明

红外线探测系统与屏蔽门中央控制盘接口分为三部分，具体如下：

（1）供电接口。

（2）电气控制接口。

（3）通信接口。

中央控制盘提供直流110V供电给红外线探测系统，提供两路屏蔽门全关且锁紧信号给红外线探测系统，红外线探测系统反馈两路闭合信号和一路系统状态信号，两系统之间通信采用RS485接口形式，RS485专用串口通信协议。红外线探测系统状态信号以开关量信号的形式表现，在高电位与低电位之间每2s进行一次转换，以此来表示系统正常工作的状态。

1. 电源接口

屏蔽门中央控制盘提供一路直流110V电源给红外线探测系统控制箱，具体接线形式如图2-65所示。

2. 电气控制接口

电气控制接口如图2-66～图2-68所示。

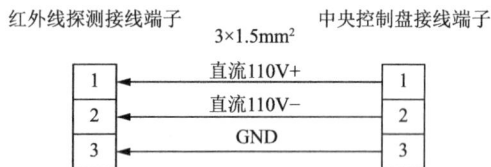

图2-65　供电接口

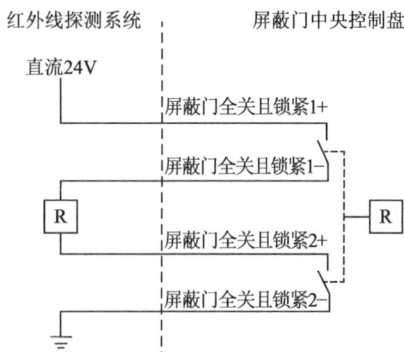

图2-66　屏蔽门中央控制盘送出信号

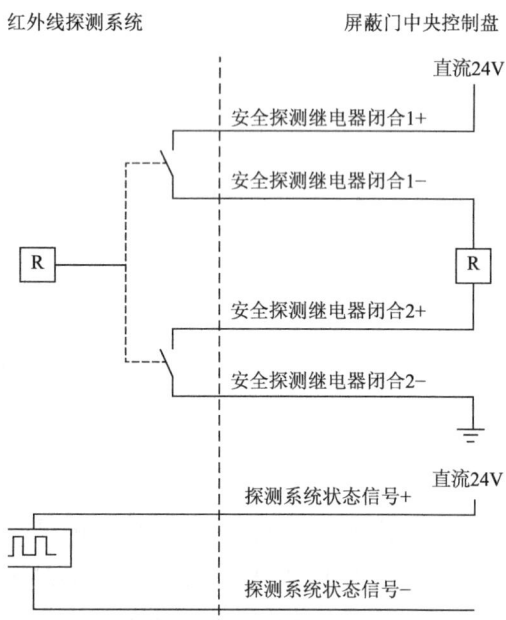

图2-67　屏蔽门中央控制盘接收信号

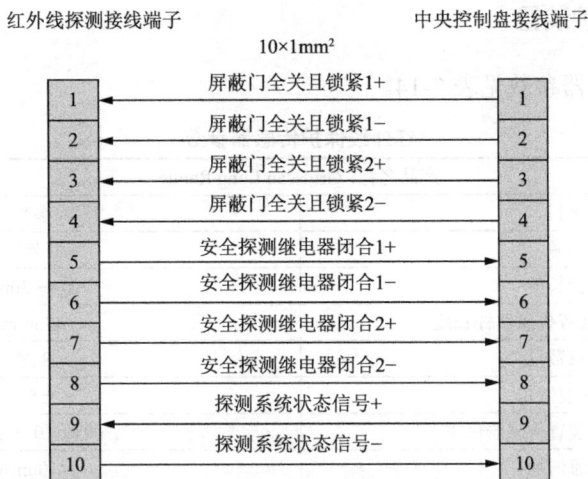

红外线探测接线端子　　　　　　　　　中央控制盘接线端子

$10 \times 1 mm^2$

红外线探测接线端子		中央控制盘接线端子
1	屏蔽门全关且锁紧1+	1
2	屏蔽门全关且锁紧1−	2
3	屏蔽门全关且锁紧2+	3
4	屏蔽门全关且锁紧2−	4
5	安全探测继电器闭合1+	5
6	安全探测继电器闭合1−	6
7	安全探测继电器闭合2+	7
8	安全探测继电器闭合2−	8
9	探测系统状态信号+	9
10	探测系统状态信号−	10

图 2-68　接线示意图

3. 通信接口

通信接口采用 RS485 串口专用通信协议,通信内容包括安全探测传感器自检成功与否,实时模式下有无障碍物遮挡和旁路模式、隔离模式状态监控。

(四)系统显示界面

探测控制器的显示界面可以显示时钟和红外线保护传感器的检测结果、报警、旁路指示等。另外,控制器具备信号隔离功能且可以达到信号 1 隔离、信号 2 隔离、信号 3 隔离、信号 4 隔离、信号 5 隔离、信号 6 隔离控制及指示功能。典型的界面布置如图 2-69 所示。

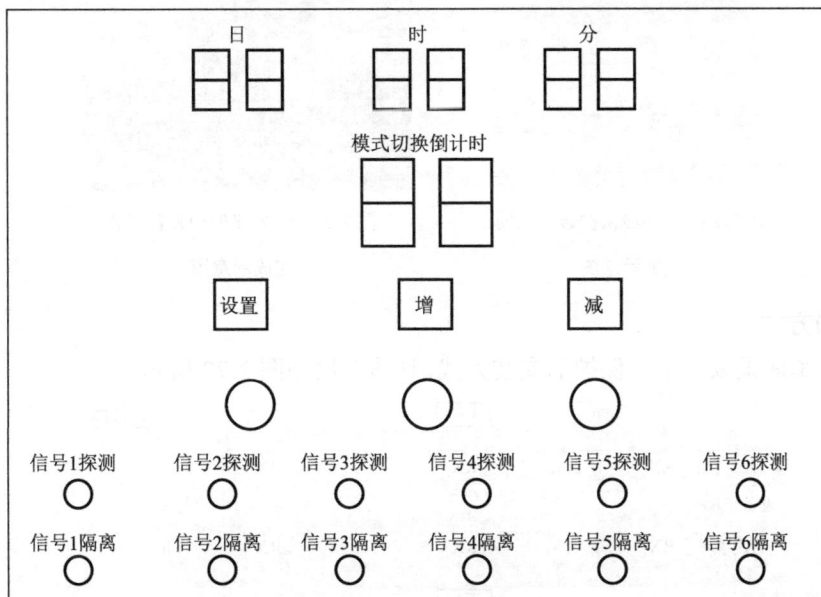

图 2-69　探测控制及报警系统界面

（五）红外线保护装置

红外线保护传感器参数见表2-14。

红外线保护传感器参数 表2-14

产品名称：Gridscan Long Range	
项目	参数
光源	红外线
防护长度	$0 \sim 30m$
红外线保护装置传感器杆长度	436mm
光束数量	8 对
光束发散角	$\pm 5°$
红外线保护装置传感器供电	直流 $10 \sim 30V$
电流消耗	<100mA
传感器响应时间	$\leqslant 50ms$
防护等级	IP67
环境温度	$-40 \sim 60℃$
抗光干扰能力	100000lx

1. 机械安装方式

红外线保护装置安装于固定支架上，支架固定于踏步板上，如图2-70、图2-71所示。

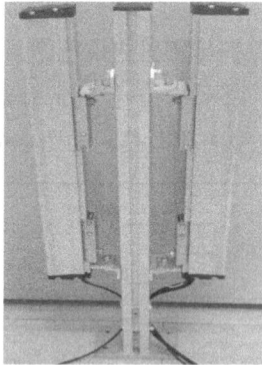

图 2-70　红外线保护装置现场
安装示意图

图 2-71　红外线保护装置组装
完成示意图

2. 布局方式

对每节车厢采取一车一保护的安装方式，具体布局如图2-72所示。

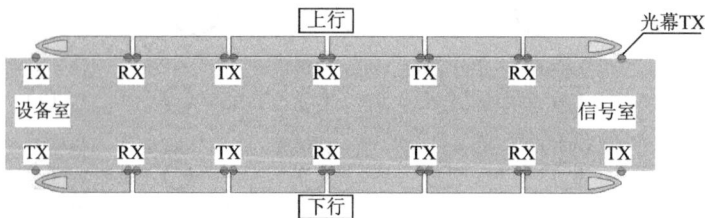

图 2-72　布局图示

3. 现场图示

现场如图 2-73、图 2-74 所示。

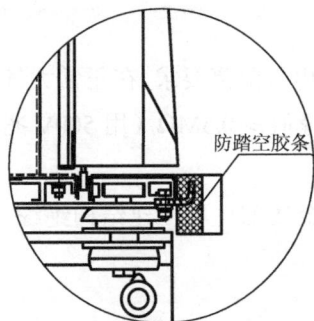

图 2-73　现场图片(一)　　　　　　　图 2-74　现场图片(二)

五、防踏空装置

(一)基本要求

防踏空装置安装在滑动门门槛边缘,其由刚性支撑板、橡胶齿梳组成。橡胶齿梳在水平方向柔软,避免刚蹭时对车体造成损伤,在垂直方向上满足强度要求。

防踏空装置宽度根据门槛边缘与车体间隙确定,安装后其边缘距离静态车体间隙为 50mm,橡胶齿梳高度为 65mm,长度为 2200mm;防踏空装置的刚性支撑板在任何工况下不侵入车辆限界。

防踏空装置安装后不影响屏蔽门的绝缘要求,其完成面与门槛面平齐。

防踏空装置使用寿命不低于 15 年。

(二)防踏空装置的安装方案

屏蔽门防踏空装置采用三元乙丙橡胶作为齿梳材料,以镀锌板作为内部支撑件。防踏空装置安装在门槛边缘,不与站台土建结构有接口,不会影响门体绝缘效果,防踏空胶条安装如图 2-75、图 2-76 所示。

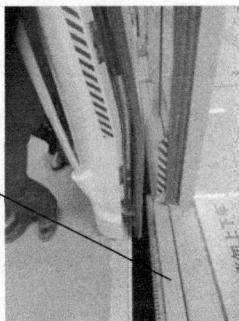

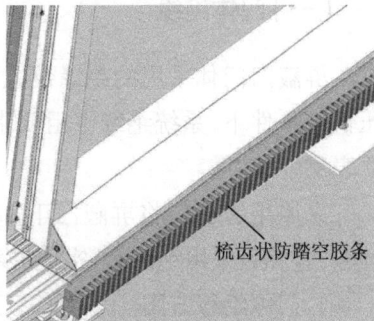

图 2-75　屏蔽门防踏空胶条安装位置及实物图　　　　图 2-76　屏蔽门防踏空胶条安装示意图

（三）材料及技术要求

1. 刚性支撑板

刚性支撑板采用厚度不小于 5mm、机械性能不劣于 Q235-A 的优质钢材，整体表面经防锈处理，在城市轨道交通环境条件下，支撑板表面不出现锈迹、气泡、裂纹等缺陷。

2. 橡胶齿梳

由于橡胶材料具有良好的耐高温、耐低温、耐老化性能，以及耐清洁剂等化学物质的侵蚀，满足城市轨道交通环境条件。因此选用橡胶作为齿梳材料。橡胶材料指标要求见表2-15。橡胶齿梳颜色暂定为黑色。

橡胶材料指标要求 　　　　　　　　　　　　　　　　表 2-15

性 能 项		指 标	单 位	引 用 标 准
硬度		65～75	shore A 度	GB/T 531.1—2008
拉伸强度		≥ 12	MPa	GB/T 528—2009
扯断伸长率		≥ 300	%	GB/T 528—2009
黏接强度		≥ 4.0	MPa	GB/T 11211—2009
燃烧性能		级	Bfls1t0	GB 8624—2012
100℃，70h 热老化后	硬度变化	−10～+10	shore A 度	GB/T 3512—2014
	拉伸强度变化率	≥ −25	%	
	扯断伸长率变化率	≥ −40	%	
其他要求		低烟、无卤、难燃		

（四）安装要求

防踏空装置安装前进行现场测量，确定防踏空装置的宽度：直线站台，齿梳宽度以橡胶齿梳边缘到车辆间隙不小于 50mm 为限；曲线站台，齿梳宽度根据限界要求适当调整加宽。

六、门体绝缘与等电位要求

（一）门体绝缘

屏蔽门门体采用的绝缘装置满足屏蔽门与站台土建结构的电气隔离要求，在正常大气压试验条件下，系统绝缘电阻要求：在额定电压 $U \le 60V$ 时，绝缘值 $\ge 0.5M\Omega$（用 500V 兆欧表测量）。

采用绝缘材料将屏蔽门下部支撑组件进行绝缘，使门槛的金属部件与土建结构绝缘。屏蔽门顶部，采用绝缘套，实现屏蔽门设备与顶部土建结构绝缘。

1. 门体绝缘方案

屏蔽门结构与站台土建相隔离，以防驱动电流泄到站台地面。屏蔽门设备与列车运行轨道连接并与车站大地绝缘。屏蔽门设备和车站大地之间的绝缘电阻≥0.5MW（用500V兆欧表测量）。

在屏蔽门设备上与列车运行轨道连接的任何点以欧姆为单位测定的值不超过1Ω。

端门单元与车站大地、屏蔽门主体设备绝缘。端门单元和车站大地之间的绝缘电阻为0.5MΩ（用500V直流兆欧表测量）。同样地，端门单元和屏蔽门设备之间的绝缘电阻也为0.5MΩ（用500V直流兆欧表测量）。

2. 辅助方案

门体进行绝缘安装时，应加强施工管理，确保门体绝缘达到相关规范要求。如果在验收时门体绝缘无法满足要求，应采取以下防护措施：

门槛采用喷涂绝缘漆的方案，每道门槛均须喷涂。喷涂的绝缘漆应能很好地附着在门槛上，且具有较好的耐磨性。应采用无色透明绝缘漆，涂层表面硬度大于3H，凝固后防火等级可达到B级，涂层耐酸碱腐蚀且浸泡水中72h不发生任何变化，不含重金属，环保、性能稳定，喷涂后门槛应满足电阻值不小于0.5MΩ（500V兆欧表测量）要求。

（1）门体上贴绝缘膜

为确保屏蔽门在运营时整侧屏蔽门门体与土建结构的绝缘电阻不小于0.5MΩ（500V兆欧表测量），保护乘客安全，在每道屏蔽门滑动门立柱外包板位置粘贴工业绝缘膜，主要用于防止触碰而引起电位差反应，降低或缓解乘客的触摸电压，最终达到绝缘效果。绝缘贴膜选用HDPE高密度聚乙烯绝缘膜（图2-77），其材料参数见表2-16。

图 2-77 HDPE 高密度聚乙烯绝缘膜

绝 缘 膜 参 数　　　　　　　　　　　　　　表 2-16

参 数 特 性	规 范 要 求	检 测 标 准
防火等级	LU 2-01001-002	UL 94—1996
工作温度	−20℃~+90℃	
体积电阻率	$> 10^{10}\Omega \cdot cm$	IEC 60093:1980
表面电阻率	$> 10^{10}\Omega \cdot cm$	IEC 60093:1980
CTI	$> 600V$	IEC 60112:2003
吸水率	$< 5\%$	ASTM D570
薄膜厚度	≤2mil	
伸展率	$< 50\%$	ASTM D412
抗划伤	25N 载荷无损伤	BS 3900 E2
介电强度	10V/micron（250V/mil）	ASTM D149

①绝缘膜材料特性如下：

a.绝缘膜条具有良好的耐高、低温性能；

b. 绝缘膜条具有较强的抗紫外线辐射、耐老化性能；

c. 具有介电损耗低、介电强度大的优异电性能；

d. 具有良好的化学稳定性,在常温下耐酸、碱、盐类水溶液的腐蚀；

e. 耐水性较好,吸水率低；

f. 施工方便,工艺简单、快捷。

图2-78 施工完毕后效果图

②施工方案：

在现场安装完成后进行该方案实施,对要求的粘贴表面先进行清洁处理,除去保护膜、泥土灰尘和其他附着杂物,然后按要求尺寸粘贴一层此类特殊绝缘膜,达到外观整洁、无气泡、无褶皱。粘贴完成后测量绝缘值,达到要求的绝缘值 $\geqslant 0.5M\Omega$。

施工要求标准：屏蔽门系统门体与土建结构的绝缘电阻不小于 $0.5M\Omega$（500V兆欧表测量）,且站在 1.5m 距离之处垂直于观察面观看其表面不能有气泡及褶皱。施工完毕后效果如图 2-78 所示。

其贴膜流程（图2-79）如下：

a. 施工准备：在实施贴膜之前必须准备好所需要的工具与材料,如绝缘膜、加热处理器、干净手套、干净布条、美工刀、工业清洁酒精及新细毛刷等；同时,根据图纸所标粘贴位置、尺寸规格,准备相应的绝缘膜,并对整个车站做好清洁,清除站台杂物及尘土。

b. 清洁工作面：如粘贴表面有保护膜覆盖,先去掉其薄膜,戴好干净手套,使用新细毛刷蘸取工业清洁酒精清洁表面上的油性或者黏性污渍,再使用干净布条擦净残留在表面的多余酒精。

c. 粘贴绝缘膜：由戴好干净手套的工作人员取用相应规格尺寸的绝缘膜,按照图纸要求覆盖粘贴门体表面,粘贴时注意应由同一个方向进行,以便于清除粘贴时产生的气泡。

d. 绝缘膜热处理：在贴好绝缘膜时,使用加热处理器对绝缘膜加热,让膜附着牢固可靠,不宜脱落。绝缘膜热处理时宜由同一方向进行。

e. 整理绝缘膜表面：完成好以上步骤后,使用美工刀对多余的超出覆盖范围要求的绝缘膜加以清除；如贴膜质量没有到达所定施工标准要求,必须按照上述步骤重新粘贴。

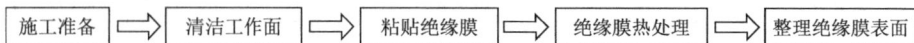

施工准备 ⟹ 清洁工作面 ⟹ 粘贴绝缘膜 ⟹ 绝缘膜热处理 ⟹ 整理绝缘膜表面

图2-79 门体绝缘贴膜流程

（2）门槛上喷涂绝缘凝胶

为确保屏蔽门在运营时整侧屏蔽门门体与土建结构的绝缘电阻不小于 $0.5M\Omega$（500V兆欧表测量）,保护乘客安全,对屏蔽门滑动门门槛进行绝缘涂层处理,绝缘涂层为透明耐磨绝缘凝胶,厚度不小于 50um,如图 2-80 所示。

图 2-80　门槛绝缘材料

此涂层的喷涂将在门槛设备出厂之前进行,喷涂完成后,门槛表面粘贴保护膜,应确保在运输及安装过程中保护喷涂层不被破坏,直到全线屏蔽门系统设备移交时去除所有保护膜,以达到绝缘的设计效果。

①材料性能。绝缘材料为透明、耐磨绝缘凝胶,其由高分子材料裂解形成乳液,在乳液中添加纳米碳管、TiO_2、氧化钼、石墨烯等纳米材料,同时加入大量被电子跃迁过的 SiC、ZrB_2、氮化硅等多种尖晶石等耐磨结构材料,最后掺入氧化钇、氧化镧、$SrZrO_3$、三氧化二镝等稀土元素氧化物,最终形成超微共晶熔融体。该绝缘材料对铝合金或不锈钢的结合力大于 11MPa,涂层表面电阻大于 1014Ω,涂层表面硬度大于 3H,涂层耐酸碱腐蚀且浸泡水中72h 不发生任何变化,不含重金属,环保、性能稳定。

②施工工艺。基层处理:使用丙酮(或使用 1mol 稀盐酸)、乙醇、二甲苯或者乙酸乙酯清理需要喷涂的门槛表面,擦拭其表面的油污、锈蚀,然后使用无水酒精清洗其表面,晾干,最后进行喷涂。注意:表面处理完毕后,将干净、无灰尘、无油污、无锈蚀的表面干燥之后,方可进行下一道工序。

施工环境:凝胶施工环境温度要在 25 ～ 60℃之间,相对湿度小于 80%,在通风、干燥环境中施工,空气中无粉尘、灰尘、飞絮等杂物,避免涂层、黏附异物。

使用前先将凝胶 A 组分摇晃或是搅拌均匀,再将凝胶 A 组分和 B 组分混合,A 组分与B 组分的混合比为 15 ∶ 1,边搅拌边把组分 B 组分缓慢加入或是滴入组分 A 中,搅匀,静止10min 后使用。混合好的凝胶要在 8h 用完。

凝胶喷涂:喷涂 2 ～ 3 遍,凝胶涂抹厚度不小于 50μm。采用喷嘴直径为 2 ～ 3mm 的喷枪,喷涂一遍的厚度约 25μm,喷涂时不要产生雾化现象。

固化时间:涂膜后,室温放置 30min 使表面干燥,完全固化的时间需要 24h 以上。

工具清洗:喷涂工具主要有气泵、喷枪,喷涂完毕,使用有机溶剂清洗工具,再用清水冲洗、晾干。

③绝缘电阻检测。绝缘涂层施工完成后,对门槛表面绝缘区进行绝缘质量检测,对检测不合格的产品进行整改。绝缘涂层区域任一点对地绝缘电阻不大于 0.5MΩ(500V 兆欧表测量)。

绝缘电阻检测规范:按国标《固体绝缘材料体积电阻率和表面电阻率试验方法》(GB/

T 1410—2006)以及《城市轨道交通站台屏蔽门系统技术规范》(CJJ 183—2012)规定进行电阻检测,即兆欧表的一端接地,另一端接测试点。为加大接触面,电极与绝缘涂层之间垫一块 200mm×200mm 的铜板,铜板下压湿布,湿布压在绝缘涂层面层上,匀速摇动兆欧表,读取绝缘电阻值,并填入记录。

(二)等电位连接

屏蔽门与列车之间存在电位差。为确保乘客和工作人员的安全,在屏蔽门与车辆之间设计及安装等电位装置,采用铜芯电缆与钢轨相互连接消除电位差。整个屏蔽门门体保持等电位连接:通过等电位铜排以及等电位导线将屏蔽门的各金属部件相连,满足等电位的要求。

考虑等电位连接方式,要保证每侧站台的屏蔽门等电位连接可靠,避免因导体接触不良而造成电位差。因此,在车站站台有限长度范围内,采用一点均布的方式,通过铜芯电缆将等电位铜排与钢轨相连,保证门体与车体电位相等,确保人身安全。

(三)PSD 系统接地

1. 危险触摸电压

屏蔽门与轨道连接,列车与屏蔽门之间压差将降至最小,因此无触摸电压带来的危险。

由于屏蔽门与站台结构绝缘,因此屏蔽门及站台土建结构之间可能存在触摸电压。该电压将由合适的电源配电柜(由其他专业提供)限制在 90V 左右。

应保证乘客不能够同时触摸屏蔽门的导电部分和站台非绝缘部分。因此,乘客所能触摸到的站台非绝缘点应离屏蔽门足够远。铺设在站台表面(或站台装饰面下)的绝缘层(由其他专业提供)应距离屏蔽门足够远。

车站电气系统由一个 TN-S 二级的低压配电变压器系统提供,即电线的星形接点与站台大地连接,并提供中线和保护导线。车站内所有无遮掩的导线部分与车站大地连接。

屏蔽门构架与运行轨道连接,以减少屏蔽门和列车间的危险接触电压。为了避免接触直流牵引系统产生的意外电流,屏蔽门构架与站台大地隔离。这是通过在绝缘体上安装屏蔽门构架和确保整个构架与车站墙和天花板绝缘来实现的。所有连接到屏蔽门的供电电源都源自隔离变压器。屏蔽门周围的接地安排和危险触摸电压,如图 2-81 所示。

2. 屏蔽门设备房的接地

屏蔽门设备房里的配电柜、PSC 和其他所有设备都将与车站的大地连接,设备房与站台之间的所有电缆槽和线槽都需与车站地面相连。

在线槽与屏蔽门连接的地点,要留出一部分绝缘的线槽,以维持屏蔽门的绝缘。这部分大约 2m 长,将接触电压的危险降至最低。为了安全和避免电击,所有的接地线、供电电路断路器均须按 BS7671(IEE 配线规则)的规定,提供间接接触保护。在屏蔽门机房里所有的设备都与屏蔽门车站机房的接线盒连接。

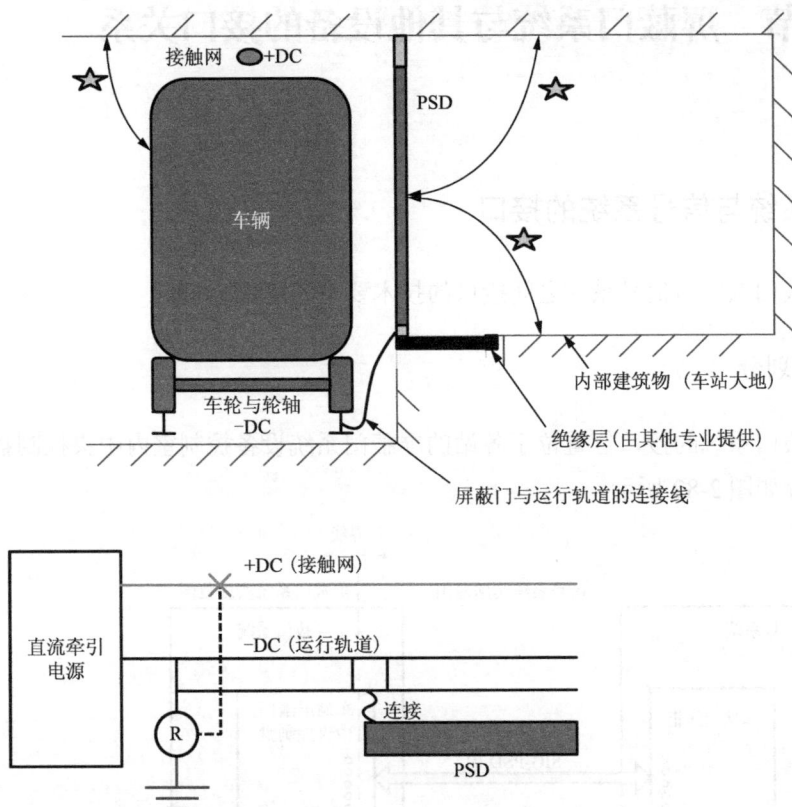

接触网 ⬭+DC

PSD

车辆

车轮与轮轴
-DC

内部建筑物（车站大地）

绝缘层（由其他专业提供）

屏蔽门与运行轨道的连接线

+DC（接触网）

直流牵引电源

-DC（运行轨道）

连接

PSD

R

注：

(1)R表示监控运行轨道对地的电压，如果运行轨道的电压超过一个设定水平时，它将开动电源断路器(其他专业供应商提供)。

(2)★表示潜在的危险触摸电压：

　①车辆与PSD非接触的潜在危险；

　②车辆与站台的危险触摸电压（固定后）；

　③PSD站台与车站建筑的危险触摸电压（连续不断的）。

(3)绿色表示潜在的车站大地。

(4)蓝色表示潜在的牵引电源－DC。

(5)红色表示潜在的牵引电源＋DC。

(6)黄色表示绝缘电阻>0.5MΩ（用500V直流兆欧表测量）。

(7)本图彩色版请见文末插页。

图 2-81　屏蔽门周围的接地安排和危险触摸电压

3. 屏蔽门结构接地

为了确保屏蔽门与列车之间不存在接触电压危险,屏蔽门结构将与列车运行轨道用 $2 \times 25mm^2$ 电缆连接。所有的门头箱都将相连,采用黄绿色的 LSZH 绝缘电缆。

盖板和应急门（EED）与屏蔽门门头箱相连,采用铜编织电缆。滑动门的金属框架采用滑动碳刷与门头箱相连。在屏蔽门结构上任何一点与列车运行轨道连接点的电阻值不超过 1Ω,列车运行轨道的连接点不超出屏蔽门的 25m 电缆长度范围。屏蔽门结构由于轨道回流电压而与车站大地发生短路,结构内部的连接线的故障电流额定值可达 100A。

第八节　屏蔽门系统与其他设备的接口关系

一、屏蔽门系统与信号系统的接口

本节定义了屏蔽门系统与信号系统之间接口的技术要求。

（一）接口界面划分

信号系统与屏蔽门系统的接口位置位于各站的屏蔽门系统设备控制室内中央控制盘端子排。接口界面划分如图2-82所示。

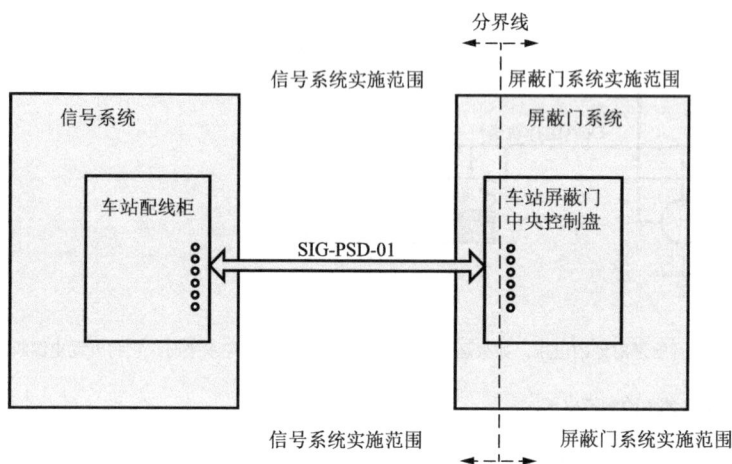

图 2-82　屏蔽门－信号接口界面图

（二）接口名称、用途及类型

PSD-SIG 接口名称、用途及类型见表2-17。

PSD-SIG 接口

表 2-17

接口名称	用　　途	接口位置	接口类型
与信号系统接口	屏蔽门系统与信号系统建立连锁关系	各车站屏蔽门设备室控制盘端子排外线侧	继电器硬线接口

（三）屏蔽门系统与信号系统的接口功能要求

屏蔽门的安全监督、控制分别由 ATP、ATO 来完成，即 ATP 负责开、关屏蔽门的安全监督，ATO 负责屏蔽门与车门的同步开、关控制。

屏蔽门系统向信号系统提供连续屏蔽门的"门关闭且锁紧"信息。当屏蔽门该信息异常或信号系统收不到该信息时,将不允许列车进站停车或离站(除非此时屏蔽门系统不与信号系统处于连锁状态,即采取特殊措施,解除屏蔽门与信号系统的连锁检查)。

列车从站台端进入站内停车时,屏蔽门的"门关闭且锁紧"信号得到信号系统 ATP 子系统的连续监测。当发现屏蔽门的"门关闭且锁紧"信号异常或者信号系统收不到屏蔽门状态信息时,列车将采取紧急制动。

只有 ATP 确认列车停在规定的停车窗内, ATO 才向列车发出开门指令,同时也向站台屏蔽门系统发出开门指令。

开车前, ATO 发出关车门控制命令的同时,也向屏蔽门发出关门信号,经 ATP 确认车门及屏蔽门均已关好后,才允许启动列车。

如果站台屏蔽门的"门关闭且锁紧"信号异常或信号系统收不到该信息时, ATP 系统将对出站列车实施紧急制动。

屏蔽门的状态需发送至车载 ATP,并在列车司机室内相关显示器上显示。

开、关命令和表示状态信息的传输通道采用安全通道。

信号系统向站台屏蔽门系统发送的开、关屏蔽门命令必须连续、不中断。只有不间断地接收到站台屏蔽门的"门关闭且锁紧"信号的情况下,列车才能进入站台区域或从站台区域发出。

信号系统向屏蔽门系统提供开、关门命令,屏蔽门系统向信号系统提供"门关闭且锁紧"信息。

可以通过"互锁解除"信号,解除站台屏蔽门与信号系统的连锁关系。此信号由站台屏蔽门系统发出,并经安全通道传送至信号系统。

在信号系统既接收不到屏蔽门的"门关闭且锁紧"信息,又收不到"互锁解除"信息的情况下,可以切除 ATP,人工驾驶列车进、出车站。

屏蔽门系统提供给信号系统的"互锁解除"信号采用实时保持信号。

(四)接口特性要求

(1)信号系统与屏蔽门系统的接口不考虑冗余措施。

(2)接口电路用继电器采用安全型继电器,接口信号为安全信号。

(3)接口电路能明显、准确体现信号与屏蔽门系统之间的连锁关系。

接口电路用于系统之间传递信息的电环路采用双断设计。接口电路电源实行"谁使用,谁提供"的原则。典型的双断回路示意如图 2-83 所示。

信号系统与屏蔽门系统之间的接口电缆原则实行"上、下行分开,命令、信息分开"的原则,如图 2-84、图 2-85 所示。

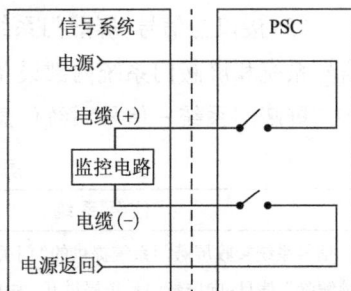

图 2-83　双断回路示意图

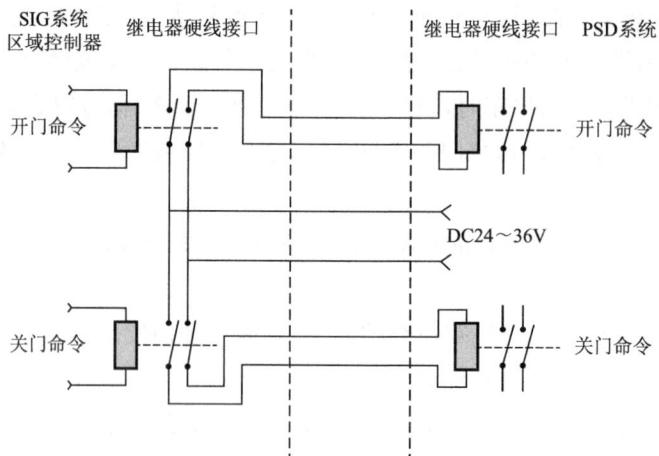

图 2-84 信号系统发往屏蔽门系统的信息接口示意图

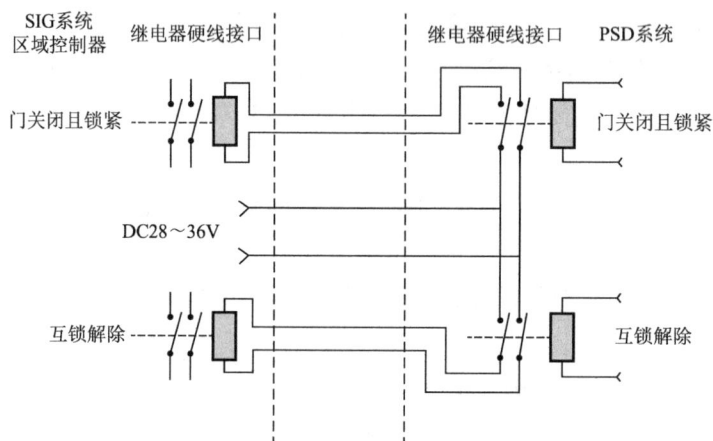

图 2-85 屏蔽门系统发往信号系统的信息接口示意图

（1）"门关闭并锁紧"和"互锁解除"，采用相互独立的安全回路。

（2）信号系统和屏蔽门系统均对双方接口信息进行事件记录。

（3）信号系统与屏蔽门系统的接口电路与所选用的继电器特性相匹配。

（4）接口电路须采用安全电路，电路的设计须符合故障-安全原则。

（5）接口与信号、屏蔽门系统之间均采取一定的隔离措施，不允许由于接口的原因，损坏信号系统和屏蔽门系统内部设备。

屏蔽门系统-信号系统信息交换内容见表 2-18。

屏蔽门系统-信号系统信息交换内容 表 2-18

信 号 系 统	屏 蔽 门 系 统
信号系统接收屏蔽门系统提供的"门关闭且锁紧"和"互锁解除"信息；向屏蔽门系统提供开、关屏蔽门指令及列车接近、进入站台区的信息	接收信号系统提供的开、关门指令及列车接近、进入站台区的信息；向信号系统提供屏蔽门的"门关闭且锁紧"和"互锁解除"信息

二、屏蔽门系统与综合监控系统的接口

(一)接口界面

屏蔽门系统与综合监控系统的接口界面如图 2-86 所示。

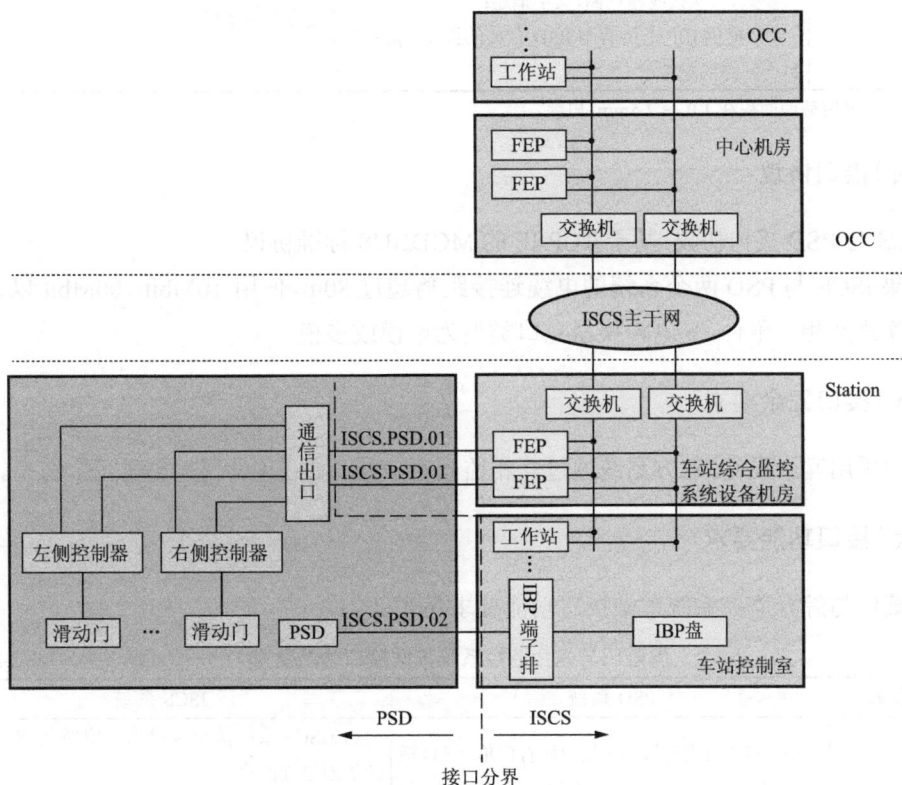

图 2-86 屏蔽门系统与综合监控系统接口界面示意图

(二)车站接口划分

屏蔽门与综合监控系统车站接口划分见表 2-19。

屏蔽门与综合监控系统车站接口划分　表 2-19

接口位置	PSD 系统	ISCS 系统	接口类型 / 数量
屏蔽门设备室 PSC 柜通信接口处	提供 PSD 侧的 RJ45 形式 10Mbit/100Mbit 以太网电口	提供从 ISCS 系统机柜到 PSD 机柜 RJ45 网口带标识的 5 类屏蔽网络电缆,并负责该电缆的敷设、成端及连通等	冗余 10Mbit/100Mbit 以太网电口,RJ45,2 个

(三)车站综合后备盘接口划分

屏蔽门与综合监控专业车站综合后备盘接口划分见表 2-20。

/ 79

接口位置	PSD 系统	ISCS 系统	接口类型/数量
车站控制室 IBP 盘接线端子排进线段	（1）提供 PSD 系统到 IBP 配线架带标识的连接电缆，并负责成端上架； （2）负责 IBP 上有关 PSD 系统的功能测试，提供 PSD 系统的盘面布置要求、按钮/指示灯的数量、电气参数、二次接线原理图、文字描述； （3）提供 IBP 上所有与 PSD 有关的按钮/指示灯每个回路的电源	提供 IBP 盘面工艺布置图、端子分配图、按钮/指示灯、接线端子排，并负责盘内接线	硬线数量按需要提供

屏蔽门与综合监控系统车站综合后备盘接口划分　　　　表 2-20

注：接口采用截面面积在 1.0～2.5mm² 电缆。

（四）接口协议

ISCS 与 PSD 接口协议：基于 TCP/IP 的 MODBUS 标准协议。

如果 ISCS 与 PSD 两个系统的电缆连接距离超过 80m，使用 10Mbit/100Mbit 以太网的光电转换器及相关附件，光电转换器光口类型为单模或多模。

（五）接口冗余要求

接口采用冗余设计，双方系统通过互相监察对应接口的工作状态，实现冗余切换。

（六）接口功能要求

屏蔽门与综合监控系统车站接口功能要求见表 2-21。

屏蔽门与综合监控系统车站接口功能要求　　　　表 2-21

功能要求	PSD 系统	ISCS 系统
PSD 和 ISCS 进行信息交流	（1）PSD 负责将每个车站中所有门单元（包括滑动门、应急门、端门）的相关信息进行集成，并按约定好的数据格式，向 ISCS 系统提供车站所有 PSD 设备的运行状态（含门的开、关状态等）和故障信息。在集成后的信息中能够识别到具体的门单元，对所有传输的信息均采用冗余通道设计。 （2）接收 ISCS 系统提供的 500ms 校时信息。 （3）回应 ISCS，对 PSD 与 ISCS 之间的通道进行检测	（1）ISCS 系统需至少每隔一定时间，对 PSD 系统的通道进行检测。 （2）ISCS 系统负责对 PSD 系统的运营统计、报表工作。 （3）ISCS 系统能监视 PSD 系统的运行状态，并在车站综合控制室和全线控制中心的显示终端进行显示。 （4）ISCS 系统对 PSD 系统可实现故障查询和历史记录功能。 （5）ISCS 系统间隔一定时间，为 PSD 系统提供时钟校时信息
实现车站控制室对本站 PSD 设备的控制功能	接收来自 IBP 控制，并驱动屏蔽门开启	统一设计 IBP，提供 IBP 的按钮、指示灯、接线端子

（七）PSD 输出点表

PSD 输出点见表 2-22。

类别	序号	实现的功能	说　　明	备注
故障信息	1	单侧站台 ASD/EED 关门故障	门单元在设定时间内未关闭	每个单元
	2	单侧站台 ASD/EED 开门故障	门单元在设定时间内未打开	每个单元
	3	门处于手动 / 旁路报警	门处于手动 / 隔离状态	每个单元
	4	主电源故障报警	电源双切换箱供电出现故障	每一车站
	5	UPS 驱动电源故障报警	驱动电源出现故障	每一车站
	6	UPS 控制电源故障报警	控制电源出现故障	每一车站
	7	控制系统故障报警	单侧站台的 PEDC 出现故障,则进行报警	每侧站台
	8	现场总线故障报警	PSC 中的主监视系统出现故障,则进行报警	每侧站台
	9	端门未锁紧报警	在一定时间内(暂定 30s),端门未锁紧	每扇端门
	10	ASD/EED 互锁解除报警	单侧站台 ASD/EED 处于"互锁解除"状态	每侧站台
	11	每个 DCU 故障报警	站台上有 DCU 出现故障,则进行故障报警	每个单元
	12	每个电机故障报警	站台上有电机出现故障,则进行故障报警	每个单元
	13	应急门打开状态报警	每侧站台上有应急门处于打开状态	每扇 EED
	14	门单元(左、右)锁闭检测开关故障报警	未锁闭时,进行报警	每个单元
	15	应急门检测开关故障报警	应急门检测开关故障报警	每个 EED
	16	端门检测开关故障报警	端门检测开关故障报警	每个端门
	17	门单元闸锁解锁故障报警	门单元闸锁解锁故障报警	每个门单元
状态信息	1	ASD/EED 开门状态	显示单个 ASD/EED 开门状态	每个单元
	2	ASD/EED 关门状态	显示单个 ASD/EED 关门状态	每个单元
	3	每个门单元的控制模式状态	每个门单元的隔离、手动、自动状态	每个单元
	4	PSL 操作允许	PSL 的操作允许开关置"PSL 操作允许"位	每侧站台
	5	每侧站台 PSL 开门命令触发	每侧站台 PSL 的每次开门命令成功触发	每侧站台
	6	每侧站台 PSL 关门命令触发	每侧站台 PSL 的每次关门命令成功触发	每侧站台
	7	火灾模式下,屏蔽门应急开关开门命令触发	ISCS 的每侧站台操作允许开关置于"操作允许"位	每侧站台
	8	PED 开门状态	显示每个 PED 开门状态	每扇端门
	9	信号系统开门操作	每侧站台信号系统开门命令成功触发	
	10	信号系统关门操作	每侧站台信号系统关门命令成功触发	
运营报表	1	可对每个门单元进行运营报表统计	可按月、季度,对每个门单元进行运营统计和查询(故障时间、次数等)	

三、屏蔽门与低压配电的接口

(一)物理接口

屏蔽门与低压配电专业物理接口划分见表 2-23。

接口内容	位置	数目
PSD 驱动与控制电源	屏蔽门设备室双电源切换箱出线开关下口	含驱动电源、控制电源各两路,其中一路备用
屏蔽门设备室柜体接地	屏蔽门设备室接地端子箱	1 处

（二）接口要求及界面划分

接口要求见表 2-24,界面划分如图 2-87 所示。

屏蔽门与低压配电专业物理接口要求　　　　　　　表 2-24

专业	PSD	DZ
低压配电	负责提供从双电源切换箱（动照专业提供）至屏蔽门配电柜箱的带标识低烟、无卤、阻燃电力电缆；负责此段电力电缆的敷设,接插件的制作及输出端的连接,并对连接的正确性负责	负责提供双电源切换箱及带标识的接线端子,对双电源切换箱及其输入端电力电缆连接的正确性负责,并确保 PSD 系统用电回路的独立性。 接地形式:TN-S;电压等级:交流 380V（一级负荷）;电压波动范围:±7%;频率:50Hz。 标准地下车站（两侧站台）驱动电源和控制电源容量不超过 30kW
接地	提供柜体与端子箱间接地电缆（内部电阻小于 1Ω）及敷设	动照专业在屏蔽门设备室提供综合接地端子箱

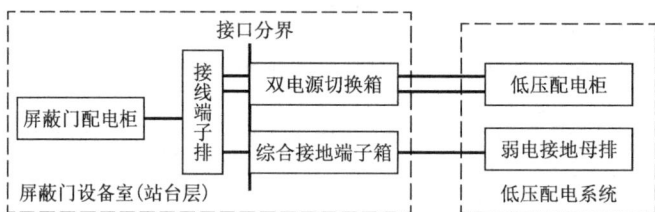

图 2-87　屏蔽门系统与低压配电专业接口示意图

四、屏蔽门与土建结构的接口

（一）接口界面

屏蔽门与土建结构的接口界面在车站站台的结构顶梁和站台结构板上。

（二）接口内容

屏蔽门在站台上的安装,屏蔽门上部通过预埋件及连接杆件与站台顶梁相连,利用站台顶梁固定屏蔽门上部结构;屏蔽门下部通过支承件和预留的孔洞与站台板结构相连接。屏蔽门设备商负责所有与土建结构相连接部件的设计、供货和安装。

屏蔽门顶箱盖板兼做车站导向板,顶箱盖板及导向标识内容由屏蔽门设备商负责制造。

屏蔽门设备商负责屏蔽门顶箱灯带与顶箱盖板间的位置协调及灯带与屏蔽门门体之间

的绝缘处理。

每侧站台两端门单元处结构梁以上由建筑装修密封,结构顶梁由屏蔽门系统端门顶箱盖板遮挡,均考虑所承受的风载。

五、屏蔽门与限界及轨道的接口

屏蔽门在施工时与限界进行配合,屏蔽门的安装不会侵入列车行驶动态包络线,屏蔽门距离轨道中心线最终限界待在车辆资料确定后提供。

屏蔽门门体部分与轨道可靠连接,由屏蔽门设备商进行施工,具体连接位置由屏蔽门设备商在施工时与轨道设备商进行协调。

|第二篇|实 务 篇

第三章　屏蔽门设备维护

第一节　屏蔽门设备巡检内容

巡检内容见表3-1。

巡 检 内 容　　　　　　　　　　　　　　　　表 3-1

项目	内　容	标　准
门体	检查门体玻璃	无划伤和破裂现象
	检查滑动门开、关门情况	同步、顺畅,无拖地、无二次关门
	检查门头指示灯	能正确反映门的状态
	检查门体外观	无刮痕、无擦伤、防尘盖无脱落
	检查绝缘地板清洁、保养情况	无破损,不潮湿,无气泡、无深度划痕、无揭皮等现象。与屏蔽门密封连接,密封条无脱落、凹陷等现象
	绝缘地板与密封胶条连接情况	与屏蔽门密封连接,密封条无脱落、凹陷等现象。修复处理后,保证门体、绝缘地板绝缘达到要求
电源系统	检查驱动UPS电源。检查内容包括:进线电压、输出电压、功率因数、运行状态,电池组串联电压、电池温度、外观	电源参数正常,指示灯显示正常,无报警声,无历史故障记录,风扇运行正常。电池温度不烫手、无变形、无漏液、无鼓胀、接线端及气孔无盐霜现象
	检查控制UPS电源。检查内容包括:进线电压、输出电压、运行状态、指示灯测试、环境温度、UPS/电池/主机有否过载、电池温度、外观	电源参数正常,指示灯正常,无报警声,风扇运行正常。电池温度不烫手、无变形、无漏液、无鼓胀、接线端及气孔无盐霜现象
控制系统	检查PEDC工作状态、插接状况	检查PEDC投入使用通道的状态指示灯长亮,备用通道的状态指示灯闪烁,则接口可靠连接
	检查系统双切箱电压、电流是否正常	电源参数正常
	查看监视系统(PSA)报警信息	无故障报警信息
	检查MODBUS工作状态	MODBUS与主控正常通信,指示灯正常
机房	检查机房的温度	机房温度≤30℃,相对湿度≤80%
	检查机房有无漏水	天花板无渗水的痕迹,各冷风机管道和风口无滴水、漏水现象

计划检修是一种预防性检修,是一种在一定的检修周期内对屏蔽门系统进行检修,从而达到预防故障发生的维修活动。根据检修周期的不同,维护项目也不同。常见检修保养形式有一级日常保养(日检修),二级保养 [周检、半月检(双周检)、月检、季检],三级小修(半年检、年检、两年检),四级中修(三年检、四年检、五年检、六年检),五级大修(根据厂家要求的运行年限及动作次数进行检修)。

一、月检作业流程

月检作业流程见表 3-2。

月检作业流程　　　　　　　　　　　　　　表 3-2

作业内容	检修步骤	检修标准	图　例	图号
滑动门机械装置及门单元控制系统检修	观察前盖板及盖板锁,并用钥匙开合前盖板	清洁、无污迹,锁完好,与门头间隙紧		1
	观察门机上方有无结构渗水	无漏水的痕迹		2
	使用抹布、毛刷等工具清洁门机内导轨及其他部件	导轨光滑,门挂板平稳移动,门体运动无阻碍		3
	用手轻拨门机内端子接线及 DCU 接线端口,查看 DCU 母板是否正常	牢固可靠、无变形破损		4
	手动开关各滑动门的应急解锁装置	锁杆上升解锁到位,回落顺畅、无滞留		5
	使用 LCB 开关门,观察电机及减速器状况	无异响、漏油		6

作业内容	检修步骤	检修标准	图　　例	图号
滑动门机械装置及门单元控制系统检修	使用 LCB 开关门,观察滑动门门锁、门锁检测开关和锁闭监测开关是否灵活可靠	灵活可靠,正常工作		7
	使用 LCB 开关门,并用模拟障碍物,测试障碍物检测功能是否正常	灵敏度及动作响应过程符合设计要求		8
	使用 LCB 开关门,观察滑动门是否摩擦立柱胶条	间隙为 6mm,无摩擦		9
	观察滑动门门槛中是否存在异物	无异物及垃圾		10
	检查玻璃、密封胶是否完好	外观完好,紧密固定		11
	检查屏蔽门后封板紧固、密封情况	外观完好,无脱落迹象		12
	导向灯带是否完好	应全部点亮		13
	观察并用手轻拨瞭望灯带固定夹、灯带尾塞、灯带电源接插件,查看是否松动	紧固牢靠,无松动		14
	检查瞭望灯带内灯泡是否有盲点、是否明显变暗	无盲点,无暗光		15
中央控制盘检修	使用红外线测温仪检查控制柜内继电器等电气元件的温升,并听设备有无运行噪声	电气元器件正常,无噪声,无异常发热		16

作业内容	检修步骤	检修标准	图 例	图号
中央控制盘检修	用抹布清洁柜体、电缆槽架外表面	干净无尘,稳固		17
	清洁柜内设备、检查元器件标示是否齐全	设备干净、标示齐全		18
	观察PSC柜内安全继电器、时间继电器、固态继电器是否工作正常	安装、接线稳固;器件动作指示正常		19
	检查PSC柜内布线、器件安装	整齐、稳固、清洁、无老化、破损		20
	对屏蔽门机房进行打扫	干净、无尘		21
	使用试灯按钮,测试PSC的面板指示灯	正常显示		22
	手动切换PEDC,检查各通道能否正常使用	功能正常		23
	检查PSC监视软件是否死机,查看时钟信息、运行记录及故障记录,数据记录下载到U盘保存	软件正常运行,可顺利下载到U盘		24
驱动电源柜检修	柜体表面清洁是否完成	柜体保持清洁,无污渍		25

作业内容	检修步骤	检修标准	图 例	图号
驱动电源柜检修	清洁设备,检查元器件标示是否齐全	设备干净,元器件标示齐全		26
	紧固各开关、接线端子、接地点的接线	接线牢靠、无松动		27
	检查电压表能否正确显示电压值,误差是否在正常范围内	直流 90～130V		28
	检查电流表能否正确显示电流值,误差是否在正常范围内	0～3A		
	检查电源监视屏信息显示是否正常	故障应有相应记录		29
控制电源柜检修	柜体表面清洁是否完成	柜体保持清洁,无污渍		30
	清洁设备,检查元器件标示是否齐全	设备干净,元器件标示齐全		31
	紧固各开关、接线端子、接地点的接线	接线牢靠,无松动		32
	检查电压表能否正确显示电压值,误差是否在正常范围内	交流 220V、50V;直流 120V、24V		33

作业内容	检修步骤	检修标准	图　例	图号
控制电源柜检修	测量电池电压	直流 90～130V		34
就地控制盘检修	箱体表面清洁是否完成	箱体保持清洁,无污渍		35
	清洁设备,检查元器件标示是否齐全	设备干净,元器件标示齐全		36
	紧固各开关、接线端子的接线	接线牢靠,无松动		37
应急门、端门检修	检查门体玻璃是否有划痕和裂纹	门体玻璃无任何破损		38
	清洁顶箱内各元器件及端子	元器件、端子干净,无灰尘		39
	检查门体是否能够关闭锁紧及锁紧装置是否正常	应急门及端门能够顺利关闭且锁紧		40
	检查门体闭锁行程开关与门锁是否吻合	间隙为 2～3mm		41
	检查门体锁芯、紧固螺丝、锁杆、锁盘、撞针、行程开关等门锁机构是否紧固、松动、磨损、变形	门锁机构紧固,无松动、严重磨损、变形现象		42
	记录应急门、端门锁杆落下长度	长度不低于 5mm		43

二、季检作业流程（包含月检作业内容）

季检作业流程（包含月检作业内容）见表3-3。

季检作业流程 表3-3

作业内容	检修步骤	检修标准	图 例	图号
3 滑动门机械装置及门单元控制系统检修	检查皮带及传动装置工作是否正常	皮带无裂纹,传动装置无异响		1
	检查门体滚轮工作是否正常	滚轮无裂痕,无异响		2
	检查门机内电线、电缆是否正常	电线电缆无松动,无破损		3
控制电源柜检修	检查电池外观,测量电池温度	电池无泄漏,长期温度不超过30℃,短时不超过40℃		4
就地控制盘检修	用试灯按钮,测试PSL面板指示灯	指示灯均正常点亮		5
	操作PSL进行开关门,检查能否实现站台级控制	整侧滑动门执行开关命令		
	操作PSL进行互锁解除,指示灯是否亮起,PSA是否有事件记录	互锁解除指示灯正常点亮,PSA有事件记录		

三、半年检作业流程（包含季检作业内容）

半年检作业流程（包含季检作业内容）见表3-4。

作业内容	检修步骤	检修标准	图 例	图号
滑动门机械装置及门单元控制系统检修	测量并记录门体关门力（抽测 4 道门）。	关门力不大于 133N		1
	检查门导靴是否正常	导靴无刮蹭,无异响		2
	记录碳刷长度（抽测 4 道门）	碳刷突出部分不低于 10mm		3
	电机及减速器安装是否松动	固定牢靠		4
控制电源柜检修	对 UPS 电池进行放电的同时记录电压值	放电完成后,电压值应低于 110V		5
紧急后备控制盘检修	检查 IBP 外观完整性	IBP 屏蔽门部分器件外观正常		6
	检查 IBP 是否可正确控制整侧滑动门	正确响应开关门命令		
	检查 PSA 是否正确记录 IBP 操作事件	每次操作均有记录		7
应急门、端门检修	检查轨道侧和站台侧的手动推杆以及解锁装置是否正常	推杆及解锁装置顺畅、无卡滞		8

作业内容	检修步骤	检修标准	图 例	图号
应急门、端门检修	门体打开是否顺畅,是否有拖地等异常现象	门体打开正常位置应不小于90°		9
	门体防撞条是否有松脱现象	防撞条无松脱		10
	检查端门闭门器是否有效	门体打开90°后,有足够的关门力度		11
	检查门头指示灯功能是否正常	应急门打开常亮,端门打开常亮		12
	检查门机内各电气线路行程开关是否正常	行程开关功能正常		13
	检查门机内线路接线是否牢固	接线牢靠,无松动		14

四、年检作业流程（包含半年检作业内容）

年检作业流程(包含半年检作业内容)见表3-5。

年检作业流程　　　　　　　　　　表3-5

作业内容	检修步骤	检修标准	图 例	图号
滑动门机械装置及门单元控制系统检修	检查门体\门槛紧固情况是否正常	无松动		1

作业内容	检 修 步 骤	检修标准	图　例	图号
滑动门机械装置及门单元控制系统检修	门体底座清洁	干净、无异物		2
	检查门体上下支撑机构的紧固情况	无松动		
	检查门体等电位电缆	固定牢靠,无松动		3
	检查门体上方电缆线槽是否牢靠	固定牢靠,无松动		4

第四章　屏蔽门设备操作

第一节　屏蔽门基本操作方法

一、屏蔽门就地控制盘(PSL)操作

(一)就地控制盘面板

就地控制盘面板如图 4-1 所示。

图 4-1　就地控制盘面板

(二)就地控制盘开关门操作方法

当因信号系统(SIG)故障失效或其他原因使就地控制盘无法对门机控制器(DCU)进行自动控制时,或由于其他原因需要对屏蔽门进行开关(如开站测试等)时,由被授权操作人员(司机、站务等)操作就地控制盘(PSL),控制整侧屏蔽门的开关。就地控制盘操作时信号系统指令被完全屏蔽。

1.就地控制盘开门操作

(1)插入操作允许转换开关钥匙,顺时针转到"PSL 允许"位,此时"PSL 允许"指示灯点亮。

(2)按下"开门"按钮,整侧屏蔽门打开,此时就地控制盘上"门全关且锁紧"指示灯灭、"ASD 门开"指示灯点亮。

（3）操作就地控制盘开门必须与操作就地控制盘关门配合使用。

2. 就地控制盘关门操作

（1）插入操作允许转换钥匙开关钥匙，顺时针转到"PSL 允许"位，此时"PSL 允许"指示灯点亮。

（2）按下"关门"按钮，整侧屏蔽门关闭，此时就地控制盘上"门全关且锁紧"指示灯点亮、"ASD 门开"指示灯熄灭。

（3）操作完成后，将操作允许转换钥匙开关逆时针转到"自动"位，此时就地控制盘上的"PSL 允许"指示灯灭。

（三）就地控制盘互锁解除开关的操作

屏蔽门无"门全关且锁紧"信号，列车需要进站或出站时，操作"互锁解除"开关，强行给出屏蔽门互锁解除的信号，让列车进站或出站。其一般由被授权操作人员操作。

操作方法：

（1）列车进站前 1min，被授权操作人员将"互锁解除"钥匙插入就地控制盘互锁解除钥匙开关内，转动至互锁解除位置并保持，互锁解除指示灯亮。

（2）确认列车停车到位或列车越过出站信号机，被授权操作人员松开钥匙开关，使其复位。

（3）有自动折返功能的车站需观察两侧列车进站时间，每一侧车进站前 1min 均须操作互锁解除。

二、单道门 LCB 开关操作

（一）面板操作说明

LCB 开关面板操作说明如图 4-2 所示。

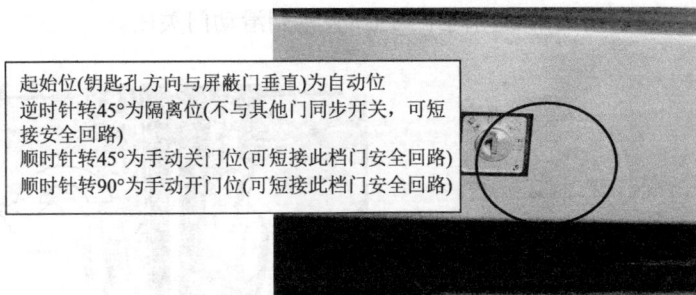

起始位(钥匙孔方向与屏蔽门垂直)为自动位
逆时针转45°为隔离位(不与其他门同步开关，可短接安全回路)
顺时针转45°为手动关门位(可短接此档门安全回路)
顺时针转90°为手动开门位(可短接此档门安全回路)

图 4-2　LCB 开关面板操作说明

（二）门单元的 LCB 开关旁路操作

当某个门单元出现故障不能开、关门，无关闭且锁紧信号或其他异常情况时；相邻应急门无关闭且锁紧信号或其他异常情况时,需要操作 LCB 开关旁路该道门单元。

（1）将 LCB 开关钥匙插入 LCB 开关,转动 LCB 开关切换到"手动"位（根据现场情况,选择"手动开"或"手动关"位）,旁路该道门单元。

（2）故障或异常情况处理完成后,操作 LCB 开关钥匙切换到"自动"位,将门恢复到自动控制状态。

（3）取出 LCB 开关钥匙,操作完毕。

（三）门单元的 LCB 开关开、关门操作

（1）将 LCB 开关钥匙插入 LCB 开关。

（2）转动 LCB 开关切换到"手动开"位,此时该滑动门打开。

（3）转动 LCB 开关切换到"手动关"位,此时该滑动门关闭。

（4）待门完全关闭且锁紧后,转动 LCB 开关"自动"位。

（5）取出 LCB 开关钥匙,操作完毕。

三、屏蔽门滑动门、应急门、端门手动操作

（一）手动开、关滑动门（三角钥匙或轨道侧紧急释放装置）

1. 三角钥匙手动开、关滑动门

（1）开门操作:将屏蔽门三角钥匙圆形端插入门体钥匙孔,逆时针转动三角钥匙直到门锁解锁,用手将两扇滑动门向两侧推即可打开,如图 4-3 所示。

（2）关门操作指引:用手拉动两扇滑动门向中间推动,直到滑动门关闭。

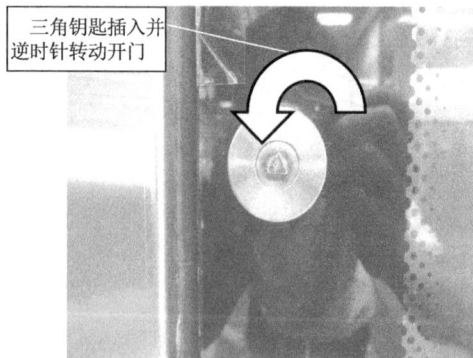

2. 使用轨道侧紧急释放装置

（1）开门操作:按压右侧紧急释放装置,门解锁后,向两侧推即可打开,如图 4-4 所示。

（2）关门操作:用手拉动滑动门向中间推动,直到滑动门关闭。

图 4-3　站台侧滑动门三角钥匙操作

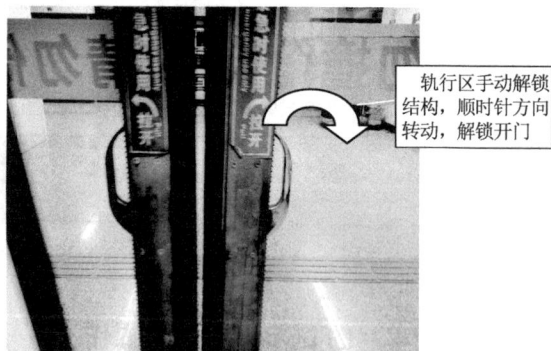

图 4-4　轨道侧滑动门紧急释放装置操作

（二）手动开、关应急门或端门

1. 站台侧开、关应急门或端门的操作

（1）开门操作：用屏蔽门三角钥匙插入门体钥匙孔，逆时针转动三角钥匙，直到门锁完全解锁，用手拉住应急门或端门，向站台方向拉开 90°，即可保持打开状态，如图 4-5 所示。

（2）关门操作：用手拉住应急门或端门向轨行区方向关闭，关闭后，应急门或端门上方门状态指示灯熄灭，并确认应急门或端门完全关闭且锁紧后，方可离开。

2. 轨道侧开、关应急门或端门的操作

（1）开门操作：按压应急门或端门紧急解锁推杆，门解锁后，向站台侧推动 90°，即可保持打开状态，如图 4-6 所示。

（2）关门操作：用手拉住应急门或端门向轨行区方向关闭，关闭后，应急门或端门上方门状态指示灯熄灭，确认应急门或端门完全关闭且锁紧后方可离开。

图 4-5　站台侧应急门或端门三角钥匙操作　　图 4-6　轨道侧应急门或端门紧急解锁推杆操作

四、屏蔽门综合后备盘操作

当车站发生突发状况（如火灾）时，车站值班员根据相关操作指引，操作允许转换钥匙开关，打开或关闭整侧屏蔽门。正常情况下操作允许转换钥匙开关应在"自动"位，否则信号系统、就地控制盘将无法对屏蔽门进行操作。

（一）面板操作

综合后备盘面板如图 4-7 所示。

（二）综合后备盘开门操作

（1）插入综合后备盘操作允许转换开关钥匙，顺时针转到"IBP 允许"位，此时"IBP 允许"指示灯点亮。

（2）按下"开门"按钮，整侧屏蔽门打开，此时就地控制盘上"门全关且锁紧"指示灯灭、"滑动门开"指示灯点亮。

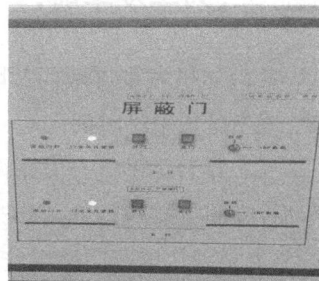

图 4-7　综合后备盘面板

（3）操作综合后备盘开门必须与操作综合后备盘关门配合使用。

（三）综合后备盘关门操作

（1）插入操作允许转换钥匙开关钥匙，顺时针转到"IBP 允许"位，此时"IBP 允许"指示灯点亮；

（2）按下"关门"按钮，整侧屏蔽门关闭，此时就地控制盘上"门全关且锁紧"指示灯点亮、"滑动门开"指示灯熄灭。

第二节　屏蔽门故障现场处理操作

🚃 一、列车到站后，一道或多道滑动门不能正常打开

（1）司机发现屏蔽门故障，做好乘客广播，报告行车调度，并通知车站站务人员，如有必要，适当延长停站时间。

（2）站台站务人员发现两道及以下屏蔽门不能打开或门头指示灯报警时，立即将故障门单元 LCB 开关转到"手动关"位，打开屏蔽门，引导乘客从正常滑动门上下车。

（3）站台站务人员发现 3 道及以上屏蔽门不能打开或门头指示灯报警时，立即将故障门单元 LCB 开关转到"手动开"位；如打不开，则使用三角钥匙手动打开屏蔽门，但应保证相邻屏蔽门不能连续关闭两对，打开屏蔽门，引导乘客上下车。

（4）乘客上下完毕后，站台站务人员确认屏蔽门站台安全后，向司机显示"好了"信号。

（5）司机观察头端就地控制盘确认"门全关且锁紧"灯是否点亮，如亮，列车离站；如不亮，报行车调度同意后，确认站台安全的情况下，站务使用互锁解除发车。

（6）待列车发车后，站台站务人员张贴故障告示；对开启的滑动门，加强防护。

🚃 二、列车发车前，一道或多道滑动门不能正常关闭

（1）司机发现屏蔽门故障，做好乘客广播，报告行车调度，并通知车站站务人员，如有必要，适当延长停站时间。

（2）站台站务人员发现两道及以下滑动门不能关闭或门头指示灯报警时，引导乘客上下车后，立即将故障门单元 LCB 开关打至"手动关"位，如不能关闭，则手动关闭滑动门；站台站务人员确认屏蔽门站台安全后，向司机显示"好了"信号，司机观察头端 PSL 确认"门全关且锁紧"灯是否点亮，如亮，列车离站；如不亮，报行车调度同意后，确认站台安全的情况下，

站务人员使用互锁解除发车。

（3）出现多道滑动门无法关闭时，站台站务人员将故障门单元 LCB 开关转到"手动关"位，如不能关闭，则手动关闭滑动门，但应保证相邻屏蔽门不能连续关闭两对，报行车调度，确认站台安全后向司机显示"好了"信号，按行车调度指令，使用互锁解除发车。

（4）待列车发车后，站台站务人员张贴故障告示，对处于开启状态的滑动门加强防护。

三、整侧滑动门不能实现系统级控制，不能与列车车门自动联动打开、关闭

（1）司机操作 PSL 控制开关屏蔽门。

（2）司机操作 PSL 控制关闭屏蔽门后，观察头端 PSL 确认"门全关且锁紧灯"是否点亮，如亮，列车离站；如不亮，报行车调度，站务人员确认站台安全的情况下，按行车调度指令，使用互锁解除发车。

四、整侧滑动门不能正常关闭（使用 PSL 仍不能关闭）

（1）司机发现屏蔽门故障，做好乘客广播，报告行车调度，并通知站台站务人员。

（2）站台站务人员将故障门单元 LCB 开关转到"手动关"位，如不能关闭，则手动关闭滑动门，但应保证相邻屏蔽门不能连续关闭两对。

（3）站台站务人员组织人员对开启的滑动门进行安全防护，确认屏蔽门站台安全后，向司机显示"好了"信号，经行车调度同意后，在确认站台安全的情况下，操作"互锁解除"发车。

五、整侧滑动门不能正常打开（使用 PSL 仍不能打开）

（1）司机发现屏蔽门故障，立即报行车调度并告知车站人员，做好乘客广播。

（2）站台站务人员视客流情况决定开启屏蔽门的数量，立即操作故障门单元 LCB 开关转到"手动开"位，如不能打开，则手动开启滑动门，但至少保证每节车厢不少于 1 道滑动门，同时做好现场防护。

（3）站台站务人员引导乘客从已开启门上下车。

（4）乘客上下完毕、站台站务人员确认屏蔽门站台安全后，向司机显示"好了"信号，按行车调度指令，使用互锁解除发车。

（5）司机凭行车调度指令，确认互锁解除指示灯点亮和站台人员"好了"信号后，动车。

（6）站台站务人员操作"互锁解除"接发后续列车。

（7）后续列车司机按行车调度指令进站，并做好乘客广播，通知乘客从已开启的屏蔽门上下车，适当延长停站时间；凭行车调度指令，确认互锁解除指示灯点亮和站台人员"好了"信号后，动车。

六、屏蔽门无全关且锁紧信号,列车进站发生自动停车或紧急制动,出站发生紧急制动或无法出站

（1）司机立即通过信号屏查看是否有屏蔽门故障信息,若有故障信息,立即报行车调度,并通知站务人员。

（2）站台站务人员接报后立即确认站台屏蔽门状态,向行车调度报告。

（3）站台站务人员按行车调度要求确认屏蔽门站台安全后,操作"互锁解除"接发列车。

（4）司机按行车调度指令确认站台安全时,限速 25km/h 进站或出站。

（5）后续列车站台站务人员使用"互锁解除"接发车。

七、屏蔽门玻璃破裂或破碎

（1）当屏蔽门玻璃破碎时,如果列车准备进站,则应立即按压站台紧急停车按钮,并报告行车调度。

（2）如为滑动门破裂,应将破裂门打至"手动关"位,使破裂的滑动门处于关闭状态,操作"手动开"打开相邻的两道滑动门(如为 1-1 滑动门破裂,则打开 1-2 滑动门;6-4 滑动门破裂,则打开 6-3 滑动门),及时用透明胶带按先横后竖的顺序,将破裂玻璃表面粘满。透明胶带粘贴完毕后,将破裂滑动门保持常开,并在确保安全的前提下,将相邻的两道滑动门恢复自动位,同时做好安全防护工作,安排人员在故障处站岗监护,以防止乘客或物品掉入轨道。

（3）若固定门破裂,应将相邻两对滑动门处于"手动开"状态并保持常开,做好固定门安全防护,安排人员在故障站台站岗监护。

（4）若端门破裂,应将端门保持常开,并指派人员监护。

（5）若应急门破裂,将该应急门关闭,操作相邻两侧滑动门 LCB 钥匙开关"手动开"位置,打开滑动门进行泄压,确认"关闭且锁紧"信号正常,如无"关闭且锁紧"信号,则在 PSL 处操作互锁解除。

（6）列车准备出站时站台岗应确认站台安全后显示"好了"信号,指示司机动车。

（7）若门玻璃破裂,应立即报行车调度,并及时在破裂玻璃表面粘贴透明胶纸。粘贴方法:按先横后竖的顺序,将玻璃表面粘满透明胶带,防止门玻璃突然爆裂。

（8）若门玻璃已破碎并掉下,将站台破碎玻璃清理完毕,防止玻璃碎片掉入轨行区;若碎玻璃掉进轨道影响列车运行,则应立即提报行车调度,并及时进行清理。

（9）行车调度根据屏蔽门的破损情况,如有必要,则要求司机降低列车进出站速度。

（10）应保护好车站现场,协助维修部门进行维修和查看录像。

八、屏蔽门夹人、夹物应急处理程序

屏蔽门夹人、夹物应急处理程序如图 4-8 所示。

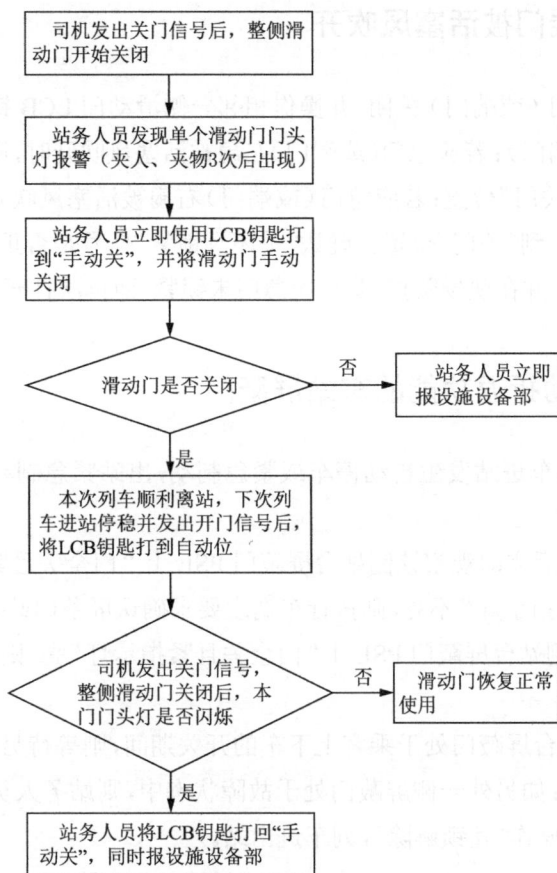

图 4-8　屏蔽门夹人、夹物应急处理程序

九、整侧滑动门关闭后,动车前整侧或部分滑动门自动打开

(1)司机发现屏蔽门故障后报站务人员及行车调度,行车调度通知站务人员到头端 PSL 处协助处理。

(2)站务人员到列车头端司机立岗处使用 PSL 关门,整侧滑动门关闭,此时 PSL 操作允许转换钥匙开关不要转到"自动"位。

(3)待屏蔽门关闭后,司机按规定动车。

(4)待列车尾部越过出站信号机,完全离开车站后,将 PSL 操作允许转换钥匙开关恢复到"自动"位,拔出钥匙。

(5)站务人员在端门处观察下一趟列车关门情况,若后续列车仍存在同样问题时,继续协助司机操作屏蔽门。

(6)对于列车离站后,PSL 操作允许转换钥匙开关转至"自动"位屏蔽门仍自动打开的,需要一直将 PSL 操作允许转换钥匙开关保持在"PSL 允许"位,列车到站后利用 PSL 开关屏蔽门。

十、应急门／端门被活塞风吹开

将被吹开的应急门（或端门）关闭,并操作相邻一侧滑动门LCB钥匙开关到"关门"位置,即面对应急门（或端门）:若应急门（或端门）左扇被活塞风吹开时,则操作左侧应急门（或端门）相邻滑动门到"关门"位置;若应急门（或端门）右扇被活塞风吹开时,则操作右侧应急门（或端门）相邻滑动门到"关门"位置。确认"关闭且锁紧"信号是否正常,若显示不正常,则操作PSL"互锁解除",并在现场防护,防止应急门未锁紧,而再次打开。

十一、具备自动折返功能的车站屏蔽门

（1）当一侧站台列车进站发生自动停车或紧急制动,出站紧急制动或无法出站时,司机立即报行车调度。

（2）站务人员接报后立即观察该侧站台屏蔽门PSL上"门全关且紧急指示灯"状态:如PSL上"门全关且紧急指示灯"不亮,则按行车调度要求确认屏蔽门站台安全后,操作"互锁解除"接发列车;如该侧站台屏蔽门PSL上"门全关且紧指示灯"亮,则观察另外一侧站台屏蔽门状态。

（3）如另外一侧站台屏蔽门处于乘客上下车的开关期间,则等待另外一侧站台屏蔽门完全关闭后,列车进出站;如另外一侧屏蔽门处于故障状态中,则站务人员按行车调度要求,确认屏蔽门站台安全后,操作"互锁解除",列车进出站。

第五章　屏蔽门设备故障分析与处理

岗位应知应会

1. 了解屏蔽门系统较为常见的故障,认识到屏蔽门需要重点检修、保养的部位。
2. 了解故障分析方法。
3. 掌握屏蔽门设备常见故障原因及处理方法。

重难点

重点:故障分析流程与步骤。

难点:常见故障原因分析及处理。

第一节　故障分析方法

一、门单元故障分析流程

门单元故障分析流程如图 5-1 所示。

门单元故障点定位,参考屏蔽门操作指示盘工具内的报警诊断信息,分析定位故障点。

二、人工检查门单元操作步骤

人工检查门单元操作步骤见表 5-1。

三、系统级故障分析流程

(1)说明:参考 PSA 内的报警诊断信息,分析定位故障点。

(2)注意:如因 PEDC 故障需要更换时,要留意更换后的 PEDC 软件版本是否正确,并作必要的软件升级。

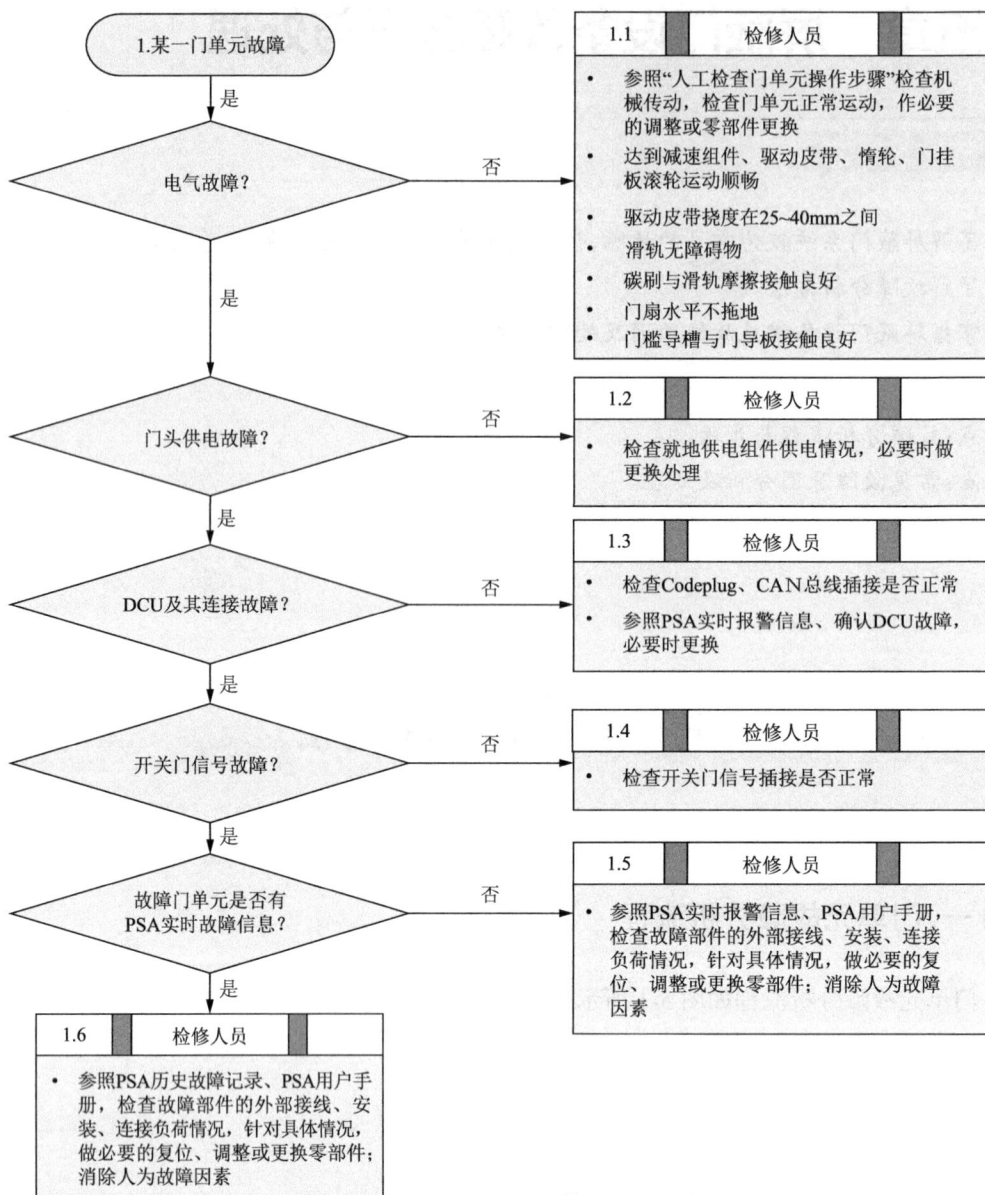

图 5-1　门单元故障分析流程

注意:如因 DCU 故障需要更换 DCU 时,要留意更换后的 DCU 软件版本是否正确,并作必要的软件升级。

四、PSL 控制故障分析流程

PSL 控制故障分析流程如图 5-2 所示。

(1)说明:参考 PSA 工具内的报警诊断信息,分析定位故障点。

(2)检查自系统柜到门头的电缆,包括关键命令信号、驱动电源配电等。

步骤序号	操作步骤
1	确认门单元关闭且锁紧
2	断开对应门单元的供电回路
3	检查 DCU 所有的连接电缆、门头所有接线端子
4	用隔离钥匙隔离该门单元
5	检查闸锁检测开关的状态：紧急手动释放检测开关、门关闭极限行程开关
6	确认门扇的人工紧急释放机构与门闸锁的距离约为 1mm
7	用操作钥匙人工解开闸锁锁栓，轻轻推开门扇
8	确认闸锁锁栓被解开
9	在闸锁锁栓被解开时，目测闸锁检测开关的状态是否已经转换
10	目测人工紧急释放机构已经复位，检测开关状态已经转换
11	小心推动门扇至完全打开位置
12	确认门扇能自如、无粘连阻滞、无异响地滑动至全开的位置
13	小心推动门扇至全关闭位置
14	确认门扇关闭与锁紧
15	确认门检测极限开关转换回初始状态
16	在 PSCC 柜合上对应门单元的供电回路
17	检查门头方式开关仍然处于隔离方式
18	把门头测试开关打到"人工开门"位置
19	确保门扇在电机驱动下（由 DCU 控制）无异响、无阻滞地滑动打开，同时注意检查门状态指示
20	把门头测试开关置于"手动"位置
21	确保门扇在电机驱动下（由 DCU 控制）无异响、无阻滞地滑动关闭，同时注意检查门状态指示
22	确保门扇能自然地关闭与锁紧

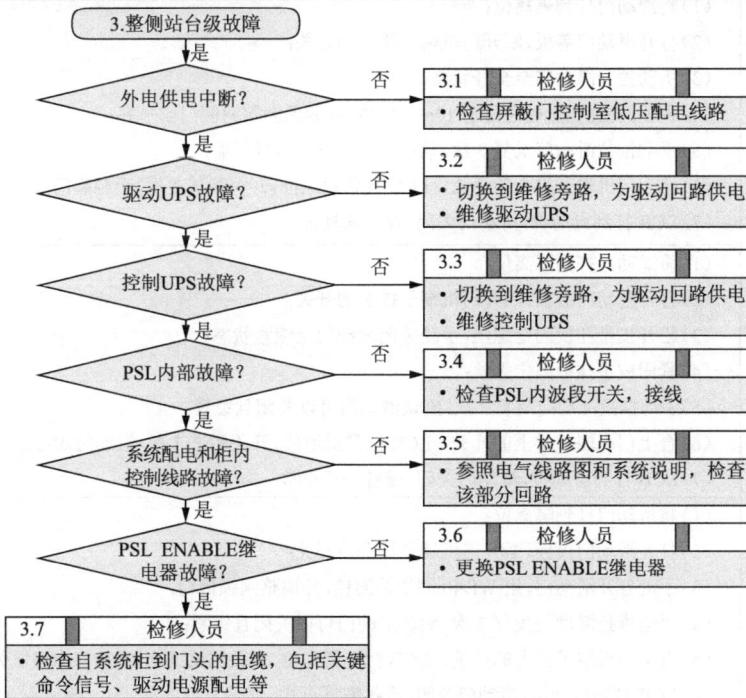

图 5-2 PSL 控制故障分析流程

第二节　常见故障原因及处理方法

一、滑动门无法关闭

（一）故障原因

滑动门无法关闭原因见表5-2。

滑动门无法关闭原因　　　　　　　　　　　　　　　　　　　　表5-2

序号	系统／设备	故障现象	故障原因	处理指南
1	滑动门门体		滑动门刷蹭门槛	调整门槛间隙（详细步骤见表5-3中的操作卡片1）
2	滑动门传动机构	滑动门 无法关闭	滑动门分中不适	调整皮带左挂板（详细步骤见表5-3中的操作卡片2）
3	滑动门闸锁		滑动门闸锁回弹不畅	调整并润滑闸锁（详细步骤见表5-3中的操作卡片3）
4	滑动门门体		限位器松动	调整限位器（详细步骤见表5-3中的操作卡片4）
5	滑动门门体		滑动门刷蹭立柱胶条	调整立柱胶条（详细步骤见表5-3中的操作卡片5）

（二）操作卡片

滑动门无法关闭，处理操作卡片见表5-3。

滑动门无法关闭处理　　　　　　　　　　　　　　　　　　　　表5-3

操作卡片	操作步骤
卡片1：调整门槛间隙	（1）将滑动门打到隔离位； （2）打开滑动门盖板，断开门机端子排上的开关； （3）手动拉开滑动门至全开状态； （4）调整门槛间隙，使之处于10mm以内，并确保间隙两侧门槛平齐； （5）手动推拉滑动门反复3次，确认滑动门不再触碰门槛； （6）合上门机端子排上的开关，LCB打到就地位，开关测试3次，无触碰门槛； （7）LCB打到自动位，滑动门关闭，设备恢复正常
卡片2：调整皮带挂板	（1）将滑动门打到隔离位； （2）打开滑动门盖板，断开门机端子排上的开关； （3）松开皮带挂板固定螺丝，手动关闭滑动门至锁紧状态； （4）紧固皮带挂板固定螺丝； （5）手动推拉滑动门反复3次，确认滑动门可以关闭且锁紧； （6）合上门机端子排上的开关，LCB打到就地位，开关测试3次，滑动门均可以关闭并锁紧到位； （7）LCB打到自动位，滑动门关闭，设备恢复正常
卡片3：调整并润滑闸锁	（1）将滑动门打到隔离位； （2）打开滑动门盖板，断开门机端子排上的开关； （3）手动打开滑动门，用WD40润滑油闸锁，并调整闸锁机构； （4）手动推拉滑动门反复3次，确认滑动门可以关闭且锁紧； （5）合上门机端子排上的开关，LCB打到就地位，开关测试3次，滑动门均可以关闭且锁紧； （6）LCB打到自动位，滑动门关闭，设备恢复正常

操作卡片	操作步骤
卡片4：调整限位器	(1)将滑动门打到隔离位； (2)打开滑动门盖板，断开门机端子排上的开关； (3)手动打开滑动门至全开状态，然后紧固限位器； (4)手动推拉滑动门反复3次，确认滑动门不会触碰限位器； (5)合上门机端子排上的开关，LCB打到就地位，开关测试3次，滑动门均不会触碰限位器，且可以正常开关； (6)LCB打到自动位，滑动门关闭，设备恢复正常
卡片5：调整立柱胶条	(1)将滑动门打到隔离位； (2)打开滑动门盖板，断开门机端子排上的开关； (3)手动打开滑动门至全开状态，然后紧固立柱胶条； (4)手动推拉滑动门反复3次，确认滑动门不会触碰立柱胶条； (5)合上门机端子排上的开关，LCB打到就地位，开关测试3次，滑动门均不会触碰立柱胶条，且可以正常开关； (6)LCB打到自动位，滑动门关闭，设备恢复正常

二、滑动门无法打开

（一）故障原因

滑动门无法打开原因见表5-4。

滑动门无法打开原因　　　　　　　　　　表5-4

序号	系统/设备	故障现象	故障原因	处理指南
1	滑动门闸锁	滑动门无法打开	滑动门闸锁转动机构卡滞或电磁铁吸力不足	调整闸锁及电磁铁（详细步骤见表5-5中的操作卡片1）
2	DCU		DCU驱动控制板故障	更换DCU（详细步骤见表5-5中的操作卡片2）

（二）操作卡片

滑动门无法打开处理操作卡片见表5-5。

滑动门无法关闭处理　　　　　　　　　　表5-5

操作卡片	操作步骤
卡片1：调整闸锁及电磁铁	(1)将滑动门打到隔离位； (2)打开滑动门盖板，断开门机端子排上的开关； (3)手动打开滑动门至全开状态，然后调整闸锁解锁机构并润滑； (4)检查并调整电磁铁弹簧； (5)手动推拉滑动门反复3次，确认滑动门可以正常打开； (6)合上门机端子排上的开关，LCB打到就地位，开关测试3次，滑动门均可以正常开关； (7)LCB打到自动位，滑动门关闭，设备恢复正常

操作卡片	操作步骤
卡片 2：更换 DCU	(1)将滑动门打到隔离位； (2)打开滑动门盖板，断开门机端子排上的开关； (3)拆掉 DCU，安装新的 DCU； (4)合上门机端子排上的开关，LCB 打到就地位，开关测试 3 次，滑动门均可正常开关； (5)LCB 打到自动位，滑动门关闭，设备恢复正常

三、端门无法开关

（一）故障原因

端门无法开关原因见表 5-6。

端门无法打开原因　　　　　　　　　　　　　　　表 5-6

序号	系统 / 设备	故障现象	故障原因	处 理 指 南
1	端门	端门无法开关	上下锁头变形	调整上下锁头（详细步骤见表 5-7 中的操作卡片 1）
2	端门		锁芯卡滞	调整锁芯（详细步骤见表 5-7 中的操作卡片 2）
3	端门		推杆断裂	更换推杆（详细步骤见表 5-7 中的操作卡片 3）

（二）操作卡片

端门无法开关处理操作卡片见表 5-7。

滑动门无法关闭处理　　　　　　　　　　　　　　　表 5-7

操作卡片	操作步骤
卡片 1：调整上下锁头	(1)利用行车间隔时间或非运营期间，拆掉故障锁头螺丝； (2)调整变形锁头； (3)重新安装调整后的锁头并紧固； (4)反复测试端门开关 3 次，无故障； (5)关闭端门，设备恢复正常
卡片 2：调整锁芯	(1)利用行车间隔时间或非运营期间，拆掉故障锁芯； (2)调整变形锁芯； (3)重新安装调整后的锁芯并紧固； (4)反复测试端门开关 3 次，无故障； (5)关闭端门，设备恢复正常
卡片 3：更换推杆	(1)利用行车间隔时间或非运营期间，拆掉故障推杆； (2)重新安装新推杆并紧固； (3)反复测试推杆开关 3 次端门，无故障； (4)关闭端门，设备恢复正常

四、屏蔽门控制系统报警

（一）故障原因

屏蔽门控制系统报警原因见表5-8。

屏蔽门控制系统报警原因 表5-8

序号	系统/设备	故障现象	故障原因	处 理 指 南
1	PEDC	软件显示控制系统报警	PEDC控制通道故障	更换PEDC（详细步骤见表5-9中的操作卡片1）

（二）操作卡片

屏蔽门控制系统报警处理操作卡片见表5-9。

屏蔽门控制系统报警故障处理　　　　　　　表5-9

操 作 卡 片	操 作 步 骤
卡片1：更换PEDC	（1）打开PSC控制柜前柜门，断开PEDC电源开关； （2）打开PSC控制柜后柜门； （3）拆掉PEDC上连接的所有航空插头或接插件； （4）拆除PEDC固定螺丝； （5）安装新的PEDC并固定； （6）连接所有航空插头或接插件； （7）合上PEDC电源开关； （8）重新下载监视软件程序到PEDC； （9）利用PSL开关测试整侧滑动门3次，观察监视软件滑动门状态是否与现场一致； （10）监视软件无控制系统报警，滑动门开关状态显示正常，关闭控制柜前后柜门，设备恢复正常

五、工控机死机

（一）故障原因

屏蔽门工控机死机原因见表5-10。

屏蔽门工控机死机原因　　　　　　　表5-10

序号	系统/设备	故障现象	故 障 原 因	处 理 指 南
1	工控机	综合监控脱落扫描	工控机监视软件运行卡滞导致工控机死机	重启工控机（详细步骤见表5-11中的操作卡片1）

（二）操作卡片

屏蔽门工控机死机处理操作卡片见表5-11。

屏蔽门工控机死机处理 表 5-11

操 作 卡 片	操 作 步 骤
卡片 1：重启工控机	（1）发现屏蔽门脱落扫描后，打开 PSC 控制柜前柜门； （2）晃动鼠标，若无任何反应，说明工控机死机； （3）关闭工控机开关，静止 1min 后，重开工控机； （4）运行屏蔽门监视软件及 MOBUS 接口软件； （5）观察 3 趟车，监视软件状态是否正常； （6）监视软件状态与现场屏蔽门开关相符，设备恢复正常

六、后封板脱落

（一）故障原因

屏蔽门后封板脱落原因见表 5-12。

屏蔽门后封板脱落原因 表 5-12

序号	系统/设备	故障现象	故障原因	处 理 指 南
1	滑动门后封板	后封板上部脱离结构梁，下部连接橡胶条	滑动门后封板因震动导致射钉脱落	紧固后封板（详细步骤见表 5-13 中的操作卡片 1）

（二）操作卡片

屏蔽门后封板脱落处理操作卡片见表 5-13。

屏蔽门后封板脱落处理 表 5-13

操 作 卡 片	操 作 步 骤
卡片 1：紧固后封板	（1）找到后封板脱落位置，接触网挂接地线； （2）搭建脚手架； （3）重新加固后封板，确保射钉固定点间距不低于 20cm； （4）施工结束后，拆除地线； （5）设备恢复正常

七、应急门被隧道风吹开

（一）故障原因

应急门被隧道风吹开原因见表 5-14。

应急门被隧道风吹开原因 表 5-14

序号	系统/设备	故障现象	故 障 原 因	处 理 指 南
1	应急门	应急门打开	应急门上下锁头均未插入锁孔	调整应急门锁头（详细步骤见表 5-15 中的操作卡片 1）

（二）操作卡片

应急门被隧道风吹开处理操作卡片见表 5-15。

| | 应急门被隧道风吹开处理 | 表 5-15 |

操 作 卡 片	操 作 步 骤
卡片 1:调整应急门锁头	(1)在站台侧将应急门打开; (2)调整应急门锁芯,确保上下锁头顺畅滑动; (3)在站台侧将应急门关闭,观察上锁头插入深度是否满足 5mm; (4)在轨行区侧,观察下锁头插入深度是否满足 5mm; (5)在轨行区侧,用力推动应急门,确保锁头不会滑出; (6)满足以上要求,设备恢复正常

八、屏蔽门玻璃自爆

（一）故障原因

屏蔽门玻璃自爆原因见表 5-16。

| | | 屏蔽门玻璃自爆原因 | | 表 5-16 |

序号	系统 / 设备	故障现象	故 障 原 因	处 理 指 南
1	屏蔽门	屏蔽门玻璃爆裂	风压或安全玻璃自身质量	更换屏蔽门门体(详细步骤见表 5-17 中的操作卡片 1)

（二）屏蔽门玻璃自爆处理操作卡片

屏蔽门玻璃自爆处理操作见表 5-17。

| | 屏蔽门玻璃自爆原因处理操作 | 表 5-17 |

操 作 卡 片	操 作 步 骤
卡片 1:更换屏蔽门门体	(1)清理站台及轨行区玻璃碎渣; (2)用宽胶纸将爆裂门体粘接起来,从金属框开始先横向粘,后纵向粘; (3)将故障门体及邻近的滑动门打开泄压; (4)电客车停运后,需安排至少 4 人,拆卸故障屏蔽门; (5)安装新的屏蔽门门体,调试门体,手动开关屏蔽门 3 次; (6)LCB 打到就地位,电动开关 3 次无故障,设备恢复正常

九、PSC 数据总线故障报警

（一）故障原因

屏蔽门 PSC 数据总线故障报警原因见表 5-18。

| | | 屏蔽门 PSC 数据总线故障报警原因 | | 表 5-18 |

序号	系统 / 设备	故障现象	故 障 原 因	处 理 指 南
1	PSC 控制柜	PSC 面板数据总线故障灯亮	工控机通信板卡接触不良	调整通信板卡插槽(详细步骤见表 5-19 中的操作卡片 1)
2			CAN 总线接插件松动	紧固接插件(详细步骤见表 5-19 中的操作卡片 2)

（二）操作卡片

屏蔽门 PSC 数据总线故障报警处理操作卡片见表 5-19。

屏蔽门 PSC 数据总线故障报警处理操作　　　　　　表 5-19

操 作 卡 片	操 作 步 骤
卡片 1：调整通信板卡插槽	（1）非运营期间，断开工控机开关； （2）打开工控机面板； （3）更换通信板卡插槽； （4）合上工控机面板； （5）合上工控机开关； （6）运行屏蔽门监视软件及 MODBUS 接口软件； （7）PSL 控制屏蔽门开关 3 次，确保监视软件状态与现场一致，设备恢复正常
卡片 2：紧固接插件	（1）非运营期间，检查 CAN 总线接插件松动位置； （2）因为是热插拔，工控机无须断电； （3）重新插拔并紧固接插件； （4）PSL 控制屏蔽门开关 3 次，确保监视软件状态与现场一致，设备恢复正常

十、PSL 无法联动开关滑动门

（一）故障原因

屏蔽门 PSL 无法联动开关滑动门原因见表 5-20。

屏蔽门 PSL 无法联动开关滑动门原因　　　　　　表 5-20

序号	系统 / 设备	故障现象	故障原因	处理指南
1	PSL	整侧屏蔽门不受控制，无法开关	PSL 箱内继电器卡扣松动	紧固继电器（详细步骤见表 5-21 中的操作卡片 1）
2	PSL		PSL 箱内线缆接插件接触不良	更换接插件（详细步骤见表 5-21 中的操作卡片 2）

（二）操作卡片

屏蔽门 PSL 无法联动开关滑动门处理操作卡片见表 5-21。

屏蔽门 PSL 无法联动开关滑动门处理操作　　　　　　表 5-21

操 作 卡 片	操 作 步 骤
卡片 1：紧固继电器	（1）在非运营期间，打开 PSL 箱盖，重新压接继电器卡扣； （2）开关测试 10 次，检查整侧屏蔽门响应是否正常； （3）屏蔽门正常开关，设备恢复正常；
卡片 2：更换接插件	（1）在非运营期间，打开 PSL 箱盖，重新插拔接插件； （2）如果接插件不松，仍然无法控制开关门，更换接插件； （3）开关测试 10 次，整侧屏蔽门响应是否正常； （4）屏蔽门正常开关，设备恢复正常

第六章 屏蔽门通用维修工具及仪器仪表的使用

岗位应知应会

1. 认识并了解屏蔽门检修工的常用工器具、仪器仪表。
2. 会使用工器具、仪器仪表。

重难点

屏蔽门通用维修工器具及仪器仪表的使用。

第一节　常用维修工具

一、验电笔

验电器也称验电笔,俗称电笔,它是用来检测导线、电器和电气设备的金属外壳是否带电的一种电工工具,如图 6-1 所示。

根据外形来分,验电笔分为钢笔式和螺丝刀式两种;根据测量电压的不同,可分为低压验电器和高压验电器,低压验电器的测量范围在 50 ~ 250V 之间。

低压验电器的使用方法及注意事项:使用验电笔时,以中指和拇指持验电笔笔身,食指接触笔尾金属体或笔挂。当带电体与接地之间电位差大于 50V 时,氖泡产生辉光,证明有电。人手接触试电笔部位一定要在试电笔的金属笔盖或者笔挂,绝对不能接触试电笔的笔尖金属体,以免触电。

图 6-1　常用验电笔

二、螺丝刀与活动扳手

(一)螺丝刀

1. 使用方法

螺丝刀的使用方法如图 6-2 所示。

图 6-2　螺丝刀的使用方法

2. 使用注意事项

(1)带电作业时,手不可触及螺丝刀的金属杆,以免发生触电事故。

(2)不应使用金属杆直通握柄顶部的螺丝刀。

(3)为防止金属杆触到人体或邻近带电体,金属杆应套上绝缘管。

(二)活动扳手

1. 使用方法

活动扳手使用方法如图 6-3 所示。

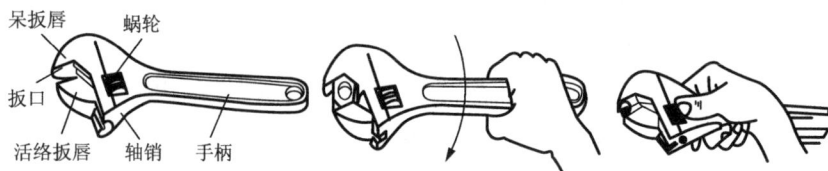

图 6-3　活动扳手

2. 使用注意事项

(1)活动扳手不可反用,以免损坏活络扳唇。

(2)不可用加力杆接长手柄加大扳拧力矩。

(3)不得当作撬棒和手锤使用。

三、钢丝钳、尖嘴钳、斜口钳、剥线钳、压接钳

(一)钢丝钳

1. 使用方法

铜丝钳使用方法如图 6-4 所示。

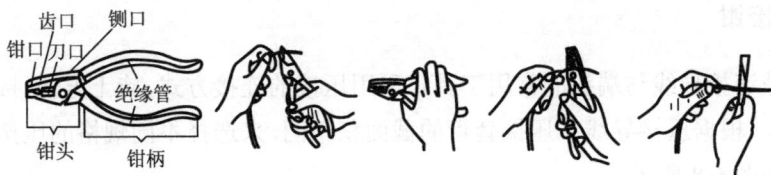

图 6-4　钢丝钳使用方法

2. 使用注意事项

使用前,使检查钢丝钳绝缘是否良好,以免带电作业,造成触电事故。

在带电剪切导线时,不得用刀口同时剪切不同电位的两根线(如相线与零线、相线与相线等),以免发生短路事故。

(二)尖嘴钳

尖嘴钳(图 6-5)的头部很尖,适用于狭小的作业空间。钳柄有铁柄和绝缘柄两种。绝缘柄主要用于切断和弯曲细小的导线、金属丝,夹持小螺钉、垫圈及导线等元件,还能将导线端头弯曲成所需的各种形状。

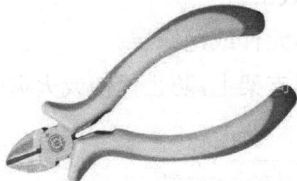

图 6-5　尖嘴钳

(三)斜口钳

斜口钳的钳柄有铁柄、管柄和绝缘柄三种。电工用带绝缘柄的短斜口线钳,如图 6-6 所示。用途:主要用丁剪断较粗的电线、金属丝及导线电缆。

(四)剥线钳

剥线钳是剥削小直径导线绝缘层的专用工具,如图 6-7 所示。

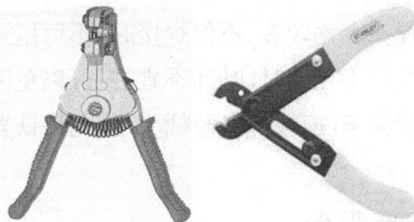

图 6-6　斜口钳　　　　　图 6-7　剥线钳

使用方法:使用时,将要剥削的绝缘层长度用标尺定好后,把导线放入相应的剥线钳刃口中(比导线直径稍大),用手将钳柄握紧,导线的绝缘层即被割破,然后剥离绝缘层。

（五）压接钳

压接钳是连接导线与端头的常用工具。采用压接的连接方式,施工方便,接触电阻比较小,牢固可靠。根据压接导线和压接套管的截面积不同,来选择不同规格的压接钳。压接钳的外形结构如图6-8所示。

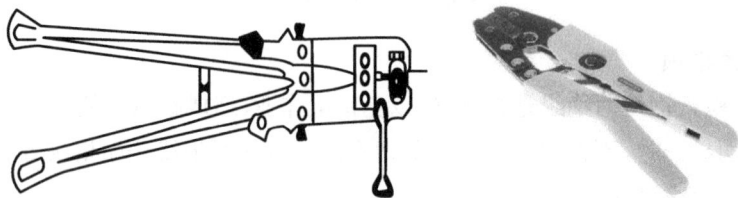

图6-8　压线钳

四、电烙铁

电烙铁的结构、分类及使用方法如图6-9、图6-10所示。

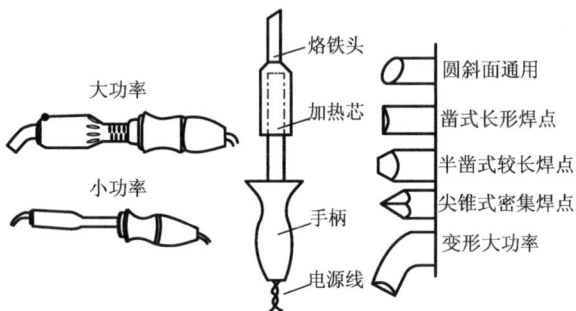

图6-9　电烙铁的结构分类　　　　　　　图6-10　电烙铁的握法

使用注意事项:

(1)使用前应检查电源线是否良好,有无被烫伤。

(2)焊接电子类元件(特别是集成块)时,应采取防漏电等安全措施。

(3)当焊头因氧化而不"吃锡"时,不可硬烧。

(4)当焊头上锡较多、不便焊接时,不可甩锡,不可敲击。

(5)焊接较小元件时,时间不宜过长,以免因热损坏元件或绝缘层。

(6)焊接完毕,应拔掉电源插头,将电烙铁置于金属支架上,防止烫伤或火灾的发生。

五、玻璃吸盘

玻璃吸盘如图6-11所示。

玻璃吸盘的使用方法:

（1）用干净的软布擦去不锈钢、瓷砖、玻璃等吸附面上的灰尘、污垢、油污等，安装前必须让吸附面完全干燥。

（2）按住吸盘的中心部位，朝吸附面用力压紧，并将吸盘里的空气排掉。

（3）按住吸盘并将吸盘柄压下，使吸盘更牢固地吸附在吸附面上。

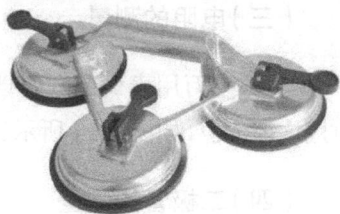

图 6-11　玻璃吸盘

第二节　常用仪器仪表

一、数字万用表

数字万用表用于诊断基本故障的便携式装置，主要功能就是对电气设备的电压、电流和电阻及二极管进行测量。

（一）电压的测量

将数字万用表调整为电压挡及适当量程，万用表并联在电路中。"V－"表示直流电压挡，"V～"表示交流电压挡；电压数值可以直接从显示屏上读取，如图 6-12 所示。

（二）电流的测量

将数字万用表调整为电流挡及适当量程，万用表串联在电路中。"A－"表示直流电流挡，"A～"表示交流电流挡；数值可以直接从显示屏上读取，如图 6-13 所示。

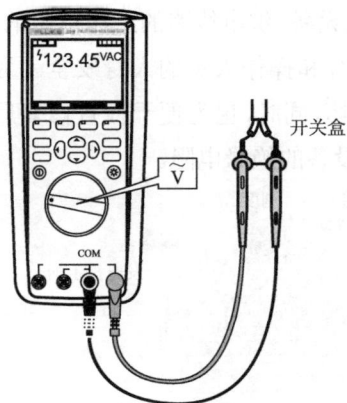

图 6-12　万用表电压测量示意图

图 6-13　万用表电流测量示意图

需要特别指出的是，如果误用数字万用表的电流挡测量电压，很容易将万用表烧坏。因此，在先测电流，再测电压时，要格外小心，注意随即改变转盘和表笔的位置。

（三）电阻的测量

将数字万用表调到欧姆挡"Ω"并选择适当量程，万用表与被测电阻并联，待接触良好时，读取数值，如图6-14所示。

（四）二极管的测量

将数字万用表调到二极管挡，用红表笔接二极管的正极，黑表笔接负极，两表笔与被测二极管并联，这时会显示二极管的正向压降；利用二极管挡测对地阻值，判断电路是否开路、短路，如图6-15所示。

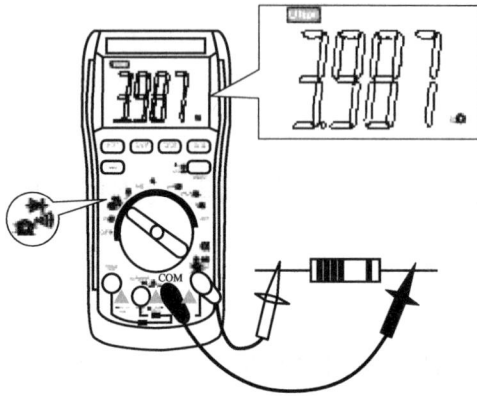

图6-14　万用表电阻测量示意图　　　　图6-15　万用表二极管测量示意图

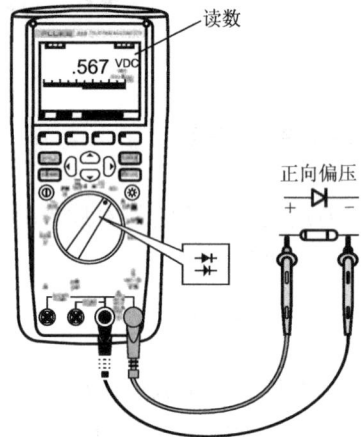

二、兆欧表

兆欧表（图6-16）是专供用来检测电气设备、供电线路的绝缘电阻的一种便携式仪表。电气设备绝缘性能，关系电气设备的正常运行和操作人员的人身安全。为了防止绝缘材料由于发热、受潮、污染、老化等原因造成的损坏，同时，也为便于检查修复后的设备绝缘性能是否达到规定的要求，都需要经常测量电气设备的绝缘电阻。

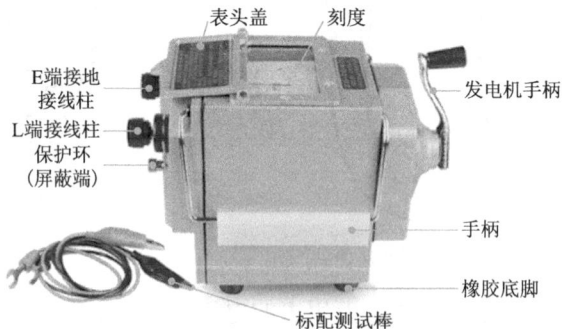

图6-16　兆欧表

（一）兆欧表的接线

（1）兆欧表有 3 个接线端钮，分别标有 L（线路）、E（接地)和 G（屏蔽）。

（2）当测量电力设备对地的绝缘电阻时，应将 L 接到被测设备上，E 可靠接地即可。

（二）兆欧表的检测

（1）开路试验。在兆欧表未接通被测电阻之前，摇动手柄，使发电机达到 120r/min 的额定转速，观察指针是否指在标度尺"∞"的位置。

（2）短路试验。将端钮 L 和 E 短接，缓慢摇动手柄，观察指针是否指在标度尺的"0"位置。

兆欧表检测如图 6-17 所示。

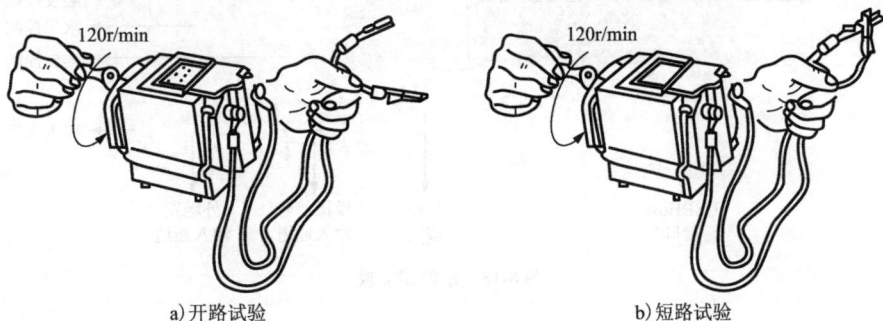

a)开路试验　　　　　　　b)短路试验

图 6-17　兆欧表检测示意图

（三）兆欧表使用注意事项

（1）观测被测设备和线路是否在停电的状态下进行测量；兆欧表与被测设备之间的连接导线不能用双股绝缘线或绞线，应用单股线分开、单独连接。

（2）将被测设备与兆欧表正确接线。摇动手柄时，应由慢渐快至额定转速 120r/min。

（3）正确读取被测绝缘电阻值。同时，还应记录测量时的温度、湿度、被测设备的状况等，以便于分析测量结果。

（4）兆欧表未停止转动之前或被测设备未放电之前，严禁用手触及兆欧表，防止人身触电。

三、示波器

示波器是一种用途十分广泛的电子测量仪器。它能把肉眼看不见的电信号变换成看得见的图像，便于人们研究各种电现象的变化过程。狭窄、由高速电子组成的电子束，打在涂有荧光物质的屏面上，就可产生细小的光点。在被测信号的作用下，电子束就好像一支笔的笔尖，可以在屏面上描绘出被测信号的瞬时值的变化曲线。利用示波器能观察各种不同信号幅度随时间变化的波形曲线,还可以用它测试各种参数,如电压、电流、频率、相位差、调幅等。

(一)示波器面板

示波器面板如图 6-18 所示。

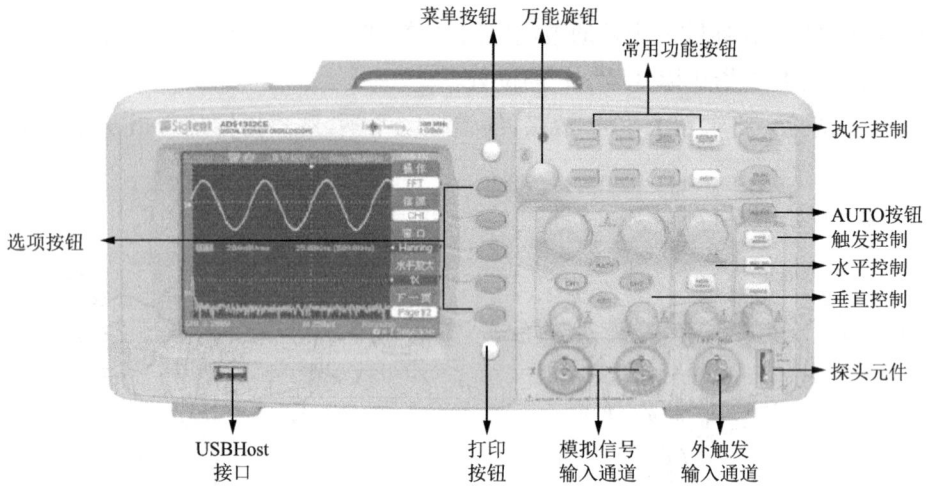

图 6-18　示波器面板

(二)工作原理

1. 显示电路

显示电路包括示波管及控制电路两个部分。示波管是一种特殊的电子管,是示波器一个重要组成部分。示波管由电子枪、偏转系统和荧光屏 3 个部分组成。示波器原理如图6-19 所示。

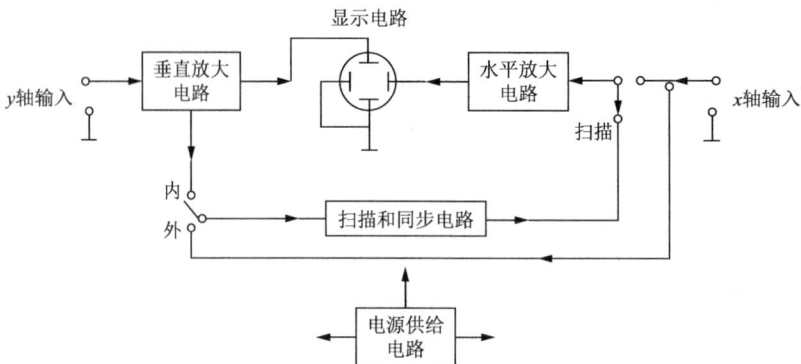

图 6-19　示波器原理示意图

2. 垂直(y 轴)放大电路

由于示波管的偏转灵敏度很低,例如常用的 13SJ38J 型示波管,其垂直偏转灵敏度为

0.86mm/V（约 12V 电压产生 1cm 的偏转量），所以被测信号电压一般都要先经过垂直放大电路的放大，再加到示波管的垂直偏转板上，以得到垂直方向的适当大小的图形。

3. 水平(x轴)放大电路

由于示波管水平方向的偏转灵敏度也很低，所以接入示波管水平偏转板的电压（锯齿波电压或其他电压）也要先经过水平放大电路的放大以后，再加到示波管的水平偏转板上，以得到水平方向适当大小的图形。

4. 扫描与同步电路

扫描电路产生一个锯齿形波电压。该锯齿形波电压的频率能在一定的范围内连续可调。锯齿形波电压的作用是使示波管阴极发出的电子束在荧光屏上形成周期性、与时间成正比的水平位移，即形成时间基线。这样，把加在垂直方向的被测信号按时间的变化，以波形展现在荧光屏上。

5. 电源供给电路

电源供给电路供给垂直与水平放大电路、扫描与同步电路，以及示波管与控制电路所需的负高压、灯丝电压等。

（三）操作注意事项

（1）触发方式须选择"自动"（在图 6-18 中的 TRIGGER 菜单中）。

（2）耦合方式应根据输入信号来选择是"交流"，还是"直流"（在 ch1 或 ch2 菜单中）。

（3）若波形不能调出，可按下"自动设置"按钮，示波器将各按钮设置为默认值。

（4）信号不能稳定下来时，需调节：

①若外加信号从 ch1 输入，在 TRIGGER 菜单中选择"信源"为"ch1"。

②若外加信号从 ch2 输入，在 TRIGGER 菜单中选择"信源"为"ch2"。

③如果是双通道输入，可任选其中之一。

④信源调整好后，再调节"触发电平"，让波形稳定下来。

（5）探头倍率应选 1×。

（6）注意屏幕上方和下方的所有文字与数字的信息量。

（四）测量直流信号步骤

（1）打开电源，按任意键退出自检画面。

（2）示波器的输入端 ch1 加上信号线，与直流稳压电源相连接（示波器的输入端 ch1 的地线接直流稳压电源地线）。

（3）按下 AUTO 自动设置钮。

（4）按下 UTILITY 钮，选取语言为中文(简)。

（5）按下 ACQUIRE 钮，选取获取方式为平均值，平均次数为 128。

（6）按下 ch1 菜单，耦合方式选接地，调节位置旋钮，将接地线调到适当位置。调整伏／

格为5.00V/格（明显标出），探头1×，反相关闭。

（7）再将耦合方式选直流，屏幕上的线将上跳2格（需将地线明显标出）。

（五）测量交流信号步骤

（1）打开电源，按任意键退出自检画面。

（2）示波器的输入端ch1加上信号线（示波器的输入端ch1的地线接信号地线）。

（3）按下AUTO自动设置钮，按下ch1菜单，耦合方式选交流，调整伏/格为2.00V/格（明显标出），探头1×，反相关闭。

（4）按下TRIGGER菜单，信源选ch1。

（5）调节触发电平，可使波形稳定下来。

（6）按下MEASURE钮，可测量信号的频率、周期、峰-峰值等。

（7）信源选ch1，类型依次调整为周期、频率、峰-峰值等。

（8）按下CURSOR钮，可用光标测量信号的电压、周期。

类型选电压，移动位置旋钮，将光标1放在波形的上端，光标2放在波形的下端，圈出增量数，再将类型改为时间；移动位置旋钮，将光标1放在波形的左端，光标2放在波形的右端，圈出增量数。

四、钳形电流表

使用钳形电流表可直接测量交流电路的电流，不需断开电路。

钳形电流表外形结构如图6-20所示。测量部分主要由一个电磁式电流表和穿心式电流互感器组成。穿心式电流互感器铁心做成活动开口，且成钳形。

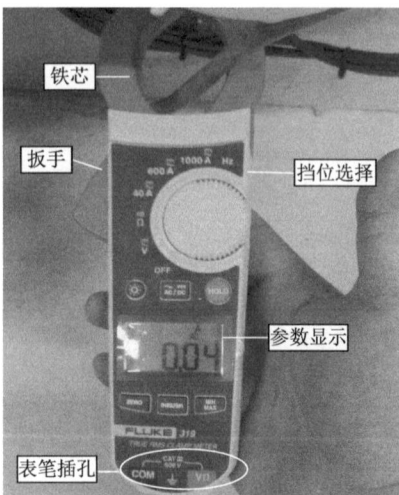

图6-20　钳形电流表

（一）原理

当被测载流导线中有交变电流通过时，交流电流的磁通在互感器副绕组中感应出电流。该电流被电流表转化成数字信号，在钳形电流表的表盘上可读出被测电流值。

（二）使用方法及注意事项

（1）测量前，应检查读数是否为零，如不为零，则应进行调整。

（2）测量时，量程选择旋钮应置于适当位置，将被测导线置于钳口内中心位置，以减少测量误差。

（3）如果被测电路电流太小，可将被测载流导线在钳口部分的铁芯上缠绕几圈再测量,然后将读数除以穿入钳口内导线的根数,即为实际电流值。

(4)钳形电形表只能测量单一线路的电流,测量三相电流时要分别测量。

(5)使用钳形电流表测量时,要注意与带电体保持足够的安全距离,避免发生触电事故。

(6)钳形电流表用完后,应关闭电源,置于通风阴凉处。

五、蓄电池内阻测试仪

目前,蓄电池内阻的测试已被广泛应用于电池的日常维护,取代过去的电池电压检查法。因为蓄电池内阻是反映电池内部的参数,电池的内阻已被公认是准确而快速地判断电池健康状况的重要参数。

蓄电池内阻测试仪是快速、准确测量电池运行状态参数的数字存储式多功能便携式测试仪器,如图 6-21 所示。该仪表通过在线测试,能显示并记录多组电池电压、内阻、连接条电阻等电池重要参数,精确判别电池状况,并可与计算机专用电池数据分析软件一起构成智能测试设备,进一步跟踪电池的衰变趋势,提前报警,以利于工程技术及管理人员酌情处理。

图 6-21 蓄电池内阻测试仪

(一)主要功能

(1)在线测量电池的电压、内阻等参数。

(2)电池内阻、电压超限报警。

(3)电池参数全部按分组编号,便于数据管理。

(4)配套强大的计算机电池状态智能分析软件,实现对电池的"病历"跟踪分析。

(二)主要特点

(1)高精度在线测试,全自动量程转换,大容量数据存储。

(2)仪表在 $0.000 \sim 99.999 \text{m}\Omega$ 测量范围自动转换量程。

(3)可永久存储 999 组电池参数(每组最多 500 节电池),可永久存储 200 组电池组设置参数。

(4)菜单操作,320×240 汉字液晶显示。

(5)通过 USB(或 RS232)接口,将测试数据永久存储在计算机上,实现对电池的"病历"跟踪分析。

(6)强大的数据管理功能,测试仪可脱离计算机单独使用。

(7)增强的过压保护功能,测试仪工作更安全可靠。

（8）自动恢复过流保护功能，测试仪使用更方便，使用最新的 SOC 芯片，使电路大大简化，提高了测试仪可靠性。

（9）大容量锂电池、适配器、两套电源供电，方便用户使用。

（10）电池欠压智能提示，确保测试精度。

（11）体积小，质量轻，自动测试模式方便用户测量。

（12）完善的计算机测试数据分析管理软件，自动分析、判断电池的劣化状态。

（13）形成历史记录库，描述电池状态曲线，对同组电池进行对比分析，所有电池分级管理（优、良、中、差）。

第七章　屏蔽门设备实操平台搭建

岗位应知应会

1. 通过实操平台，认识屏蔽门系统的所有设备。
2. 了解屏蔽门设备实操平台的组成。

重难点

重点：实操平台搭建的具体内容。

第一节　现　状　分　析

随着城市轨道交通建设的快速发展，急需一大批高素质、有维护经验的作业人员。目前，屏蔽门检修工作业培训主要是通过理论学习、现场操作等方式进行的。但是，这些培训方式有着非常大的局限性。首先，这种培训方式会对正常的行车任务带来影响；其次，为了保证工班的正常运行，无法安排太多学员夜班学习培训；更为重要的是，由于在真实线路上学习，新学员在学习过程中遇到特殊情况的概率很小，特殊情况下处理能力很难在传统培训模式下得到提高。

与传统的培训模式相比，搭建屏蔽门设备实操平台，进行屏蔽门作业人员的实操培训考核，能很好地解决传统屏蔽培训模式下诸多难以克服的问题。首先，利用屏蔽门设备实操平台进行培训的人员，不参与实际列车行车任务，不干扰正常行车，因此在安全性上有绝对保证。其次，屏蔽门设备实操平台能够为学员提供足够的学习时间和操作经历，因此，在时效性上也具有很大优势，同时大幅提升了学员的动手能力。因此，屏蔽门设备实操平台为屏蔽门作业人员提供了一个安全规范的学习、培训和考试平台。

第二节　平　台　搭　建

屏蔽门设备实操平台由屏蔽门样机搭建而成，其技术参数完全满足建设合同中所有工艺、功能、性能及其他要求。实操平台可进行操作、控制、监视、报警，同时具备各种安全保护，是一套完整的屏蔽门系统。实操平台主要包括：

（1）滑动门、固定门、应急门、门槛、密封及绝缘件。

（2）门机（含驱动电机、传动装置、门锁等）、门控单元（DCU）。

（3）一套完整的电源开关柜、开关柜至门机的供电电缆、控制线缆、接地电缆、通信电缆。

（4）完整的就地控制盘、中央控制盘以及调试、接口试验用的模拟装置。

（5）配备滑动门、应急门、端门的门锁、轨侧开门把手、站台侧开门钥匙等装置，并设置相应标识。

（6）屏蔽门顶箱／安全门侧盒（含盖板），设有门状态指示灯。

（7）配备紧急命令接口端子及一套接口调试装置；能现场模拟综合监控、信号等系统的接收、发放信息。

（8）配备控制系统应用软件、通信实验装置、网络接入设备。

（9）一套专用维修工具和安装工具。

第八章　屏蔽门设备典型故障

岗位应知应会

1. 本章主要针对屏蔽门设备典型故障,对故障进行分析,让学员明确故障的分析方法,及相应的处理措施。
2. 了解故障原理,并具有举一反三的能力,对未遇到过的问题有一定的分析能力。

重难点

电源、闸锁等故障的处理方法。

第一节　屏蔽门门机电源模块故障

一、故障现象

下行滑动门第 2-2、3-2、4-2、5-2、6-2 单元无法联动打开(站台每侧屏蔽门各门单元的编号形式:从站台上行 / 下行方向头端墙开始往尾端墙方向依次编号,分别为上行(或下行)第 1-1 单元~第 1-4 单元,第 2-1 单元~第 2-4 单元,第 3-1 单元~第 3-4 单元…

二、处理过程

检修人员切断总电源和 UPS 供电并重新启动中央控制盘。如故障仍然存在,对故障门供电电压进行测量,发现故障门开关电源模块进线电压为直流 110V(正常),输出电压为直流 0.3V(正常为 48V)。对调第 2-1、2-2 单元电源模块,第 2-2 单元设备恢复正常,第 2-1 单元无法动作,最终确定电源模块损坏。列车停运后,对故障门电源模块进行了更换,经通电测试,设备恢复正常。同时,对上级供电回路进行测量,自动双切箱提供三相五线制供电,相电压显示为 228V,线电压显示为 396V,均属于正常范围。再次测量交流电,经整流后输出驱动电源回路为 120V,电源模块更换后,上电测量输出电压为 48.5V,属于正常范围。

三、原因分析

通过查看 PSA 数据库,发现下行第 2-2、3-2、4-2、5-2、6-2 单元的滑动门 EDA 中断

（电源模块故障会造成此现象），测量第 2-2、3-2、4-2、5-2、6-2 单元的五道滑动门门头内电源模块电压发现，输入电压为直流 110V，输入电压值正常；输出电压为直流 0.3V，输出电压值不正常，正常应为 48V。通过对调滑动门第 2-1 单元与故障门第 2-2 单元的电源模块，第 2-2 单元恢复正常，第 2-1 单元出现故障。最终判断为开关电源模块损坏，开关变压器接触不良，造成输出电压下降。电源模块内部结构如图 8-1 所示。

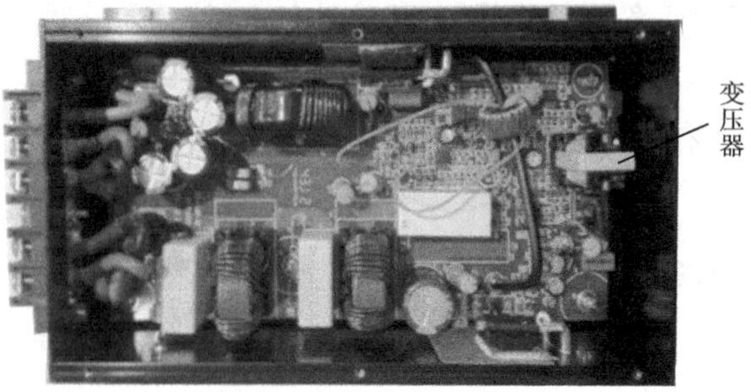

图 8-1　电源模块内部结构

四、所采取的措施

将故障电源模块返厂维修。因开关电源模块负责给滑动门门控单元 DCU 及电机供电，属于核心部件。在"检修规程"中，增加对电源模块输出电压的测量。以郑州市轨道交通 1 号线为例，由于每站电源模块为 48 套，数量较多，且为 4 路独立供电，在检修作业时，连续抽测 4 道滑动门电源模块输出参数值，并检查电源监控平台的故障信息。

第二节　屏蔽门导靴安装板脱落故障

一、故障现象

屏蔽门导靴安装板脱落，滑动门存在晃动现象。

二、处理过程

专业人员接到故障通知后，立即赶到现场进行抢修，电客车限速 25km/h 进出车站。当日运营结束后，专业人员进行抢修，对滑动门导靴安装板进行了加固处理，屏蔽门恢复正常使用。

三、原因分析

滑动门导靴结构如图 8-2、图 8-3 所示,滑动门导靴安装板为通长设计,导靴分为 2 段,每段用 3 个 M3 螺钉固定在导靴安装板上。导靴安装板通过中间 3 个、两端各 2 个共计 7 个 M3 螺钉固定于滑动门下横框底部,与滑动门下横框连接的不锈钢管壁厚度为 2mm,M3 螺距为 0.5mm,有效螺纹圈数为 3 圈。导靴及安装板承受门体侧偏压力(由于运动构件与门槛有摩擦及碰撞)和隧道风压,因此导靴安装板及导靴均是受力构件。采用小规格螺钉的连接强度不能满足导靴的经常运动、摩擦、振动和长期受力。

图 8-2 导靴整体图

图 8-3 导靴局部结构

从产品更换和维护方面分析,该导靴安装在滑动门下横框底部,距离门槛表面的间距仅为 20mm 左右,而 M3 紧固螺钉须使用螺丝刀进行紧固和拆卸,无法正常拆卸和维护。导靴的更换及螺钉紧固需要拆卸防爬板(图 8-4)后进行,如须更换导靴安装板,难度很大,需把整扇滑动门轨行区侧防爬板及门槛拆下,方可进行。

从现场安装环境及设计思路可知,导靴部位属于隐蔽工程,超出正常维修保养范围,然而该导靴结构的连接强度不够、螺钉选型不合理,产品设计存有缺陷。对比国内其他屏蔽门厂家的导靴结构(图 8-5),其安装板采用 9 个 M6 不锈钢螺钉,该螺钉紧固在滑动门下横框侧面铆螺母上,可长期有效紧固,无须维护。

图 8-4 滑动门防爬板

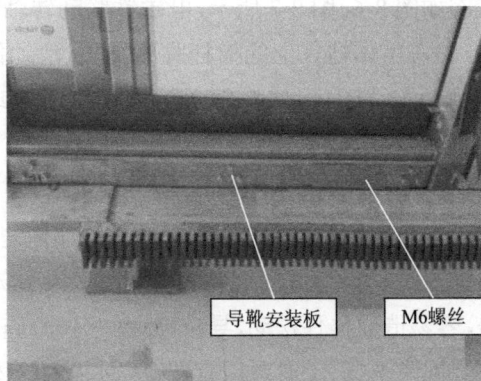

图 8-5 某厂家导靴图

四、采取措施

导靴安装板脱落原因为：导靴，结构设计不合理，导靴及安装板无法承受长期的隧道风压和门槛部件的反复摩擦。经充分讨论，决定采用氩弧焊接方式处理。门体和导靴安装板均采用 304 不锈钢，采用现场氩弧焊接方式，焊接时需调整好导靴安装板位置后再焊接，此方式只须拆卸滑动门下防爬板与坎踏步板就可操作，焊接后，结构强度大。

第三节　屏蔽门滑动门闸锁回弹不畅故障

一、故障现象

滑动门关门后，门头灯延迟熄灭或一直闪烁。

二、处理过程

车站人员临时将该故障滑动门隔离，手动关闭门体。专业人员赶到现场后，调整闸锁转动机构并充分润滑后，设备恢复正常。

三、原因分析

屏蔽门闸锁为转动机械锁，滑动门接收到开门命令后，闸锁上的电磁铁上电吸合，解锁状态如图 8-6、图 8-7 所示，电磁铁联动转轴脱扣，闸锁上的锁盘依靠自身重力作用逆时针转动，左右门体挂件上的撞杆脱离锁扣，滑动门打开。滑动门接收到关门命令后，滑动门执行关闭动作，左右门体挂件上的撞杆撞击转动机构，锁盘顺时针旋转，联动转轴正好卡入锁盘预留锁扣，锁盘将无法逆时针转动，左右门体挂件上的撞杆被锁闭。锁紧状态如图 8-8、图 8-9 所示。

分析闸锁联动机构可以看出，各部件之间的啮合间隙很小（约 2mm），对设备安装精度要求很高。因为滑动门左右挂件是反复运动的部件，开关门过程伴随着部件之间的正常撞击，容易造成挂件松动，导致移位。另外，施工过程中安装调试精度不够。综上所述，滑动门闸锁回弹不畅、卡滞原因有四个，即左右门体安装调整不对中，滑动门挂件因撞击松动，闸锁锁头轴承润滑不畅，皮带长时间运转产生一定形变伸长后出现松弛。

图 8-6　闸锁解锁状态(正面)

图 8-7　闸锁解锁状态(反面)

图 8-8　闸锁锁紧状态(正面)

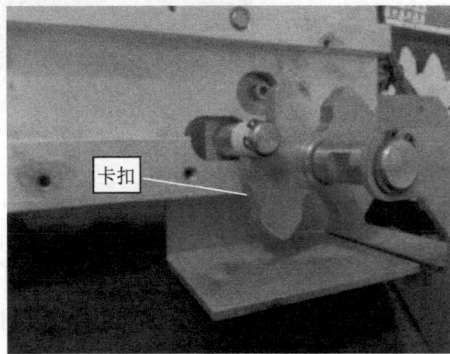

图 8-9　闸锁锁紧状态(反面)

四、所采取的措施

针对滑动门闸锁回弹不畅、卡滞的具体原因,分别采取以下措施:

(一)门体不对中

因门体调整耗费时间太长,本着"发现一处,彻底解决一处"的原则,施工遗留的门体不对中问题逐步得以解决。

(二)滑动门挂件松动

滑动门挂件因撞击而产生松动无法避免,将易松动的门体挂件列入重点关注对象,在保养时重点处理,降低该故障发生率。

(三)锁头轴承润滑不畅

将闸锁锁头轴承润滑列入保养计划中,因润滑油易沾染灰尘,每次保养时喷洒不宜过多。

（四）皮带松弛

因前期施工调整不到位或因季节变化因素都会造成皮带松弛或张紧。将皮带张紧测试列入季度检修抽查项目，可以有效降低该故障的发生率。测试方法为：将 2kg 重力砝码放置在皮带中间部位，如图 8-10 所示。皮带垂直方向下降 25 ～ 40mm 之间属于正常范围，超出此范围，须调整皮带。

图 8-10　皮带张紧测量

（五）故障点评

滑动门闸锁回弹不畅、卡滞一直是屏蔽门系统的常见故障。屏蔽门作为频繁动作的设备，受到隧道风压的作用，容易导致滑动门闸锁回弹不畅或卡滞故障，要彻底解决此类故障并非易事，施工安装阶段就需要细心精调，从源头入手，避免出现门体分中不对称现象。运营阶段，需要在检修保养时按照检修规程，将把控措施逐一落实到位，避免出现漏检漏修。

屏蔽门系统除了门机电源模块、导靴安装板脱落及闸锁回弹不畅的故障外，常见的故障还有滑动门剐蹭门槛、滑动门分中不适、限位器松动、滑动门剐蹭立柱胶条、端门锁芯卡滞、控制系统故障及工控机死机等。

电扶梯检修工

|第一篇| 基础知识篇

第九章　城市轨道交通电扶梯设备概述

电扶梯分为电梯和自动扶梯。

电梯是用电力拖动，具有乘客或载货轿厢，轿厢运行与铅垂方向倾斜不大于15°角的两列刚性导轨之间，运送乘客或货物的固定设备。

城市轨道交通车站必须满足无障碍设施设计的相关要求。在城市轨道交通车站中，电梯同时兼顾着大尺寸、重的物体垂直乘降功能。

自动扶梯是带有循环运动梯路、向上或向下倾斜运送乘客的固定电力驱动设备。自动扶梯由驱动装置带动主驱动轴及链轮→梯级链轮及扶手带链轮在其导轨上运动→带动梯级和扶手带循环运动。

自动扶梯作为城市轨道交通车站内集散乘客的主要运输工具，它可以将乘坐城市轨道交通的乘客安全、快捷、舒适地送入或送出车站，是城市轨道交通车站建筑设计中非常重要的一个环节。

自动扶梯作为主要的运载工具，有效地解决地面至站厅、站厅至站台不同标高间乘客的乘降需要，改善乘客乘车条件，增加乘车舒适度。

电扶梯属于特种设备，河南省特种设备安全监察机构依法对电梯维修保养实行监督管理，即每年实行年检，并发年检合格证，张贴有效的年检合格证的电扶梯方可投入使用。

第一节　城市轨道交通电扶梯设备主要技术标准

特种设备，是指对人身和财产安全有较大危险性的锅炉、压力容器（含气瓶）、压力管道、电梯、起重机械、客运索道、大型游乐设施、场（厂）内专用机动车辆，以及法律、行政法规规定适用《中华人民共和国特种设备安全法》的其他特种设备。

国家对特种设备实行目录管理。特种设备目录由国务院负责特种设备安全监督管理的部门制定，报国务院批准后执行。电梯设备属于国家规定的特种设备名录，其相关的法律规范主要有：

一、电扶梯相关法律

电扶梯相关法律有《中华人民共和国特种设备安全法》、《特种设备安全监察条例》（中华人民共和国国务院令第549号）。

二、电扶梯技术规程标准

电扶梯技术规程、标准包括：《电梯监督检验规程》、《特种设备注册登记与使用管理规则》、《特种设备质量监督与安全监察规定》、《自动扶梯和自动人行道的制造与安装安全规范》（GB 16899—2011）、《电梯制造与安装安全规范》（GB 7588—2020）、《电梯安装验收规范》（GB/T 10060—2011）、《电梯监督检验和定期检验规则曳引与强制驱动电梯》（TSG/T 7001—2009）、《电梯监督检验和定期检验规则自动扶梯与自动人行道》（TSG/T 7005—2012）。

此外，有关城市轨道交通行业的其他国家标准，以及其他地方标准、行业标准、国际标准等对电扶梯系统也有相关定义和规范要求，此处不再赘述。

第二节　城市轨道交通电扶梯设备功能及其实现

伴随经济的发展，人们对出行工具要求也越来越高，其中服务水平是人们考虑的重要方面之一。城市轨道交通以为乘客提供舒适、便利的服务为基本原则。其中电梯功不可没，电梯设备以其能够连续运送乘客、生产效率高、运输能力大，为乘客能够快捷从车站进出提供了保障，并大大缩短了乘客在站停留时间。

相对于一般场合所使用的电梯设备，城市轨道交通电梯设备更侧重于大运量、安全性、紧凑型和节能环保等方面。

根据城市轨道交通人流周期性特点，电梯设备特别是自动扶梯设备，从设计选型到后期生产安装都注重公交重载型的要求，主机、各类传动链条、梯级、扶手带、机仓盖板及侧壁板都要满足自动扶梯重载型要求。

城市轨道交通行业电梯设备要更加注重安全性。由于电梯设备易发生安全事故，电梯新国标明确要求提升高度超过 6m 的自动扶梯加装附加制动装置。城市轨道交通自动扶梯全部加装附加制动装置,另外自动扶梯与侧墙夹角全部增加阻挡装置。

由于考虑到城市轨道交通场所空间有限,电梯设备基本采用结构更加紧凑的无机房电梯。无机房电梯曳引机、变频器等元器件安装在电梯井道内,控制柜更加紧凑。

考虑到节能环保的要求及城市轨道交通客流的特点,城市轨道交通行业电梯设备基本采用变频启动方式。另外,自动扶梯检测到一段时间无乘客进入,自动扶梯自动变为缓慢运行的节能模式,以降低电量和增加设备的使用寿命。

第三节　我国城市轨道交通电扶梯设备的发展趋势

一、电梯生产的概况

我国电梯事业发展的历史较短,在中华人民共和国成立之前,只有上海、天津、北京有美国奥的斯电梯公司的维修服务站,但也只能修配电梯零件,根本不能制造电梯。中华人民共和国成立后,自 1952—1954 年间,我国先后在上海、天津、沈阳建立了三家电梯生产厂。20世纪 60 年代,我国又在西安、广州、北京等地先后建立了电梯厂。至 1972 年,全国电梯定点生产厂家有 8 家,年产电梯近 2000 台。自 1978 年以后,在经济增长和基建规模扩大的情况下,电梯市场在 1985 年完全由卖方支配,这一形势大大加快了电梯生产企业的增长速度,全国各地出现了一大批中小电梯厂,至 1999 年,全国共有电梯生产厂家 400 多家,年产电梯近 3 万台。

电梯品种从一般载货电梯发展到乘客电梯、高级乘客电梯、自动扶梯(包括小高度、中高度、大高度的单人、双人自动扶梯)和自动人行道等产品。并从 1996 年开始,天津、上海等电梯厂有少量产品销往国外。

电梯的操纵方式也从手柄开关控制发展到按钮信号控制和集选控制,直到多台电梯的梯群控制。

在发展电梯控制新技术方面,1979 年以前,我国已有一些电梯厂和科研单位合作研究和试验半导体无触点的电梯控制系统和多项电梯制造和控制新技术。但是国内基础工业水平低,配套元器件质量差,不能满足电梯的可靠性要求。从 1997 年开始,国内几家主要电梯生产厂先后和国外电梯公司合资生产、销售电梯产品。首先,在 1980 年北京电梯厂、上海电梯厂和瑞士迅达电梯公司合资成立了国内第一家电梯合资生产企业——中国迅达电梯有限公司。之后,在 1985 年,天津电梯厂与美国奥的斯电梯公司合资成立了天津奥的斯电梯有限公司。1987 年,上海长城电梯厂与日本三菱公司合资,其他还有广西柳州电梯厂与(联邦)德国慕尼黑电梯公司合资、广州电梯厂与日本日立电梯公司合资、苏州电梯厂与瑞士迅达电梯公司合资成立苏迅电梯有限公司。随着技术引进和新产品开发,国内电梯市场竞争日益加剧,电梯产品的产量、质量和技术水平也在竞争中迅速提高。目前,国内已能批量生产微型计算机控制的货梯、客梯,交流调速拖动的技术水平也在迅速提高。1999年,全国运行的电梯已超过30万台。

电梯技术的提高主要表现在以下几个方面。

(1)微型计算机在电梯控制系统中得到日益广泛的运用,从而取代了传统数量众多的继电器有触点控制系统,大大缩小了控制柜尺寸,减少了机房占地面积,这在高层电梯上尤为显著。除电梯安全规范规定的安全保护回路必须由有触点电器元件组成外,其余大部分控制电路都是采用了微电子固态电路。提高了电梯的运行性能和使用效率,减少了乘客的等候时间,使乘用电梯变得更方便、更快捷。交流感应电动机的交流调速电梯得到了广泛的应用,在很大范围内取代了耗能量大的直流发电机——电动机拖动的电梯。自20世纪80年代初日本三菱公司推出变频变压调速系统以来,该技术已日益成熟,这种拖动技术可降低电梯所在大楼的电源容量,减少机房载荷,节能减耗,运行可靠。此外,美国奥的斯电梯公司也研制了交 - 交调频调速拖动的交流高速电梯。

(2)在直流拖动技术方面,可控硅供电的直流拖动电梯得到了进一步完善和发展。这种控制技术减少机房面积,降低电耗,降低噪声。目前,在高速电梯拖动上还有着强大的生命力。

为了简化电梯的驱动控制系统,提高电梯运行性能;当今国际上各主要电梯生产厂商都专门设计、制造适用于电梯拖动特性的交流感应电动机和低转速的直流电动机,以适应电梯的四象限运行(以电动机的转速为纵坐标轴,以转矩为横坐标轴建立的直角坐标系,用来描述电动机的四种运转状态,即正向电动、回馈发电制动、反接制动、反向电动。每一种状态的机械特性曲线分别在直角坐标系的四个象限,如果装置只能满足电动机的电动运转状态,那么它就是单象限的;如果装置驱动在电动状态时,能够从电动状态进入第二象限运行,也能从电动状态进入第四象限运行,那么装置是四象限)工作状态的需要,尤其对电动机的机械特性、启动力矩、单位时间启动次数等都有特殊要求。目前,尤以永磁同步电动机的发展最为迅速。

曳引机结构性能正不断得到改进。曳引机的体积逐渐缩小,蜗轮减速传动的效率得到了很大的提高。同时,体积更为紧凑,减速范围更大,传动效率更高的行星齿轮减速器正逐步应用于电梯曳引机。曳引机制动器的性能也在不断提高。高效盘式制动器的应用,使电梯曳引机实现了多点独立制动,大大提高了制动机构的安全可靠性,制动器还具备磨损监控、故障报警等功能。

(3)永磁材料的技术进步,使永磁同步电动机得到了飞速发展。采用这一技术的无机房曳引电梯对传统电梯技术的规范提出了挑战。具有环保、节能、占有空间小等优点的无机房电梯正在快速发展。现代建筑形式的多样化,要求电梯结构有更大的适用性。为在不同环境中能够适应不同结构的建筑物中垂直运输的需要,各电梯生产厂商对电梯结构部件进行着不断的改进。如减小轿厢架高度以适应低层距、低顶层的大楼结构;以无机房的结构设计,提高建筑物顶部结构的设计灵活性;降低液压缓冲器的高度,以减小底坑深度;加强轿厢、曳引绳、底坑部件的防护性,以适应露天工作的要求。

(4)在电梯轿厢结构和装饰方面发展了双层及多层轿厢的客梯和各种外形的观光电梯,电梯轿厢内外装饰日益多样化,从而也促进了电梯安全规范修订中允许采用如玻璃等非金属材料来制造轿厢等部件。

二、公共交通型自动扶梯发展

(一)公共交通型自动扶梯发展特点

自动扶梯经过一百多年的研究发展,已经成为一种比较成熟的产品。但是,目前世界上的大型电梯公司,如美国奥的斯电梯公司、日本日立集团、迅达集团、日本三菱公司等依然投入大量的人力、物力对自动扶梯和自动人行道进行研究开发。其研究重点主要集中于节能、环保和安全方面。

1. 节能

(1)自动调节电压法。该方法的原理是根据电动机的负载,利用新型节能器自动调节电动机的工作电压,使之能耗最小。新型节能器按照电量的有效值检测电动机的功率因数,而且应用瞬时检测技术,在电动机全部运行时间内对其各相的电压、电流和相位进行检测,据此来调节电动机的端电压,使电动机在不同负载情况下处于最佳状态,功率因数和效率都得到提高,能耗最小。节能的多少取决于负载的大小,节能约在 20% ~ 50%。

(2)"自动重新启动"运行模式。该运行模式即自动扶梯在无乘客时自动停止运行,当有乘客时又自动重新启动的一种运行模式。该运行模式已被自动扶梯有关标准所认可,其节能相当可观,节能大小取决于停梯时间的长短。此外,该运行模式也使自动扶梯的磨损大大减少,从而延长了自动扶梯零部件的寿命。

(3)Y-△切换法。该方法的基本原理是:当扶梯启动时,电动机按 Y 接法启动,不再通过时间原则切换成 △ 接法运行,而是乘客数量增加到设定的数量之后,电动机切换成 △ 接法运行。当乘客数量减少到设定的数量之后,电动机又切换成 Y 接法运行,如此反复。经过测试,Y 接法比 △ 接法节能又加显著,节能可达 20%,相当可观。

(4)变频驱动。该方法的关键在于使用高性能的变频器,如"交 - 直 - 交"PWM 型变频器。由于变频器的采用,可以在无人时很容易实现在极低频率、极低电压工况下,对电动机供电,使自动扶梯以极低的速度运行。其节能效果可以与"自动重新启动"运行模式相媲美,甚至超出。因为变频驱动可以使扶梯在轻载的工况下,实现降压节能运行。

2. 环保

(1)无润滑型自动扶梯。该自动扶梯的关键是梯级链采用了齿条与过渡型齿条的传动方式,而该过渡型齿条又与电动机采用了齿轮与齿条的传动方式。在整个扶梯的运行过程中,不需要润滑油。该自动扶梯摒弃了传统扶梯采用的链条传动模式,从而避免了润滑油的污染。

（2）无重金属污染。目前很多公司自动扶梯照明系统多采用的是日光灯管，但是该方法存在着日光灯管破裂后水银污染环境的风险。因此，部分公司已经开始使用 LED 照明系统替代传统日光灯管的照明系统，以降低扶梯照明系统对环境的危害。

3. 安全

强调安全性的自动扶梯以移动式裙板扶梯为代表。该自动扶梯的原理是将梯级踏板和围裙板组成为协调运行的单一模块，梯级踏板和围裙板成为协调运行的单一模块。该自动扶梯的梯级与裙板之间无任何间隙，从而避免在该区域发生手指被轧，而这一区域正是传统自动扶梯的主要危险区域所在。

（二）公共交通型自动扶梯特征

由于自动扶梯的应用场所和范围不同，对于自动扶梯的要求也不尽相同。公共交通型自动扶梯的技术要求相比于普通扶梯，要求更高。主要要求有以下几点：

首先，公共交通型自动扶梯一般应用在公共场所，工作环境较为复杂，承载力和负荷程度大，载荷运转要求高效简洁。所以，公共交通型自动扶梯应能保持足够的动力，一旦出现问题，一定要及时修补，避免造成人员伤亡。

其次，公共交通型自动扶梯的外部环境较为嘈杂，工作环境具有很大的不可控性，突发事故时有发生。自动扶梯结构使用寿命较为有限，为维持一定的使用寿命，要保证防锈骨架的可靠性。不过，自动扶梯防锈能力的增强应在适应外部环境的前提下进行。

另外，梯级链应该具有较高的耐用度和较强的滚轮承重力。

（三）公共交通型自动扶梯的未来发展

我国的市场经济发展正趋于完善和稳定，城市建设的规模已经逐渐扩大。随之而来的是交通拥堵现象的日益严重。而城市轨道交通可以很好地解决当前的道路拥挤问题。近些年来，我国为了能够有效控制投资成本，同时提高国内设施的服务能力，要求城市轨道交通设施国产化应该达到 60% 以上。各企业为了能够适应当前社会的需要，在公共交通型自动扶梯科研等方面和相关领域加大了开发和推广力度，期望能够将自动扶梯相关技术在实际生产中加以推广。

第四节　电梯技术的发展趋势

自 1889 年第一台电梯诞生以来至今，电梯种类越来越多，电梯的技术渐渐向网络化、高端化、智能化、节能化发展。2011 年我国电梯产销量约 45 万台，相比 2010 年增长约 23%。

在过去的几年中,我国电梯产量、保有量以及年增长量均为世界第一。当前科学技术飞跃发展,深入研究与分析世界电梯技术的最新发展动态,对电梯技术发展有着重要的意义。

一、智能化技术

计算机技术、通信技术与控制技术的发展,为高楼大厦的智能化提供了条件。电梯作为智能建筑物中的重要交通与运输工具,其技术和发展受到越来越广泛的重视和关注。另一方面,若电梯与智能化大厦中的其他自动化系统联网,如与楼宇控制系统、消防系统、保安监控系统等,这样智能电梯就能更好地为居民与用户提供更高效、更优质、更安全舒适的服务。

电梯的智能化主要体现在其系统架构、系统控制与系统信息共享方面。所谓智能电梯,是指利用身份识别技术,如指纹电路、IC卡、密码、视网膜等,使轿厢内管制人员出入特定楼层,并且具有时间、空间分区管制的智能化控制系统。智能电梯在应用身份识别技术时,应与该楼的管理水平与技术相结合,来综合考虑,从而实现与整个建筑自动化管理系统相连接,依托系统的整合,进一步实现电梯的安全与智能化管理。

智能技术的高级应用还体现在电梯群控系统。随着大型、高层建筑的兴起,大厦内部配置多台电梯已是常态,这样多台电梯局部(个体)运行效率与电梯群的整体运行效率之间就涉及一个多目标优化问题。因此,在电梯群控制系统中必须考虑全局运行效率优化的问题,合理分配与调度电梯,兼顾系统服务质量和能耗。电梯智能群控系统,与网格技术类似,将电梯群与计算机作为系统节点进行联系,充分利用与扩充智能电梯群控系统的软硬件资源的计算、存储、管理与控制能力。在智能电梯群控系统中,常常被采用的技术主要包括:基于黑箱理论的模糊控制技术,基于推理引擎的专家系统,智能优化算法(粒子群遗传算法、神经网络技术、模拟退火算法、禁忌搜索等),网络化技术,物联网技术等。上述技术的发展必将推进智能建筑的快速发展,而电梯的智能群控系统也必将在深度与广度上实现更高层次的系统协同与整合。

二、远程监控技术

电梯故障中,困人故障一直是电梯使用与运行的一大安全隐患。在20世纪80年代,便有在轿厢中安装摄像和通信设备构建的电梯监视系统,从而便于被困人员与外界联系。但是,这种方式的局限性在于采用点对点的方式,实现电梯受困人员与大楼电梯监控人员之间的通信。事实上,在解除困人故障,尤其是重大困人故障中,与专业人士取得必要的联系也是必不可少的。远程监控技术弥补了传统摄像头监控的不足与缺陷。电梯远程监控技术(REMS)是指某个空间(区域)中安装多部电梯后,对这些电梯实现集中式远程监控,并通过后台系统对电梯的使用、运行与维护数据资料进行统一管理、更新、统计与分析、故障诊断及救援。

当前,国外一些大型电梯公司生产的电梯系统,都配套了相应的电梯远程监控系统,如美国奥的斯电梯公司的 TLM 远程监控系统;德国蒂森克虏伯电梯公司的 TE-E(TELE-Service)型系统;日本日立公司的 HERIOS&MAS 系统等。国内也有许多公司重视电梯远程监控系统,如前景光电技术有限公司 Prospect 电梯远程监控系统等。远程监控技术不仅服务于电梯乘客,同时也为维修中心提供便利。通过远程监控与实时数据采集,维修中心可以实时监控电梯的运行,搜集电梯运行状态和故障数据,从而减少维修的成本和时间。

三、蓝牙技术

蓝牙技术目前应用的场合为电梯安装。电梯安装过程中放/对线耗时且费力。利用蓝牙技术,可以使电梯安装周期缩短 30% 以上,并可降低安装成本;对于客户而言,也可省时降低安装成本,此外,还可以免去布电缆线的繁复。

绿色电梯是未来电梯发展的总趋势,这也符合国家十二五重点发展规划以及国家节能减排的政策。著名的电梯专家 Peters 将电梯全生命周期内对环境影响的要素分为:不可再生能源的消耗,产生废弃物和为产生电力而排放的 CO_2,以及电梯运行的噪声污染等。Peters 进一步阐述绿色电梯的发展应综合考虑高效的能源驱动、有效的轿厢照明、无效力的减少及优化调度。绿色电梯的内涵主要体现在环保、节能方面。

(一)环保

电梯的环保意味着对电梯进行设计的持续改进,不断研发具有环保、无噪、无电磁干扰等特点的产品,还应考虑无环境污染的轿厢装潢材料。例如,西子奥的斯绿色环保 GeN2 电梯。

(二)节能

节能也是绿色产品的一个重要发展方向,降低电梯能耗的措施是一项重大工程,需要从系统论、方法论与控制论等方面来研究解决。目前,研究的电梯节能技术主要包括以下几点。

(1)驱动系统的效率提升

电梯的电动机驱动耗能占总耗电能 70% 以上,研究不同的驱动方案,以选择高效的电机驱动,可产生明显的节能效果。目前,驱动系统的效率提升主要途径有两种:一是选择高效率电机;二是采用变频调速器。

(2)能量反馈

节能向"生能"的研究转变,不仅是对节能深层次的认识,更是一项极具挑战的研究。在电梯运行过程中,空载(轻载)上行或者满载下行时电动机由需要消耗电能转为发电状态,将再生的电能反馈给电网,以大幅降低电机能量消耗。此外,风能、太阳能向电能的转换也不失为电梯外部能源补充的既可行，又经济的方法。

（3）电梯构造的改进

电梯的设计与制造成本也极大地制约着电梯的发展。研发低廉、高性能的电梯材料以及电梯设计的轻量化研究，也将是电梯研发的一个重要趋势。

符合时代发展与需求的电梯，不仅需要新型计算机控制技术与通信技术，还需要新型的设计方法与材料。唯有电梯的设计方与制造方、电梯使用方以及电梯运行监管机构共同努力探索，才能使我国的电梯技术飞跃发展。

第十章 城市轨道交通电梯设备

1. 明确电梯、自动扶梯的分类、系统组成。
2. 掌握电梯设备的曳引系统、导向系统、轿厢、门系统、重量平衡系统、电力拖动系统、电气控制系统、安全保护系统。
3. 掌握自动扶梯设备的驱动系统、扶手装置、梯路、安全装置、控制系统。
4. 了解电扶梯设备与其他专业的接口。

重难点

重点:电梯的八大系统,自动扶梯的主要装置。

难点:电梯的曳引系统、电气控制系统,自动扶梯的驱动系统及安全装置。

第一节 电 梯 设 备

电梯设备主要由曳引系统、导向系统、轿厢、门系统、重量平衡系统、电力拖动系统、电气控制系统、安全保护系统等组成。

一、电梯的分类

(一)按用途分类

(1)乘客电梯。

(2)载货电梯。

(3)客货两用梯。

(4)病床电梯。

(5)住宅电梯。

(6)观光电梯。

(7)特种电梯。

(二)按速度分类

(1)低速电梯,额定速度≤ 0.75m/s。

（2）中速电梯,额定速度≥1～2.5m/s。

（3）高速电梯,额定速度＞2.5～4m/s。

（4）超高速电梯,额定速度＞4m/s。

（三）按拖动方式分类

1. 交流电梯

交流电梯是指采用交流电动机拖动的电梯。其又可分为单、双速拖动,即采用改变电动机极对数的方法调速;调压拖动,即通过改变电动机电源电压的方法调速;调频调压拖动,即同时改变电动机电源电压和频率的方法调速。

2. 直流电梯

直流电梯是指采用直流电动机拖动的电梯。由于其调速方便,加减速特性好,曾被广泛采用。随着电子技术的发展,直流电梯正被节省能源的交流电梯代替。

（四）按操作控制方式分类

（1）手柄控制电梯。

（2）按钮控制电梯。

（3）信号控制电梯。

（4）集选控制电梯。

（5）并联控制电梯。

（6）群程序控制电梯。

（7）组群智能控制电梯。

（五）按驱动方式分类

1. 钢丝绳驱动式电梯

它可分成两种不同的形式,一种是被广泛采用的摩擦曳引式,另一种是卷筒强制式。前一种安全性和可靠性都较好,后一种的缺点较多,已很少采用。

2. 液压驱动式电梯

液压驱动式电梯有较长的历史,它可分为柱塞直顶式和柱塞侧置式。液压驱动式电梯优点是机房设置部位较为灵活,运行平稳。直顶式电梯不用轿厢安全钳,使底坑地面的强度可大大减小,顶层高度限制较宽,但电梯工作高度受柱塞长度限制,运行高度较低。在采用液压油作为工作介质时,还须充分考虑防火要求。

3. 齿轮齿条驱动式电梯

它通过两对齿轮、齿条的啮合来运行,运行过程中振动、噪声较大。这种形式的电梯一般不须设置机房,由轿厢自备动力机构,控制简单,适用于流动性较大的建筑工地。目前,其已被划入建筑升降机类。

4.链条链轮驱动式电梯

这是一种强制驱动形式,因链条自重较大,所以提升高度不能过高,运行速度也因链条、链轮传动性能局限而较低。但它在用于企业升降物料的作业中,有着传动可靠、维护方便、坚固耐用的优点。其他驱动方式还有气压式、直线电机直接驱动、螺旋驱动等。

二、电梯的常用术语

(1)层站:各楼层中电梯停靠的地点。每一层楼电梯最多只有一个站,但可根据需要在某些层楼不设站。

(2)底层端站:大楼中电梯最低的停靠站。当大楼有地下楼层时,底层端站往往不是大楼的最底层站。

(3)顶层端站:大楼中电梯最高的停靠站。

(4)基站:指轿厢无指令运行中停靠的层站。此层站一般出入轿厢的人数最多,合理选择基站,能够提高电梯的使用效率。

(5)提升高度:指电梯从底层端站到顶层端站楼面之间总的运行高度。

(6)平层:指轿厢接近停靠站时,欲使轿厢地坎与层门地坎达到同一平面的动作。

(7)平层精度:指轿厢到站停靠后,其地坎上平面对层门地坎上平面垂直方向的误差值。

三、电梯的基本结构

(1)曳引系统。

(2)导向系统。

(3)轿厢。

(4)门系统。

(5)重量平衡系统。

(6)电力拖动系统。

(7)电气控制系统。

(8)安全保护系统。

四、电梯曳引系统

(一)曳引机性能及组成

电梯曳引机是电梯的动力设备,又称电梯主机。其功能是输送与传递动力,使电梯运行。它由电动机、制动器、联轴器、减速箱、曳引轮、机架和导向轮及附属盘车手轮等组成。

导向轮一般装在机架或机架下的承重梁上。盘车手轮有的固定在电机轴上,也有的平时挂在附近墙上,使用时再套在电机轴上。

曳引机的电动机动力通过减速箱传到曳引轮上,因此称该曳引机为有齿轮曳引机,一般用于2.5m/s以下的低中速电梯如图10-1所示。若电动机的动力不通过减速箱而直接传动到曳引轮上,则称该曳引机为无齿轮曳引机,一般用于2.5m/s以上的高速电梯和超高速电梯中,如图10-2所示。

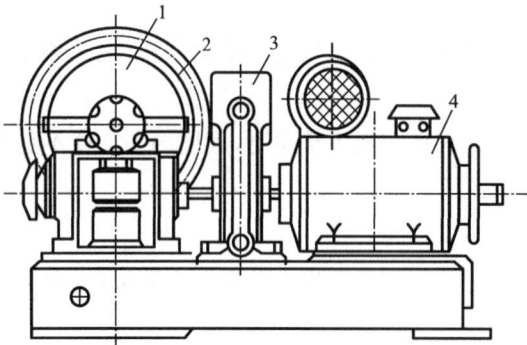

图10-1　有齿轮曳引机结构图

1- 减速器;2- 曳引轮;3- 制动器;4- 电动机

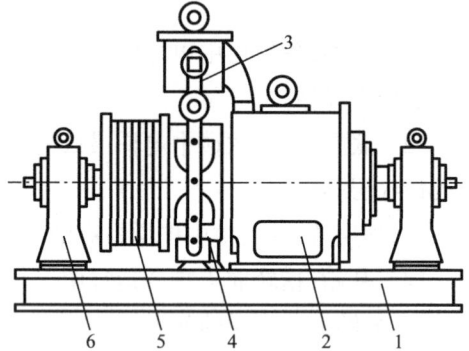

图10-2　无齿轮曳引机

1- 底座;2- 直流电动机;3- 电磁制动器;4- 制动器抱闸;5- 曳引轮;6- 支座

1. 曳引电动机

曳引电动机是驱动电梯上下运行的动力源,电梯的曳引电动机有交流电动机和直流电动机。

电梯是典型的位能性负载设备(位能性负载就是由于负载扭矩始终是由于重物的重力作用形成的,电气传动系统拖动时,必须克服此重力作用,典型的设备,如起重机、卷扬机、电梯等)。根据电梯的工作性质,电梯曳引电动机应具有以下特点。

(1)能频繁起动和制动。电梯在运行中每小时起动、制动次数常超过100次,最高可达到每小时180～240次,因此,电梯专用电动机应能够频繁起动、制动,其工作方式为断续周期性工作制。

(2)起动电流较小。用交流电动机的鼠笼式转子的设计与制造电梯电动机时,虽然仍采用低电阻系数材料制作导条,但是转子的短路环却用高电阻系数的材料制作,使转子绕组电阻有所提高。这样,一方面降低了起动电流,使起动电流降为额定电流的2.5～3.5倍左右,从而增加了每小时允许的起动次数;另一方面,由于只是转子短路端环电阻较大,有利于热量直接散发,使电动机的温升有所降低。而且具有足够的起动转矩,一般为额定转矩的2.5倍左右。不过,与普通交流电动机相比,其机械特性(硬度、效率)有所下降,转差率也提高到0.1～0.2。机械特性变软,使调速范围增大,而且在堵转力矩下工作时,也不致烧毁电机。

(3)电动机运行噪声低。为了降低电动机运行噪声,采用滑动轴承。此外,适当加大定子铁芯的有效外径,并在定子铁芯冲片形状等方面均做合理处理,以减小磁通密度,从而降低电磁噪声。

2. 曳引轮

曳引轮是曳引机上的绳轮,也称曳引绳轮或驱绳轮,是电梯传递曳引动力的装置。曳引轮利用曳引钢丝绳与曳引轮缘上绳槽的摩擦力传递动力,其装在减速器中的蜗轮轴上。如果是无齿轮曳引机,装在制动器的旁侧,与电动机轴、制动器轴应在同一轴线上。

(1)材料及工艺要求。由于曳引轮要承受轿厢、载重量、对重等装置的全部动静载荷,因此要求曳引轮具有强度大、韧性好、耐磨损、耐冲击的特点,所以在材料选择上多采用 QT 60-2 球墨铸铁。为了减少曳引钢丝绳在曳引轮绳槽内的磨损,除了选择合适的绳槽槽型外,对绳槽的工作表面的粗糙度、硬度也有一定的要求。

(2)曳引轮的直径。曳引轮的直径要大于钢丝绳直径的 40 倍。在实际工作中,一般都取 45 ~ 55 倍,有时还大于 60 倍。因为为了减小曳引机体积增大,减速器的减速比增大,其直径大小应适宜。

(3)曳引轮的构造形式。整体曳引轮由两部分构成,中间为轮筒(鼓),外面制成轮圈式绳槽切削在轮圈上。外轮圈与内轮筒套装,并用铰制螺栓连接在一起,成为一个曳引轮整体。其曳引轮的轴就是减速器内的蜗轮轴。

3. 曳引钢丝绳

曳引钢丝绳也称曳引绳,电梯曳引钢丝绳连接轿厢和对重,并靠曳引机驱动使轿厢升降。曳引钢丝绳承载着轿厢、对重装置、额定载重量等重量的总和。曳引机在机房穿绕曳引轮、导向轮,一端连接轿厢,另一端连接对重装置(曳引比 1 ∶ 1)。

曳引钢丝绳的结构、材料要求如下:

(1)曳引钢丝绳一般为圆形股状结构,主要由钢丝、绳股和绳芯组成,如图 10-3 所示。钢丝是钢丝绳的基本组成件,要求钢丝具有很高的强度和韧性(含挠性)。

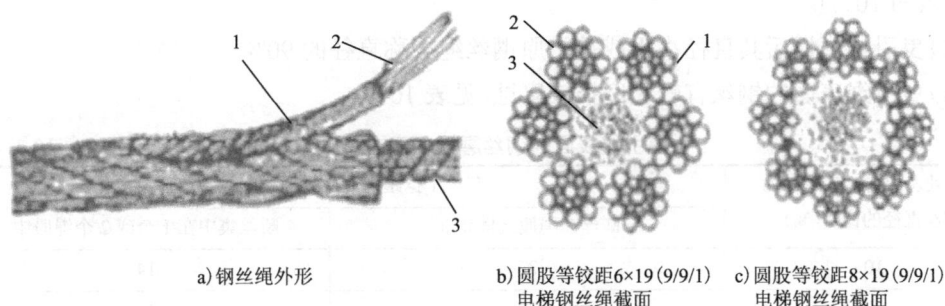

a)钢丝绳外形 b)圆股等铰距6×19(9/9/1) c)圆股等铰距8×19(9/9/1)
电梯钢丝绳截面 电梯钢丝绳截面

图 10-3 圆形股电梯用钢丝绳

1- 绳股;2- 钢丝;3- 绳芯

(2)钢丝绳股由若干根钢丝捻成,钢丝是钢丝绳的基本强度单元。绳股由钢丝捻成的每股绳直径相同的钢丝绳,股数多,疲劳强度就高。电梯用一般是 6 股和 8 股。绳芯是被绳股缠绕挠性芯棒,通常由纤维剑麻或聚烯烃类(聚丙烯或聚乙烯)的合成纤维制成,能起到支承和固定绳的作用,且能储存润滑剂。

(3)钢丝绳中的钢丝的材料由含碳量为 0.4% ~ 1% 的优质钢制成,钢材中硫、磷等杂质的含量不应大于 0.035%。

4. 曳引钢丝绳主要规格参数与性能指标

(1)主要规格参数:公称直径,即绳外围最大直径。

(2)主要性能指标:破断拉力及公称抗拉强度。钢丝绳公称抗拉强度——单位钢丝绳截面的抗拉能力。破断拉力——整条钢丝绳被拉断时的最大拉力,是钢丝绳中钢丝的组合抗拉能力,其取决于钢丝绳的强度和绳中钢丝的填充率。破断拉力总和——钢丝在未被缠绕前抗拉强度的总和。但钢丝绳一经缠绕成绳后,由于弯曲变形,使其抗拉强度有所下降,因此两者间有一定比例关系。破断拉力=破断拉力总和 ×0.85。

5. 钢丝绳的更换

钢丝绳的更换,一般可以从以下四个方面来考虑:

(1)大量出现断裂的钢丝绳。

(2)磨损与钢丝绳的断裂同时产生和发展。

(3)表面和内部产生腐蚀,特别是内部产生腐蚀,可以用磁力探伤机检查。

(4)钢丝绳使用的时间已相当长,当然不能一概而论,因为有的电梯使用频率较高,一般安全期最少要有一年。要正确判定更换的时间,还须从定期检查的记录中分析。

综上所述,如发现钢丝绳有下列情况之一时,应及时更换(以 8 股、每股 19 丝的钢丝绳为例),并注意新换的钢丝绳应与原钢丝绳应相同规格和型号。

(1)断丝在各绳股之间均布。在一个捻距内的最大断丝数超过 32 根(约为钢丝绳总丝数的 20%)。

(2)断丝集中在 1 个或 2 个绳股中。在一个捻距内的最大断丝数超过 16 根(约为钢丝绳总丝数的 10%)。

(3)曳引绳磨损后其直径小于或等于原钢丝绳公称直径的 90%。

(4)曳引绳表面的钢丝有较大磨损或腐蚀,见表 10-1。

曳引绳表面的钢丝磨损和腐蚀情况　　　　　　　　　　　　　　　　表 10-1

断丝处表面磨损或腐蚀为钢丝直径的比例(%)	在一个捻距内的最大断丝数 / 根	
	断丝在绳股之间均布	断丝集中在 1 个或 2 个绳股中
10	27	14
20	22	11
30	16	8

注:假设磨损与腐蚀量为钢丝原始直径的 40% 及以上时,曳引绳必须报废。

6. 曳引绳必须更换的情形

曳引绳锈蚀严重,点蚀麻坑形成沟纹,外层钢丝绳松动,无论断丝数或绳径变细值为多少，必须更换。

（二）平衡系数

曳引力是轿厢与对重的重力共同通过曳引绳作用于曳引轮绳槽上产生的，对重是曳引绳与曳引轮绳槽产生摩擦力的必要条件，有了它，就易于使轿厢重量与有效载荷的重量保持平衡，这样也可以在电梯运行时，降低传动装置功率消耗。因此对重又称平衡重，相对于轿厢悬挂在曳引轮的另一端，起到平衡轿厢重量的作用。

当轿厢侧重量与对重侧重量相等时，若不考虑钢丝绳重量的变化，曳引机只需克服各种摩擦阻力就能轻松运行。但实际上轿厢的重量随着货物（乘客）的变化而变化，因此固定的对重不可能在各种载荷下都完全平衡轿厢的重量。因此，对重的轻重匹配将直接影响曳引力和传动功率。

为使电梯在满载和空载情况下，其负载转矩绝对值基本相等，国家标准规定平衡系数 K=0.4～0.5，即对重平衡为 40%～50% 额定载荷。因此，对重侧的总重量应等于轿厢自重加上 0.4～0.5 倍的额定载重量，0.4～0.5 即为平衡系数。

当 K = 0.5 时，电梯在半载时，其负载转矩为零，轿厢与对重完全平衡，电梯处于最佳工作状态。而电梯负载自空载（空载）至额定载荷（满载）之间变化时，反映在曳引轮上的转矩变化只有 ±50%，减少了能量消耗，降低了曳引机的负担。

（三）摩擦系数

曳引绳与曳引轮不同形状绳槽接触时，所产生的摩擦力是不同的，摩擦力越大，则曳引力越大。从目前使用来看，曳引轮绳槽有以下几种：半圆槽、V 形槽、半圆形带切口槽，如图 10-4 所示。

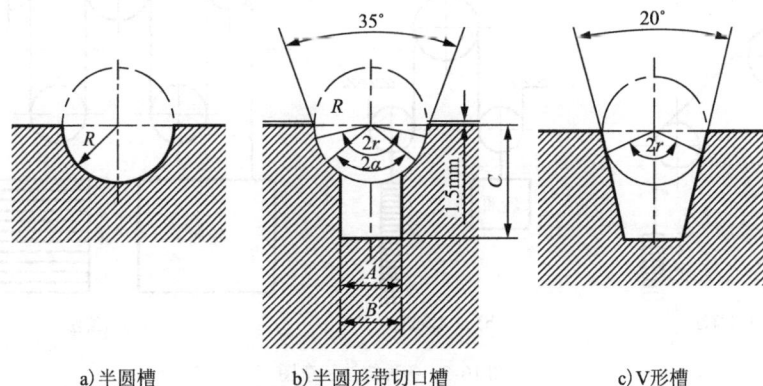

a) 半圆槽　　　　b) 半圆形带切口槽　　　　c) V形槽

图 10-4　曳引轮绳槽

半圆槽摩擦力最小，用于复绕式曳引轮。

V 形槽摩擦力最大，并随着开口角的减小而增大，但同时磨损也增大，对曳引绳磨损并卡绳，随着磨损的增大，V 形槽会趋于半圆槽。

半圆形带切口槽摩擦力介于两者之间,其基本不随磨损而变化,目前应用较广。

钢丝绳在绳槽内的润滑也直接影响摩擦系数,只可在绳内油芯轻微润滑,不可在绳外涂润滑油,以免降低摩擦系数,造成打滑现象,降低曳引力。

(四)包角

包角是指曳引钢丝绳经过绳槽内所接触的弧度,包角越大,则摩擦力越大,曳引力也随之增大,提高了电梯的安全性。增大包角目前主要采用两种方法,一种是采用2:1的曳引比,使包角增至180°;另一种是复绕式,如图10-5所示。

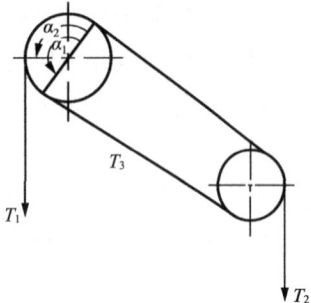

图10-5 复绕张力图

电梯曳引钢丝绳的绕绳方式主要取决于曳引条件、额定载重量和额定速度等因素。每种绕法对应相应传动方式,不同绕法就有不同的传动速比(即曳引比),它是由电梯运行时曳引轮节圆的线速度与轿厢运行速度之比。按钢丝绳在曳引轮上缠绕的次数不同,绕绳方式可分单绕和复绕,单绕时钢丝绳在曳引轮上只绕过一次,其包角小于或等于180°,而复绕时钢丝绳在曳引轮上绕过两次,其包角大于180°。

(五)常用的绕法

(1)1:1绕法,即曳引轮的线速度与轿厢升降速度之比为1:1,如图10-6a)所示。
(2)2:1绕法,即曳引轮的线速度与轿厢升降速度之比为2:1,如图10-6b)所示。
(3)3:1绕法,即曳引轮的线速度与轿厢升降速度之比为3:1,如图10-6c)所示。

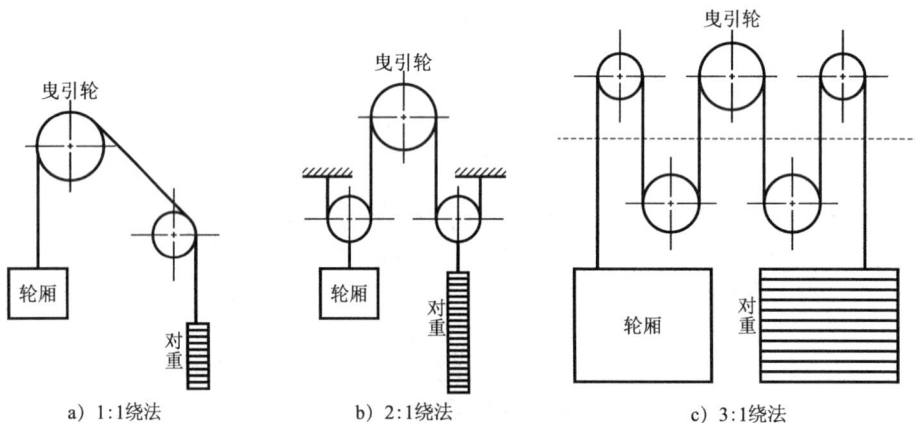

a) 1:1绕法   b) 2:1绕法   c) 3:1绕法

图10-6 各种绕法示意图

五、电梯导向系统

导向系统在电梯运行过程中,限制轿厢和对重的活动自由度,使轿厢和对重只沿着各自的导轨做升降运动,不会发生横向的摆动和振动,保证轿厢和对重运行平稳不偏摆。

无论是轿厢导向,还是对重导向,导向系统均由导轨、导靴和导轨架组成。

导轨是电梯上下行驶在井道的安全路轨,导轨安装在井道壁上,被导轨架、导轨支架固定连接在井道墙壁。电梯常用的导轨是"T"字形导轨。其具有刚性强、可靠性高、安全廉价等特点。导轨平面必须光滑,无明显凹凸不平表面。由于导轨是电梯轿厢上的导靴和安全钳的穿梭路轨,所以安装时必须保证其间隙。同时导轨在电梯出现超速事故时要承担制停电梯的重任,所以其刚性不可忽视。

从导轨的定义可知,导轨是垂直电梯、自动扶梯、自动人行道梯级的重要基本部件,它控制着电梯轿厢、自动扶梯和自动人行道梯级运行轨迹,保障操作信号的传递,它又是涉及电梯安全及运行质量的重要部件。

导轨架作为导轨的支撑件,被固定在井道壁上。

导靴安装在轿厢架和对重架的两侧,导靴的靴衬与导轨工作面配合,使一部电梯在曳引绳的牵引下,一边为轿厢,另一边为对重,分别沿着各自的导轨作上、下运动。

每部电梯均具有用于桥厢和对重装置的两组至少4列导轨。

(一)导轨

1.导轨的作用

(1)导轨对电梯的升降运动起导向作用。

(2)限制轿厢和对重的活动自由度。

(3)防止由于轿厢的偏载而产生的倾斜,承受偏重力。

(4)当安全钳动作时,导轨作为被夹持的支承件,支撑轿厢或对重,承受冲击力。

2.导轨的分类

按截面形状的不同,可分为T形、L形和空心形三种。

(1)T形导轨

T形导轨是目前我国电梯中使用得最多的导轨,其通用性强,且具有良好的抗弯性能及可加工性。

(2)L形导轨

L形导轨刚度以及表面精度较低,且表面粗糙,因此只能用于杂物电梯和各类不载人电梯的对重导轨。

(3)空心形导轨

空心形导轨用薄钢板滚轧而成,精度较L形导轨高,有一定的刚度,多用于对重无安全钳的低、快速电梯对重导轨。

同一部电梯,经常使用两种规格的导轨。通常轿厢导轨在规格尺寸上大于对重使用的导轨,因此又称轿厢导轨为主轨,对重导轨为副轨。

（二）导靴

导靴分为滑动和滚动导靴两类,如图10-7~图10-9所示。滑动导靴一般是由带凹形槽的靴头、靴体和靴座组成,在靴头凹槽部分中一般均镶有耐磨的靴衬,靴头有固定的,也有活动(浮动)的;滚动导靴则用3个滚轮沿导轨滚动运行。

图10-7 弹性滑动导靴　　图10-8 刚性滑动导靴　　图10-9 滚动导靴

六、电梯轿厢系统

轿厢(轿厢系统)是用于运送乘客或货物的电梯组件,由轿厢架和轿厢体两大部分构成。

轿厢是电梯中装载乘客或货物的金属结构件,它借助轿厢架立柱上下四组导靴沿着导轨作垂直升降运动,实现载客或载货功能。

轿厢由轿壁、轿顶、轿底、轿门及轿厢架等机件组成,如图10-10所示。

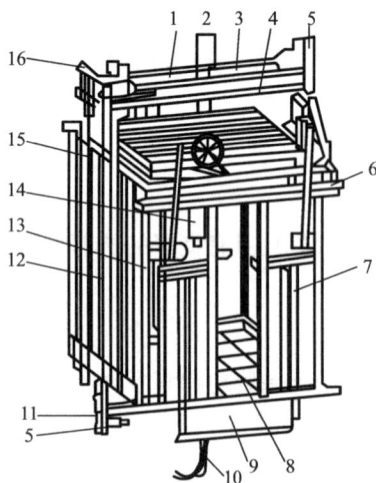

图10-10 轿厢

1- 轿厢架;2- 绳头装置;3- 检修开关盒;4- 自动门机构;5- 导靴;6- 门框;7- 中分式板门;8- 轿厢;9- 护板;10- 控制电缆;11- 安全钳的安全嘴;12- 拉杆;13- 操纵箱;14- 门刀;15- 行程开关挡板;16- 极限开关挡板

1. 轿厢架

轿厢架由上梁、立柱、下梁和拉条组成,是承受轿厢自重和额定载重量的承重框架。轿厢架用槽钢制成,各部件之间采用焊接或螺栓紧固连接。拉条的作用是固定轿厢底,防止因轿厢偏心载荷而造成倾斜。

2. 轿壁

轿壁采用金属薄板制造,它与轿底、轿顶及轿门共同构成一个封闭的空间。轿壁一般采用多块钢材拼接,由螺栓连接成型。在轿厢板背面点焊用薄板压成"几"字形的加强筋,以提高强度和刚度。轿壁上装有牢固固定的扶手。车站观光电梯轿壁由厚度不小于10mm的夹层玻璃制成。

3. 轿顶

轿顶的结构与轿壁相仿。轿顶装有照明灯,为了确保人员安全,轿顶能承受3个带一般工具的检修人员的重量。车站电梯轿顶均设置有安全窗,在发生事故或故障时,便于检修人员上轿顶检修井道内的设备,必要时,乘客可以通过安全窗撤离轿厢。

4. 轿底

轿底是轿厢支撑载荷的组件,它包括地板、框架等构件。在轿底的前沿设有轿厢地坎。在地坎下面还装有护脚板,它是垂直向下延伸的光滑安全挡板。电梯轿底装有一套机械和电气的检测装置,可以及时将检测到的电梯载荷情况转变为电信号,传送给电气控制系统,避免了电梯超载运行,降低事故发生率。车站有机房电梯主要结构参数见表10-2。

车站有机房电梯主要结构参数   表10-2

梯 种	客梯(1000kg)	货梯(2000kg)
井道尺寸(宽×深)(mm×mm)	2600×2600	2840×3300
轿厢净空尺寸(宽×深×高)(mm×mm×mm)	1950×1750×2200	1500×2500×2200
机房尺寸(宽×深×高)(mm×mm×mm)	3200×5500×2800	3400×4900×2400
顶层高度(mm)	4400	4300
底坑深度(mm)	1600	1700

车站无机房客梯其结构参数如下:

(1)透明井道电梯安装净空尺寸(宽×深):2800mm×2400mm

(2)出入口电梯安装净空尺寸(宽×深):2400mm×2200mm

(3)顶层装修后地面距井道顶壁距离:≥4200mm

(4)轿厢净空尺寸(宽×深×高):1590mm×1600mm×2300mm

(5)底层装修后地面距底坑距离:≤1600mm

七、电梯门系统

电梯门包括轿门和层门,轿门安装在轿厢入口,层门安装在井道的层站开口处。电梯门是人员和货物进出电梯的开口,也是轿厢和井道的封闭结构。在门关闭时,除规定的运动间隙外,轿厢和井道的入口应完全封闭,以避免发生剪切和坠落事故。

(一)电梯门的形式

电梯门主要有两类,即滑动门和旋转门,目前普遍采用的是滑动门。

滑动门按其开门方向,又可分为中分式、旁开式和直分式三种。层门必须和轿门是同一类型的。

电梯门的开门布置结构,可分为单开式和双开(贯通)式。双开(贯通)式特点:客(货)可以从两侧进入轿厢,也可根据需要在不同的层站设置不同侧的层门。

1. 中分式门

中分式门是指门由中间分开。开门时,左右门扇以相同的速度向两侧滑动;关门时,则以相同的速度向中间合拢,如图10-11所示。

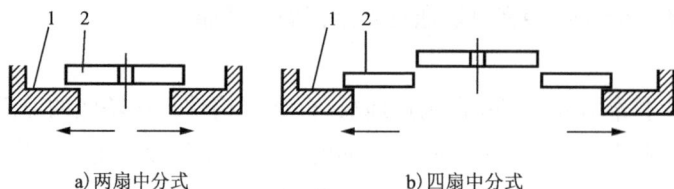

a)两扇中分式   b)四扇中分式

图 10-11 中分式门(平面图)

1- 井道墙;2- 门

这种门按其门扇数量的不同,常见的有两扇中分式门和四扇中分式门。四扇中分式用于开门宽度较大的电梯,此时单侧两个门扇的运动方式与两扇旁开式门相同。

2. 旁开式门

门由一侧向另一侧推开或由一侧向另一侧合拢,如图10-12所示。按照门扇的数量不同,常见的有单扇、双扇和三扇旁开式门。

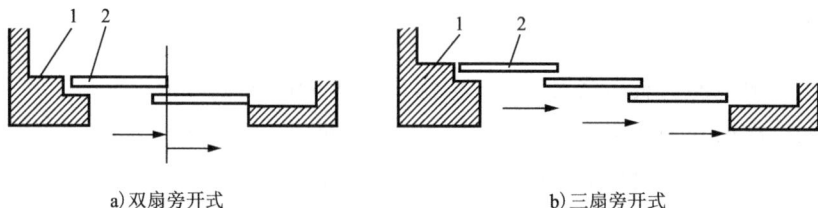

a)双扇旁开式   b)三扇旁开式

图 10-12 旁开式门(平面图)

1- 井道墙;2- 门

当旁开式门为双扇时,两个门扇在开门和关门时各自的行程不相同,但运动的时间却必须相同,因此两扇门的速度有快慢之分,速度快的称快门,反之称慢门,所以双扇旁开式门又称双速门。由于旁开式门在打开后是折叠在一起的,因而又称为双折式门。

同理,当旁开式门为三扇时,称之为三速门和三折式门。

旁开式门按开门方向,又可分为左开式门和右开式门。区分的方法是:人站在轿厢内,面向外,门向右开的称右开式门;反之,为左开式门。

3. 直分式门

门由下向上推开,称直分式门,又称闸门式门。按门扇数量的不同,其可分为单扇、双扇和三扇直分式门等。与旁开式门类同,双扇门称双速门,如图10-13所示。

(二)门的组成

电梯的门一般均由门扇、门滑块、门靴、门地坎等组成。轿门由滑轮悬挂在轿门导轨上,下部通过门靴(滑块)与轿门地坎配合;层门由门滑轮悬挂在厅门导轨架上,下部通过门滑块与厅门地坎配合,如图10-14所示。

a)单扇闸门式门　　　b)双扇闸门式门　　　　a)层门外面　　　　b)层门内面

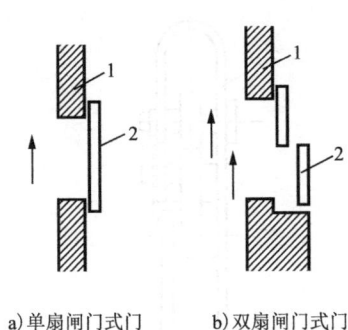

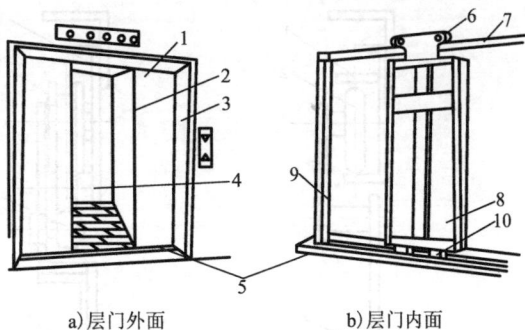

图 10-13　直分式门　　　　　　　　图 10-14　门的结构与组成

1- 井道门；2- 门

1- 层门；2- 轿厢门；3- 门套；4- 轿厢；5- 门地坎；6- 门滑轮；

7- 层门导轨架；8- 门扇；9- 层门框立柱；10- 门滑块（门靴）

1. 门扇

电梯的门扇有封闭式、空格式及非全高式。

（1）封闭式门扇一般用 1 ～ 1.5mm 厚的钢板制造，中间辅以加强筋。有时为了加强门扇的隔音效果和提高减振作用，在门扇的背面涂设一层阻尼材料，如油灰等。

（2）空格式门扇一般指交栅式门，其具有通气透气的特点。但为了安全，空格不能过大，我国规定栅间距离不得大于 100mm。出于安全性能考虑，这种门扇只能用于货梯轿厢厢门。

（3）非全高式门扇，其高度低于门口高，常见于汽车梯和货物不会有倒塌危险的专门用途货梯。用作汽车梯，其高度一般不应低于 1.4m；用作专门用途货梯，其高度一般不应低于 1.8m。

门导轨架安装在轿厢顶部前沿，层门导轨架安装在层门框架上部。对门扇起导向作用。门滑轮安装在门扇上部，对全封闭式门扇以两个为一组，每个门扇一般装一组；交栅式门扇由于门的伸缩需要，在每个门挡上部均装有一个滑轮。

门导轨架和门滑轮有多种形式，图 10-15 表示了最常见的三种形式。

2. 门地坎和门滑块

门地坎和门滑块是电梯门的辅助导向组件，它们与门导轨、门滑轮相配合，使门的上、下两端，均受导向和限位。门在运动时，滑块顺着地坎槽滑动。

层门地坎安装在层门口的井道支架上，轿门地坎安装在轿门口。地坎一般用铝型材料制成，门滑块一般用尼龙制造。在正常情况下，滑块与地坎槽的侧面和底部均有间隙。

电梯的门结构应具有足够的强度。在我国的《电梯制造与安装安全规范》（GB 7588—2003）中规定，当门在关闭位置时，用 300N 的力垂直施加于门扇的任何一个面上的任何部位（使这个力均匀分布在 5cm² 的圆形或方形区域内），门的弹性变形不应大于 15mm；当外力消失，门应无永久性变形，且启闭正常。

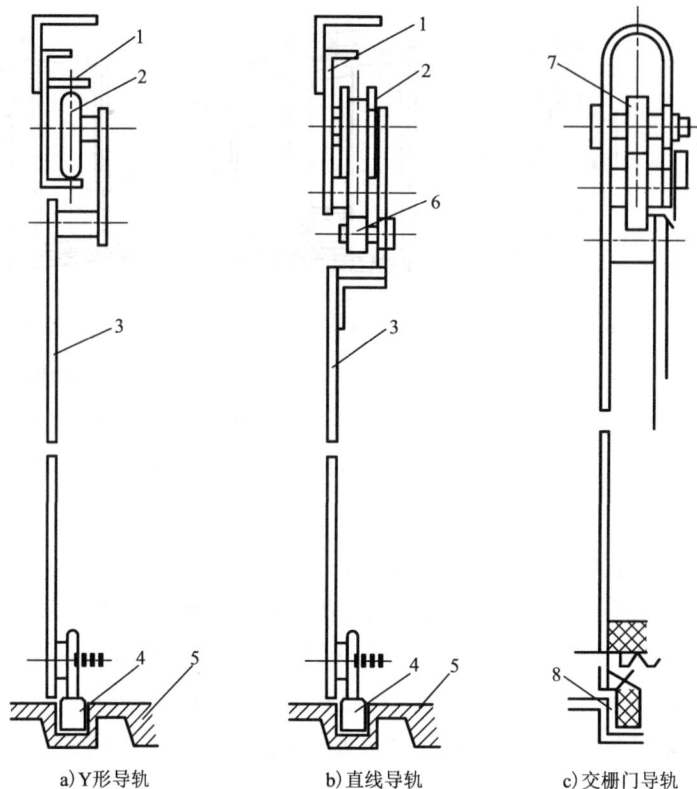

a)Y形导轨　　　　　b)直线导轨　　　　　c)交栅门导轨

图 10-15　门导轨架与门滑轮(侧立面图)

1- 导轨;2- 门扇;3- 门滑块(门靴);4、5- 地坎;6- 门挡轮;7- 交栅门;8- 门滑槽

（三）门体电气要求

为保证电梯的安全运行，层门和轿门与周边结构（如门框、上门楣等）的缝隙，只要不妨碍门的运动应尽量小。标准要求客梯门的周边缝隙不大于 6mm，货梯不大于 8mm。在中分门层门下部用人力向两边拉开门扇时，其缝隙不得大于 30mm。从安全角度考虑，电梯轿门地坎与层门地坎的距离不得大于 35mm。轿门地坎与所对的井道壁的距离不得大于150mm。

电梯的门刀与门锁轮的位置要调整精确。在电梯运行中，门刀经过锁轮时，门刀与门锁轮两侧的距离要均等；通过层站时，门刀与层门地坎的距离和门锁轮与轿门地坎的距离均应为 5～10mm。因为，距离太小容易碰擦地坎，太大则会影响门刀在门锁轮上的啮合深度。一般门刀在工作时应与门锁轮在全部厚度上接触。

当电梯在开锁区内切断门电机电源或停电时，应能从轿厢内部用手将门拉开，开门力应不大于 300N，但应大于 50N。

自动开门机是使轿厢门（含层门）自动开启或关闭的装置（层门的开闭是由轿门通过门刀带动的）。它装设在轿门上方及轿门的连接处。

　　自动开门机除了能自动启、闭轿厢门,还应具有自动调速的功能,以避免在起端与终端发生冲击。根据使用要求,一般关门的平均速度要低于开门平均速度,这样可以防止关门时将人夹住,而且客梯门还设有安全触板。

　　另外,为了防止关门对人体的冲击,有必要对门速实行限制,我国《电梯制造与安装安全规范》中规定,当门的动能超过 10J 时,最快门扇的平均关闭速度要限制在 0.3m/s 以内。

(四)变频门机

　　变频门机的出现,使电梯构造更简单,性能更好。目前,乘客电梯多采用变频门机机构。

　　近年来出现的变频电机开门机构如图 10-16 所示。由变频电机 1 带动皮带轮 2,与皮带轮同轴的齿轮 7 带动防滑同步皮带 3,使连接在同步皮带上的轿门门扇 5 作水平运动。由于采用了变频电机、同步皮带,不但省掉了复杂的减速和调速装置,使结构简单化,而且开关平稳、噪声小、降低能耗。

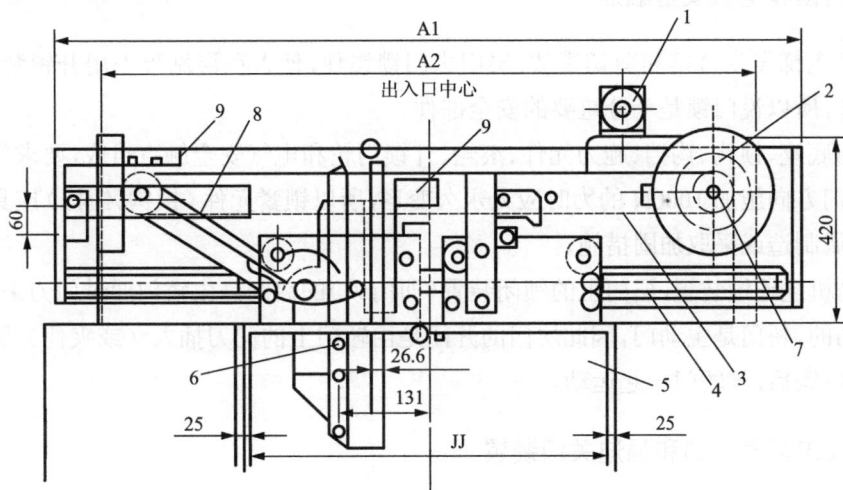

图 10-16　变频电机开门机构示意图(尺寸单位:mm)

1- 变频电机;2- 皮带轮;3- 防滑同步皮带;4- 门导轨;5- 轿门门扇;6- 门刀;7- 齿轮;8- 门刀控制杆;9- 安全除点;A1- 整个开门机构的宽度;A2- 门最大开度;JJ- 轿门宽度

(五)门体保护

　　为了尽量减少在关门过程中发生人和物被撞击或夹住的事故,对电梯门的运动提出了保护性的要求。首先,门扇朝向乘员的一面要光滑,不得有可能钩挂人员和衣服的大于 3mm 的凹凸。其次,阻止关门的力(实际上也就是关门的力)不大于 150N,以免对被夹住的人造成伤害。同时设置一种保护装置,当乘客在门关闭过程中被门撞击或可能会被撞击时,保护装置将停止关门动作,使电梯门重新自动开启。保护装置一般安装在轿门上,常见的有接触式保护装置、光电式保护装置和感应式保护装置。

　　(1)接触式保护装置一般为安全触板。两块铝制的触板由控制杆连接悬挂在轿门开口边缘,平时由于自重凸出门扇边缘约 30mm。当关门时若有人或物在门的行程中,安全触板将首先接触并被推入,使控制杆触动微动开关,将关门电路切断接通开门电路,使门重新开启。

（2）光电式保护装置。一种是在轿门边上设两组水平的光电保护装置,为防止可见光的干扰,一般用红外线。两道水平的红外线好似在整个开门宽度上设了两排看不见的"栏杆",当有人或物在门的行程中遮断了任一根红外线,都会使门重开。另一种光电保护装置是在开门整个高度和宽度中由几十根红外线交叉成一个红外光幕,就像一个无形的门帘,遮断其中的一部分,门就会重新开启,如图 10-17 所示。

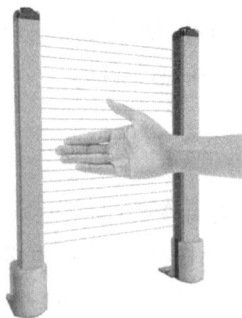

图 10-17 光电式保护装置

（3）感应式保护装置是借助磁感应原理,在保护区域设置三组电磁场,当人和物进入保护区造成电磁场的变化,就能通过控制机构,使门重开。

（六）门锁和电气安全触点

为防止电梯发生坠落和剪切事故,层门由门锁锁住,使人在层站外不用开锁装置,无法将层门打开,所以说门锁是十分重要的安全部件。

门锁由底座、锁钩、钩挡、施力元件、滚轮、开锁门轮和电气安全触点组成,要求门锁十分牢固,在开门方向施加 1000N 的力时应无永久变形,所以锁紧元件（锁钩、锁挡）应具耐冲击特性,用金属制造或采取加固措施。

门锁是机电连锁装置,层门上的锁闭装置（即门锁）的启闭是由轿门通过门刀来带动的。层门是被动的,轿门是主动门,因此层门的开闭是由轿门上的门刀插入（或夹住）层门锁滚轮,使锁臂脱钩后,与轿门一起运动。

（七）人工紧急开锁和强迫关门装置

为了在必要时（如救援）能从层站外打开层门,《电梯制造与安装安全规范》（GB 7588—2003）规定每个层门都应有人工紧急开锁装置。工作人员可用三角形的专用钥匙从层门上部的锁孔中插入,通过门后的装置（开门顶杆）将门锁打开。在无开锁动作时,开锁装置应自动复位。

在以前的电梯上紧急开锁装置只设在基站或两个端站。由于电梯救援方式的改变,现在强调每个层站的层门均应设紧急开锁装置。

当轿厢不在层站时,层门无论什么原因开启时,必须有强迫关门装置,使该层门自动关闭,可通过钢丝绳、滑轮将门关闭。强迫关门装置也有利用弹簧来实施关门的。

八、重量平衡系统

重量平衡系统由对重来平衡轿厢重量,减少能量消耗。重量补偿装置,用来平衡电梯曳引绳重量在对重和轿厢两边产生的重量差。

（一）对重

对重用于平衡部分或全部轿厢的重量,产生可靠的曳引力,并达到节能效果。在电梯中设置对重的主要目的,在于减少电动机的功率及减少曳引轮两边受力的差。

对重由对重块和对重架组成,对重块的材料通常为铸铁,如图 10-18 所示。目前为降低成本,不少生产厂家改用铁皮包混凝土为材料,每一块质量在 20 ～ 75kg。对重架用槽钢制成,上部装有绳头组合或者反绳轮,用来悬挂钢丝绳。四边装有四个导靴,使对重沿对重导轨上下运动,防止对重产生晃动。在对重下部设置撞板,在撞击缓冲器时起缓冲作用。

图 10-18　对重块

对重的质量常用下式计算:

$$P=G+QK$$

式中:P——对重总质量,kg;

　　G——轿厢质量,kg;

　　Q——额定载质量,kg;

　　K——平衡系数,取 $0.4 \sim 0.5$。

以载质量 1000kg 电梯来说,对重质量比空载轿厢质量大 400 ～ 500kg;满载轿厢质量比对重质量大 500 ～ 600kg;半载轿厢接近与对重质量平衡。

（二）重量补偿装置

电梯所使用的曳引钢丝绳是由金属制成,较重,尤其是对于楼层比较高的电梯,钢丝绳的重量更不能忽视。当电梯轿厢在底层端站和顶层端站时,曳引钢丝绳的重量会全部集中在对重或轿厢的一边,影响电梯平衡系数和曳引力。

重量补偿装置是减少电梯运行中曳引绳在对重和轿厢两侧的重量差,使电梯平衡系数和曳引力保持稳定的装置。重量补偿装置常采用补偿绳和补偿链两种。补偿绳采用钢丝绳,其单位长度的重量与曳引绳重量基本一致,在底部须设置张紧轮,以保证补偿绳处于张紧状态,一般用于速度比较高的电梯上。补偿链由铁链和麻绳组成,麻绳穿在铁链环中;或者采用包塑补偿链,它们可以减少电梯运行中铁链的碰撞。当电梯速度不大于 1.75m/s 时,通常采用补偿链。

对重包括：对重架、对重砣块、对重压紧装置和反绳轮。对重装置的布置方式有后置式和侧置式两种。

九、电力驱动系统

电力驱动系统为电梯提供动力，控制电梯的速度。电梯驱动系统包括供电系统和速度反馈装置。

（一）供电系统

（1）直流电梯驱动控制系统。
（2）交流双速电梯驱动系统。
（3）交流调压调速系统。
（4）变频调压调速系统。

（二）速度反馈装置的特点

（1）维护简单。
（2）提高传动效率，节约能源。
（3）提高功率因数，尤其在低速段。
（4）结构紧凑，体积小，重量轻。
（5）电梯的电源设备容量减低。
（6）具有良好的动态响应特性和品质。
（7）良好的抗负荷干扰能力。

十、电梯电气控制系统

电气控制系统对电梯的运行进行操纵和控制，其包括位置显示装置、控制柜和平层装置。

电气控制系统是电梯的两大系统之一。电梯运行的各种功能，都是由电气控制系统来实现的，如果将电梯的曳引机比作人的心脏，那么电气控制系统就是人的大脑了。电气控制系统指挥着电梯有条不紊地开门、关门、起动、加速、减速、制停。电气控制系统与机械系统相比，变化范围较大。通过对使用功能及客流等数据分析，电梯的类别、额定载重量和额定运行速度确定后，机械系统各零部件就基本确定了，而电气系统则有比较大的选择范围，必须根据具体的装梯地点、服务对象进行认真选择，才能最大限度地发挥电梯的使用效率。

（一）电梯电气控制系统性能

电梯的性能（或称功能）主要指电梯的自动化程度。电梯的自动化程度，取决于电梯的控制方式。

车站所有电梯及车辆段部分电梯单机运行状态下,对电梯电气控制系统中的轿内外按钮开关控制、自动平层、自动开关等,简单描述如下。

(1)需由乘客对轿内外按钮简单操作。

(2)自动开关门。

(3)到达预定停靠的中间层站时,提前自动将额定快速运行切换为慢速运行,平层时自动停靠开门。

(4)到达两端站时,提前自动强迫电梯由额定快速运行切换为慢速运行,平层时自动停靠开门。

(5)各层站设有召唤装置,乘客点按装置的按钮时:

①装置上有记忆指示灯信号;

②电梯在本层时自动开门,不在本层时自行起动运行,到达本层时提前自动将额定快速运行切换为慢速运行,平层时自动停靠开门。

(6)各层站有电梯运行方向和所在位置指示灯信号。

(7)召唤要求实现后,自动消除轿内外召唤位置和要求前往方向的记忆指示信号。

(8)电梯到达召唤人员所在层站停靠开门,乘客进入轿厢后只需点按一下操纵箱上与预定停靠层楼对应的指令按钮,电梯自动关门,并起动、加速、额定速度运行,到预定停靠层站提前自动将额定快速运行切换为慢速运行,平层时自动停靠开门。乘客离开轿厢4~6s后电梯自行关门,门关好后,就地等待新的指令任务,一段时间未有外部响应,轿厢照明和通风扇将自动关闭(站外梯轿厢空调系统温度作恒定设置,因此不考虑节能关闭功能)。

(9)电梯使用群控状态下的性能简单描述如下(以 A、B、C 三部电梯为例):

① A、B、C 三部电梯运行做统一控制时,工作状态类似于公共汽车,可根据客流量大小调节发梯时间,确保乘客合理等待乘梯时间。

②群控状态下, A、B、C 三部电梯单机为集选控制。

③ A、B、C 三部电梯先后返回基站关门待命时,一旦出现外召唤信号,先返回基站的电梯予以响应。若无内外指令信号时,只有一部返基站待命,其余就地停靠待命,当出现外部信号时,则就近电梯予以响应。

④ A、B 两梯向上行驶过程中,其下方出现召唤信号时, C 梯予以响应。

⑤ A、B 两梯在基站待命时, C 梯返回基站过程中顺向外召唤信号予以响应,上行外召唤信号及 C 梯上方的外召唤信号由 A、B 两梯中一部予以响应。

⑥上述情况外的外呼召唤信号的响应情况,依运营管理综合楼及维修工务大楼具体情况(层站数量等)设置。

⑦电梯具备满载直驶功能:当电梯满载达到额定载重后,电梯能够拒绝响应其他楼层召唤显示盒(LIOP)的呼梯,但不影响轿厢操纵盘(COP,Car Operation Panel)的停站要求。

(10)电梯通过电控系统实现的部分性能描述如下:

①停电应急功能：在运行中的电梯遇到突然停电后，自动启动应急照明，并给通信及报警装置供电。被困乘客可通过轿厢操纵盘轿厢操纵盘上的警铃开关按钮按响警铃，有需要可与车控室直接通电话（车站电梯），电梯具有五方对讲功能，能够实现轿厢内、检修盘或机房、车控室、轿顶、底坑之间的内部通信。

②轿厢内指令误登记消除功能：轿厢内指令误登记消除功能是生产厂家通过对电梯运行管理计算机中软件的设置来实现的，电梯轿内指令误登记消除功能与其他电梯设置有区别，乘客对已点击响应按钮，再快速按两下即可消除前次操作。

（二）电梯电气控制系统中的主要部件

电气控制系统对电梯的运行进行操纵和控制。以下对电气控制系统主要部件做简单介绍。

1. 控制柜

控制柜是安装电子元件和电器元件的柜体，是保障电梯正常运行的电气控制设备，如图10-19所示。有机房的电梯，控制柜均设置在机房；无机房的电梯，控制柜设置的位置，因不同的设计而异。无机房电梯的控制柜，有的设置在电梯首层层门侧面；有的设置在顶层井道壁上；有的将控制柜分成几部分，分散设置在井道顶层不同位置和顶层层门侧面，称之为分散型控制柜。蒂森克虏伯（TE-Evolution）无机房电梯控制柜属于分散型设置方式，控制柜设置在顶层井道壁上和顶层层门侧面。

2. 人机界面部分

（1）LIOP（Landing Indication & Operation Panel）楼层召唤显示盒是设置在层站门一侧，召唤轿厢停靠的专用电气装置。该装置结构特征：用于上、下端站的，为下或上单钮；中间层站的，为上、下双钮，如图10-20所示。楼层召唤显示盒上部为楼层显示；中间点阵为到站时钟，电梯到站后，用声音来提示乘客；下部为召唤按钮，乘客通过点按该按钮，对电梯发送召唤信号。

图10-19　控制柜　　　　　　图10-20　中间层站楼召唤显示盒

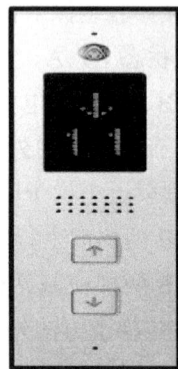

（2）轿厢操纵盘，设置在轿厢内门口一侧或两侧轿壁上，它是操纵轿厢运行的电气装置。操纵箱上有层站选择按钮、开门按钮、关门按钮、报警按钮、对讲系统、轿厢位置及其运行方向显示信号装置。电梯中使用的轿厢操纵盘有两种：

①采用蒂森克虏伯的标准轿厢操纵盘,其顶部带有轿厢操纵盘顶部检修组件（包括轿顶急停及检修开关＋对讲）,由轿厢底部直接到轿厢顶部,其顶部检修组件超过轿厢高度一部分。

②车站残疾人轿厢操纵盘,用于无障碍电梯,它的内部设置于蒂森克虏伯的标准轿厢操纵盘基本相似,但高度设置比较低,在轿厢两侧内壁中间位置,与轿架位置相对应,按钮标识牌上有凸起的触摸图例、符号、字母、数字和盲文。

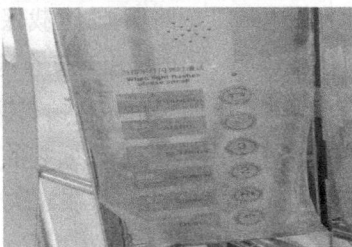

图 10-21　轿厢操纵盘

如图 10-21 所示,轿厢操纵盘中上部为对讲喇叭、对讲麦克风,下部圆形件为预设程序按钮。

3. 平层装置及再平层功能

电梯采用光电开关平层装置,设在井道内,用于电梯到达各个楼层时,将指令传递给控制柜,实现电梯按要求到达所要停靠的层站,如图 10-22 所示。电梯再平层功能:当电梯因负载变化,在电梯缓慢下降、使轿厢地面低于楼层面不超过 75mm 时,系统能自动对轿厢进行再平层。无论层门和轿厢门是打开还是关闭,系统都可进行操作。

图 10-22　平层装置

十一、电梯安全保护系统

安全保护系统用来保证电梯安全适用,防止一切安全事故发生,其包括限速器、安全钳、缓冲器、端站保护装置。

车站电梯是用动力驱动的垂直运输设备,频繁地载人、载货,上下运行,因此必须保证安全。乘客常为电梯的安全担心,认为乘坐电梯生命就系在几根钢丝绳上。其实,为了确保电梯在运行中的安全,国务院颁布的《特种设备安全监察条例》明确规定了电梯是特种危险设备,从电梯的设计、制造、安装、使用、维修、检验等各个环节,对其进行安全监管控制。电梯严格按照《电梯制造与安装安全规范》（GB 7588—2003）等标准设置了齐全的安全保护装置。电梯的安全保护装置有机械安全保护、电气安全保护两大类。机械安全保护装置有限速器、安全钳、缓冲器、门锁等保护装置。其中有些装置与电气保护配合,共同承担保护任务。电气安全保护装置除有些与机械保护装置协同工作外,还有一些是电气系统的自身保护,如电动机短路保护、过载保护、接地接零保护、错断相保护等。对于乘客存在的担心,我们做个假设,当电梯出现安全隐患时,电梯的电气保护装置会利用电气控制系统令电梯停止运行,其次电梯采用瓦林顿式钢丝绳6根设置,每根钢丝绳的安全系数都在12倍以上,所以根本不存在钢丝绳全部断裂的可能,最后即使钢丝绳全部断裂,电梯轿厢也不会直接坠落,而是很快被安全钳夹持在导轨上。

(一)电梯安全保护系统的基本组成

(1)超速(失控)保护装置:限速器、安全钳。

(2)电梯防超越行程的保护:防止越程的保护装置是由设在井道内上下端站附近的强迫换速开关、限位开关和极限开关组成。

(3)撞底(与冲顶)缓冲保护装置:缓冲器。

(4)防止人员剪切和坠落的保护:护脚板、门、门锁和门的验证关门装置。

(5)报警装置:报警装置包括轿厢内与外联系的警铃、对讲装置、视频监控等。

(6)紧急救援装置:机房内的人力救援盘车手轮、电动救援装置、检修盘紧急释放装置、安全窗等。

(7)门的安全保护装置:层门、轿门设置门光幕保护装置。

(8)电梯不安全运行防止系统:轿厢超载装置、限速器断绳开关、错断相保护等。

(9)电梯维护及检修人员专用开关:停止开关和检修运行装置。

(二)主要的安全保护装置

1.限速器

限速器和安全钳是防止电梯轿厢超速和坠落的重要保护装置,它是电梯进入载客运行的必备条件。

图10-23　限速器

限速器(图10-23)是当轿厢速度超过设定值时,操纵安全钳的装置。限速器一般安装在机房或井道顶。当轿厢下行超速时,首先,通过电气触点断电,使制动器动作,电梯停止运行。如仍不能使电梯停止,轿厢继续超速下行,超过额定速度115%时,限速器进行机械动作,夹住限速器钢丝绳,从而拉动安全钳楔块,使楔块夹住导轨,将轿厢制停。电梯限速器的安全开关为自动复位。限速器与安全钳联动,可使运行中的轿厢制停。

2.安全钳

安全钳是一种使轿厢(或对重)停止向下运动的机械装置。

在限速器动作的触发下,安全钳动作能够使运行中的轿厢或对重制停在导轨上,并保持静止状态。当底坑下有人能进入的空间时,且对重缓冲器不能安装在延伸到地面的实心桩墩上时,对重也要设安全钳。对重安全钳又是防止上行超速保护装置的一种。安全钳一般都装在轿厢架的底梁，成对同时作用在导轨上。安全钳分瞬时式安全钳和渐进式安全钳。

（1）瞬时式安全钳

瞬时式安全钳的动作元件有楔块，也有滚柱。其工作特点是，制停距离短，基本是瞬时制停，动作时轿厢承受很大的冲击，导轨表面也会受到损伤。所以，标准规定瞬时式安全钳只能用于额定速度不大于 0.63m/s 的电梯。

（2）渐进式安全钳

渐进式安全钳与瞬时式安全钳的主要区别在于，渐进式安全钳的动作钳座由弹性元件组成，夹持时有足够的缓冲，制停距离比较长。渐进式安全钳动作时轿厢制停的平均减速度在（0.2 ～ 1.0）g 之间。额定速度大于 0.63m/s 或轿厢装设数套安全钳装置，采用渐进式安全钳。若速度大于 1.0m/s，对重安全钳也要采用渐进式安全钳。

3. 门锁装置

门锁装置是指在轿门与层门关闭后能够锁紧，同时接通控制电路，轿厢方可运行的机电连锁安全装置。门锁包括层门门锁（图 10-24）和轿门门锁。为了确保乘客安全，必须保证："电梯开门不运行，电梯运行不开门。"每一层门上都装有一把门锁。门锁是在轿厢离开层站时，确保层门不被意外打开的重要安全保护装置。层门

图 10-24　电梯层门门锁装置

门锁紧还必须由电气安全装置来实现，而锁紧元件啮合不少于 7mm 后，电气安全装置接通。切断电路的触点元件与机械锁紧装置之间直接连接，有利于防止误动作。门锁的电气触点为安全触点，即使触点熔接在一起，开门时也能断开该安全装置。

4. 缓冲装置

缓冲器是位于井道底坑，可以吸收轿厢由于控制失灵、曳引力不足或制动失灵等发生轿厢撞击时的动能，起到缓冲作用的安全装置，可保证人员和电梯结构的安全，如图 10-25 所示。

缓冲器分蓄能型缓冲器和耗能型缓冲器。蓄能型缓冲器主要是以弹簧和聚氨酯材料等为缓冲元件，只能用于额定速度不超过 1.0m/s 的电梯。耗能型缓冲器主要是指液压缓冲器，适用于任何额定速度的电梯。

5. 电气安全装置

（1）电气故障的防护。任何一种电气设备故障不对电梯安全运行产生影响，否则采取措施，使电梯立即自动停止运行。

（2）电气安全装置。电梯装置需要由一个以上的电气安全装置监控，这些电气安全装置之中的任何一个动作，就能防止电梯主机启动或立即使其停止，制动器的电源也被切断。

所有电气安全装置，最终还要依赖制动器使电梯停止运行，并保持停止状态。

6. 超速保护功能

超速保护功能由限速器－安全钳系统联动超速保护装置实现。通过限速器、安全钳电气保护装置及限速器断裂或松弛保护装置，对电梯起超速保护作用。

图 10-25　缓冲器

7. 电梯终端限位保护

电梯终端限位保护是指轿厢在上下端站越位时通过电气系统实现强迫减速、切断动力电源、迫使电梯停止的三级保护。

8. 电梯撞底保护

电梯井道底部安装轿厢和对重缓冲器，以提供电梯失控时的撞底保护。

9. 错、断相保护装置

当供电电源发生错、断相时，都会断开控制电路和电机的电源。

10. 超载保护功能

当轿厢载荷超过额定载荷 10% 时，电气控制系统自动启动在轿厢上的警报蜂鸣器及轿厢的指示面板上的"超载"信号灯闪烁灯，电梯门开启，直至载荷减至合适为止。

11. 应急通信及应急照明功能

供紧急情况下使用。

12. 电梯门保护装置

（1）为了确保乘客安全，必须保证"电梯开门不运行，电梯运行不开门"。

（2）电梯具有光幕保护装置，该装置可有效实现免接触式门保护功能，如图 10-26 所示。光幕保护装置在电梯门口形成一个覆盖整个门高度的安全光栅带，对进入探测区的任何物体进行探测，以防止有人穿过门口被撞击，从而保证乘客的安全。同时，电梯门还具有在遇到关门阻力时，自动回弹功能。

光幕保护装置主要技术参数见表 10-3。

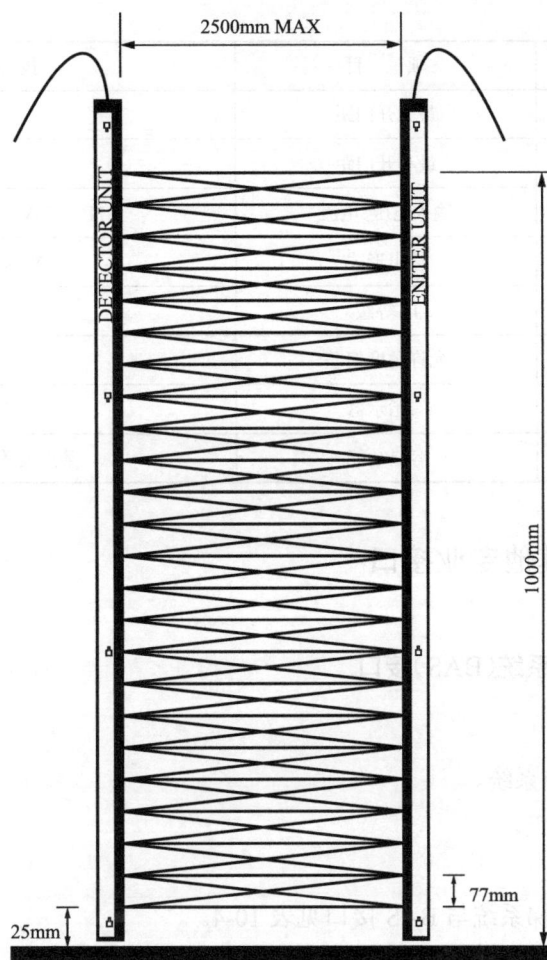

图 10-26　光幕

光幕保护装置主要参数　　　　　　　　　　　　　　　表 10-3

序　号	项　目	技 术 参 数
1	外形尺寸	9mm×37.3mm×2000mm
2	TX 端线芯识别	红色——+V（直流） 橙色——0 V 白色—— RX/TX 信号线 蓝色——信号输出
3	RX 端线芯识别	黄色——+VDC 橙色——0 V 白色——RX/TX 信号线
4	光束	181 束
5	最高光束	1834mm
6	最低光束	20.5mm

序　号	项　目	技 术 参 数
7	最大开门距	4m
8	最小开门距	0
9	输入电压、电流	11～30V（直流）、80mA
10	输出形式	NPN 型 /NC
11	IP 等级	IP54
12	允许角度偏差	±15º
13	有指示器	2 个
14	容错功能	某点失效,仍可运行

十二、电梯与其他专业接口

（一）与设备监控系统（BAS）接口

1. 缩写词定义

（1）BAS:设备监控系统。

（2）IBP:紧急操纵盘。

2. 接口关系

（1）物理接口。电梯系统与 BAS 接口见表10-4。

电梯系统与 BAS 接口　　　　　表 10-4

序号	接口位置	接口类型	电梯公司	BAS 承包商	接口目的
1	电梯控制柜	接口类型 1:通信接口 RS485） 接口类型 2:继电器接口（硬线）	负责在控制柜内预留接线端子	提供终端盒及接线电缆,并负责连接	用于电梯与 BAS 之间的数据传输

（2）功能接口。电梯系统和 BAS 的功能接口分别由电梯公司和 BAS 承包商按表 10-5 的内容提供。

电梯系统与 BAS 功能接口　　　　　表 10-5

序号	功能要求	电梯公司	BAS 承包商
1	电梯运行 / 非运行、报警、故障状态在车站车控室的 IBP 上显示	向 BAS 系统提供电梯运行 / 非运行、报警、故障状态信息及维修四种状态信号	接收电梯运行 / 非运行、报警、故障信号,并在 IBP 上显示,并可提供声光报警信号
2	电梯的运行 / 非运行、报警、故障信息在各站车控室的计算机上显示	向 BAS 系统提供电梯的各类运行、报警、故障信息及维修四种状态信号	接收、处理、显示电梯的各类运行、报警、故障及维修信息

（3）接口信号传递及信号显示,见表 10-6。

接口信号传递及信号显示　　　　　　　　　　表 10-6

序号	功 能 描 述	电 梯 提 供	IBP 显 示
1	运行 / 非运行	Y	I
2	报警	Y	A
3	故障	Y	A
4	维修	Y	I

注:1. Y—提供信号;A—声音警报和显示;I—视频显示。

2. 在收到电梯"报警"信号后,车控室产生"报警"显示信号和报警信号,只有在"报警"信号完全清除以后,显示才能复位。

3. 在收到电梯"故障"信号后,车控室产生"故障"报警信号及显示,只有在电梯故障清除以后,显示才能复位。

(4)工作范围。电梯承包商与 BAS 承包商职责见表 10-7。

电梯公司与 BAS 承包商职责　　　　　　　　　　表 10-7

序号	电梯公司负责内容	BAS 承包商负责内容
1	提供 RS485 通信接口并留端子排;提供继电器硬线接口并留端子排	负责并安装到电梯控制柜的端子排,并提供到端子排的电缆
2	向 BAS 承包商提供完整的通信协议	按电梯公司提供的功能需求,设计网络拓扑结构及远程监控系统
3	对 BAS 承包商形式开放通信协议	信息集成(计算机上)和必要的控制(IBP 上)
4	就地上传电梯运行 / 非运行、报警、故障等信息	开发远程监控系统,在 OCC(控制中心)向电梯管理系统传输运行 / 非运行、报警、故障等信息
5	按进度与 BAS 承包商及时交换设计信息	按进度与电梯公司及时交换设计信息
6	提供仿真测试软件,能完成所有远程监控功能电梯方的模拟测试	提供仿真测试软件,能完成所有远程监控功能 BAS 方的模拟测试
7	为 BAS 承包商提供必要的支持,配合进行接口和整体试验工作	为电梯公司提供必要的支持,组织并完成在现场进行的系统联调工作

注:1. 表所列的工作内容并未涵盖一切,为完成规定的功能需求,双方还应进行其他一些工作;在界面划分中,出现分歧和不同意见时,应当向监理人员提出报告,协商解决。

2. 双方相互协调、密切配合,制订好设计和完工时间。

(二)与火灾自动报警系统(FAS)的接口

1. 缩写词定义

FAS:火灾自动报警系统。

2. 接口关系

(1)物理接口,电梯与 FAS 接口见表 10-8。

电梯与 FAS 接口　　　　　　　　　　表 10-8

序号	接口位置	接口类型	电梯公司	BAS 承包商	接口目的
1	电梯控制柜	干式触点硬线接口	负责在控制柜内预留接线端子	提供终端盒及接线电缆,并负责连接	用于电梯与 FAS 之间的命令传输

（2）功能接口。电梯系统和 FAS 的功能接口分别由电梯公司和 FAS 承包商按表 10-9 的内容提供。

电梯系统和 FAS 的功能接口 表 10-9

序号	功能要求	电梯公司	BAS 承包商
1	车站及车辆段的火灾自动报警系统监控电梯	（1）传送电梯控制和状态的信息到 FAS 模块箱； （2）在灾害情况下，接收及执行 FAS 的控制命令	在灾害情况下，车站的火灾报警主机控制电梯回归基站

（3）工作范围。电梯承包商与 FAS 承包商职责见表 10-10。

电梯承包商与 FAS 承包商职责 表 10-10

序号	电梯公司负责内容	BAS 承包商负责内容
1	（1）提供一对干式触点硬线接口，并负责配合 FAS 承包商电缆接入工作； （2）对于有机房电梯，要求提供一对干式触点，消防开关及布线由卖方负责	提供 FAS 模块箱终端控制盒干式触点硬线接口，负责将电缆接至电梯控制箱

（三）与通信系统承包商接口

通信系统承包商负责提供车控室与电梯轿厢对讲机的电缆，并负责将电缆接至电梯配电箱处。卖方负责将电缆从配电箱处引入电梯轿厢，并负责连接。

（四）与安防系统承包商接口

安防系统承包商负责提供至电梯轿厢的电缆，并负责将电缆接至电梯配电箱处，及负责提供并安装轿厢内的摄像头。卖方负责将电缆从配电箱处引入电梯轿厢，并配合闭路电视监控系统（CCTV）承包商的安装工作。

第二节　自动扶梯设备

一、自动扶梯的分类

（一）按安装位置分类

（1）室内梯。

（2）半室外梯。

(3)室外梯。

(二)按使用场所、功能分类

(1)普通型(也称商用型)。

(2)公共交通型(又分为一般型和重型)。

城市轨道交通领域所使用的自动扶梯为公共交通重载型自动扶梯。

二、自动扶梯的常用术语

桁架(机架):架设在建筑结构上,供支承梯级、踏板及运动机构等部件的金属结构件。

梯级:在扶梯桁架上循环运行,供乘客站立的部件。

围裙板:与梯级、踏板两侧相邻的金属围板。

三、自动扶梯的基本结构

(1)驱动系统。

(2)扶手装置。

(3)梯路。

(4)安全装置。

(5)控制系统。

四、自动扶梯设备组成

自动扶梯由主机、减速箱、电气控制系统、驱动链、梯级链及其他传动链条、梯级及其附属装置、安全保护系统、桁架等组成。

五、自动扶梯主机结构及主驱动轴

(一)主机结构

主机结构包括吊装环、电机、电机风扇、减速箱、抱闸等,如图10-27所示。

减速装置结构简图,如图10-28所示。

电机的功率根据电机提升高度不同而定。

工作制动器配有制动器松闸检测装置,制动器未完全打开时,扶梯不能动作,即使扶梯动作,也会立即停止,如图10-29、图10-30所示。

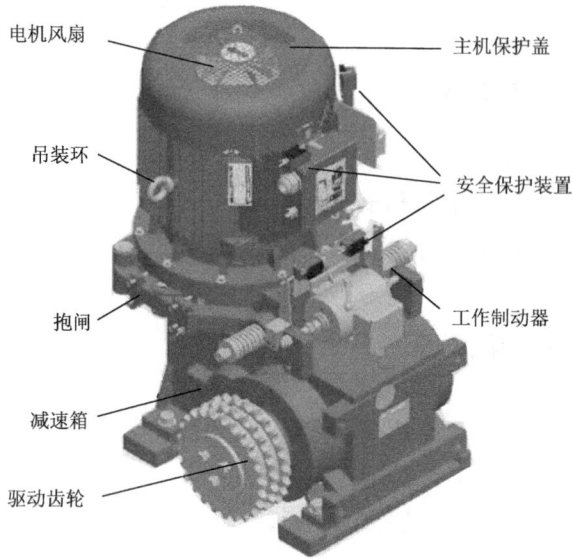

图 10-27　电机结构简图

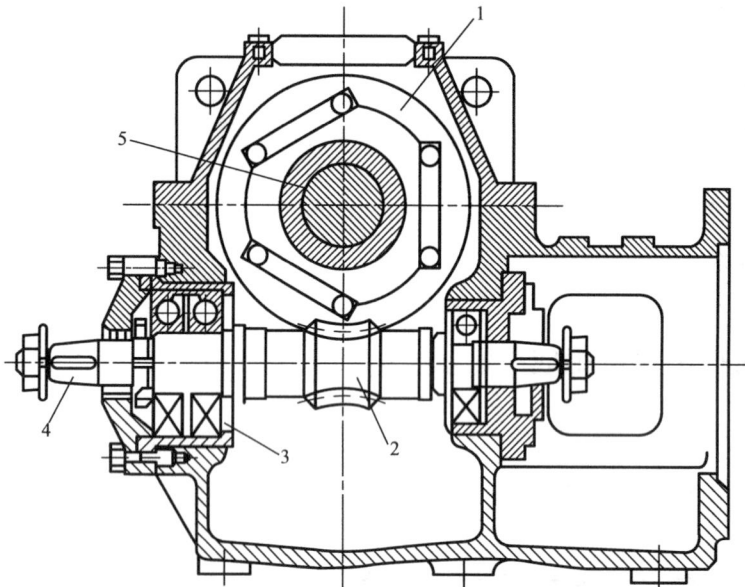

图 10-28　减速箱结构简图

1- 涡轮；2- 蜗杆；3- 滚动轴承；4- 输入轴；5- 输出轴

（1）驱动装置配置可靠的自动防故障工作制动器。驱动装置制动器为压缩弹簧型，DC螺线管（DC 螺线管是用于 20 ～ 600A 电流远程切换的继电器）持续通电释放。制动器不采用自激励释放装置。

（2）制动器采用机械操作装置，逐步减少制动器螺线管持续电流。在制动电路断开后，制动器能够立即施加制动。

（3）制动器能以减速或匀减速停止正在以额定速度运行的设备。在任何情况下，减速度都不会给乘客造成危险的惯性冲击感觉。在不同载荷的情况下,最大制动冲击减速度不大于 2.5m/s²。

（4）从电制动装置开始工作时起,满载运行设备的制动距离在运行方向上测量最远不大于 1.3m。对同一部以额定速度运行的空载设备,制动距离在运行方向上测量不小于 300mm。

（5）驱动装置制动器能够停止自动扶梯,并保持扶梯梯级静止,使整台扶梯作为固定楼梯使用,可以用于疏散大流量人群,且不会发生任何滑动或抖颤。

（6）制动器有松闸装置,制动器未完全打开时,自动扶梯不能动作,即使扶梯被强行动作、启动,也能保证扶梯立即停止,主机被锁死。

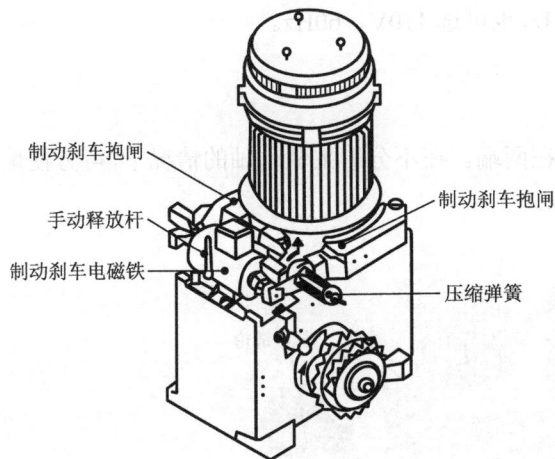

图 10-29　工作制动器示意图

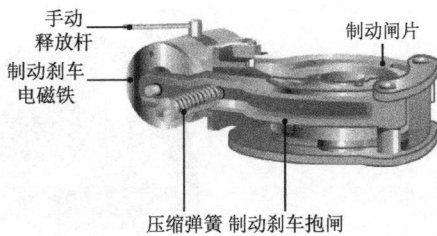

图 10-30　主机工作制动器示意图

电机保护装置如图 10-31 所示。

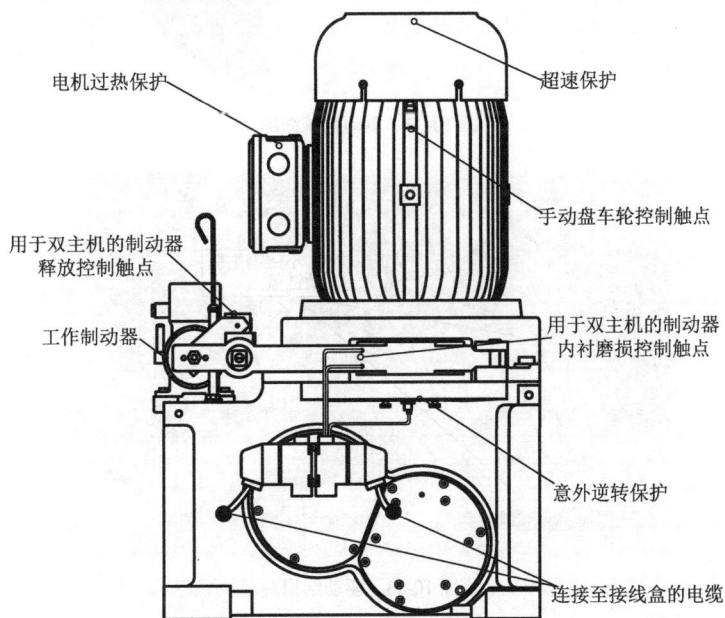

图 10-31　电机保护装置

自动扶梯工作制动器除具有以上特性外,还有如下特性:

(1)手动释放制动器规定:手的持续压力可使制动器保持在释放状况,手松开后,制动器恢复制动。

(2)制动力大小与驱动装置制动器开始工作时扶梯上的乘客载荷大小相一致,可根据运行方向产生最优制动力矩,使扶梯在符合国家标准要求下停梯,其控制电路具有电机反馈电流的功能。

(3)当扶梯启动运行时,如果驱动制动器不能正常释放,或在扶梯运行过程中,驱动装置制动器出现故障不工作,扶梯将立即切断电机电流,使扶梯立即停止。

(4)其线圈电压为交流220V、50/60Hz,也可选110V、60Hz。

(二)主驱动轴

(1)主驱动轴用自定心滚柱轴承支撑在两端。在不分解主驱动轴的情况下,可方便地从轴承室取出轴承,如图10-32、图10-33所示。

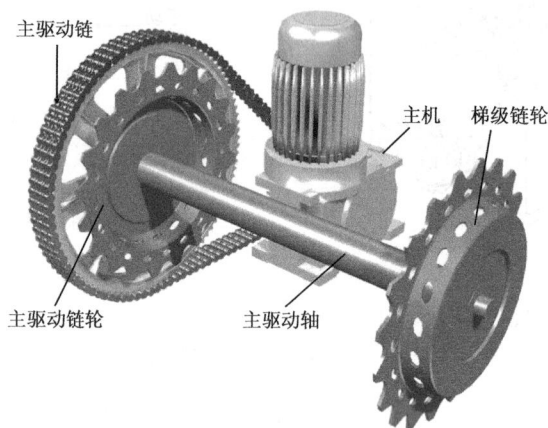

图10-32　驱动系统简图

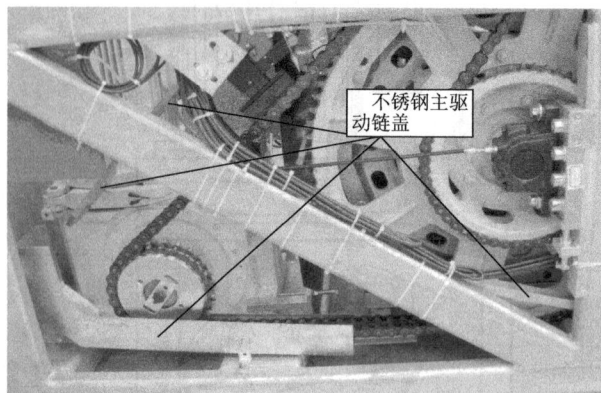

图10-33　驱动结构

(2)主驱动轴上链轮的焊接部分经过超声波检查。

六、自动扶梯电气控制系统

自动扶梯是一种连续输送机械,其电气控制系统与电梯电气控制系统相比,区别主要体现在:

(1)自动扶梯基本上不带载起动。

(2)自动扶梯的运行速度保持不变。

(3)自动扶梯不频繁起制动,无加减速问题。

(4)自动扶梯正常运行时不须改变运行方向。

(5)自动扶梯无开关门系统。

(6)自动扶梯不需要信号登录及信号显示系统（自动启动式自动扶梯或自动人行道除外）。

(7)不须考虑自动扶梯运行位置及运行状态。

因此,自动扶梯的电气控制系统相对电梯的来说简单得多,其主要包括自动扶梯主电路原理图、运行控制回路原理图、安全保护回路和照明电路。这些电气元件标志和导线端子编号应清晰,并与技术资料相称。

自动扶梯或自动人行道的启动应由指定人员操作一个或数个开关来实现。操纵开关的人员在操作之前应能看到整个自动扶梯或自动人行道,或者有措施保证,在操作之前没有人正在使用自动扶梯或自动人行道。供操纵的开关有钥匙操作式、可卸手柄式及护盖可锁式多种,这类开关不能同时兼作主开关使用,在开关上应有运行方向指示。当自动扶梯或自动人行道有自动启动功能时,应在使用者走到自动扶梯或自动人行道梳齿相交线之前,使之自动启动并投入有效运行。自动启动可通过下列方式来实现:

(1)光束,应设置在梳齿相交线之前至少 1.3m 处。

(2)触点踏垫,其外缘应设置在梳齿相交线之前至少 1.8m 处、沿运行方向的触点踏垫长度至少为 0.85m。对重量起反应作用的触点踏垫,施加在其表面面积为 $25cm^2$ 的任何点上的载荷达 150N 之前就应做出响应。由使用者通过而自动启动的自动扶梯或自动人行道的运行方向应预先确定,应配备一个清晰可见的信号系统,以便向乘客指明自动扶梯或自动人行道是否可用及其运行方向。如果使用者从预定运行方向相反的方向进入时,那么自动扶梯或自动人行道仍应按预定运行方向启动并运行,运行时间应不少于 10s。

自动扶梯或自动人行道被乘客自动启动后,控制系统应保证有一段足够的运行时间,该时间在自动停止运行之前至少为预期乘客输运时间再加上 10s。

自动扶梯或自动人行道的主开关应安装在主机附近、转向站中或控制装置旁,它应能切断电动机、制动器释放装置和制动电路电源,并能切断自动扶梯和自动人行道在正常使用情况下的最大电流,但应不能切断电源插座或检修（维修）所必需的照明电路电源。当辅助设备,如暖气装置、扶手照明和梳齿板照明是分开单独供电时,则应能单独将它们断开,各相应开关应位于主开关近旁,且设明显标志。主开关处于断开位置时应能被锁住或处于"隔离"

位置,保证不会因其他因素造成故意动作。在打开门或活板门后可迅速而容易地操纵主开关的控制机构。

自动扶梯或自动人行道应设置带有停止开关的便携式手动操作的检修装置,操作元件只能在用手按压的时间内运转,开关的指示装置上应具有明显识别运行方向的标记,以防止意外动作的发生。驱动站和转向站均应至少设置一个检修插座。所有的检修插座应设置为:当连接一个以上的检修装置时,或者都不起作用,或者需要同时都启动才起作用。与检修插座相连的便携式控制装置的柔性电缆长度应不少于3m,并能使检修装置到达自动扶梯或自动人行道的任何位置。当使用检修控制装置时,其他所有的启动开关都应不起作用。安全开关和安全电路在检修运行时仍应有效。

自动扶梯的检修运行:当扶梯需要在检修状态下运行时,拉下检修插座上的插头,将手动控制装置插头插入检修插座上,即可使扶梯按点动方式作检修运行。在扶梯进行机械或电器检修时,手控装置中的停止按钮常闭触点应处于断开状态,切断控制回路,以防止事故发生。

在此必须说明,在《自动扶梯和自动人行道的制造与安装安全规范》(GB 16899—2011)中要求:自动扶梯的主电路、制动器的供电回路电源的中断应至少有两套独立的电气装置来实现。如自动扶梯或自动人行道停车以后,这些电气装置中的任一个还没有断开,则重新启动应是不可能的。这是为了自动扶梯与自动人行道运行时更加安全,以免其产生某种故障时继续运行,以致产生安全事故。

自动扶梯的电气控制系统一般都采用继电器控制逻辑线路,现在也相继出现由可编程序控制器及微型计算机所控制的自动扶梯电气控制系统。这样,自动扶梯的运行状况及故障数据可以简单明了地检测出来,极大地方便了检修维护工作,并缩短了故障排除时间,特别是可以接入自动扶梯的远程监控系统。

专门用于公共交通型自动扶梯的远程监控系统用计算机系统进行控制,可在中心工作站监控某一公共场所若干台自动扶梯的运行,显示状态报告,发出故障诊断及潜在的故障预警信号,以提高工作效率,快速排除故障和进行预防性维护,从而降低维修费用,提高经济效益,使自动扶梯保持良好的运行状态。

上述系统也可发出命令,使自动扶梯停车或改变运行方向。

由上可知:自动扶梯也和电梯一样,可以用计算机进行群控,如三台自动扶梯并联,如果人流减少,则可使一台自动扶梯停开;如果向上人流加大,则可控制两台自动扶梯向上运行,一台自动扶梯向下运行。

七、自动扶梯驱动链、梯级链及其他传动链条

驱动链条基本上采用的是标准多排套筒滚子链,安全系数 >5,如图 10-34 所示;如果采用 V 形皮带,安全系数 >7,且不少于 3 根。目前郑州轨道交通采用的是双排链。

（一）链传动的组成

链传动的组成如图 10-35 所示。

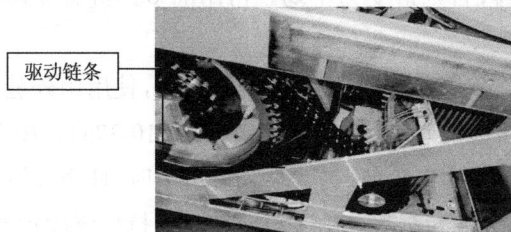

图 10-34　驱动链条

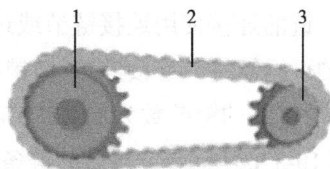

图 10-35　链传动的组成

1- 主动链轮；2- 链条；3- 从动链轮

（二）链传动工作原理

依靠链条与两链轮之间的啮合力，使从动链轮回转，进而实现运动和动力的传递。链传动类型很多，按用途可分为起重链、牵引链和传动链三大类。

（1）起重链，又称为曳引链，在起重机械提起重物时，作缓慢运动，用以传递力，起牵引、悬挂物品作用。其工作速度 $v \leqslant 0.25\text{m/s}$。

（2）牵引链，又称为输送链，主要用于链式输送机中移动重物，用于输送工件、物品和材料，可直接用于各种机械上，也可以组成链式输送机，作为一个单元出现。其工作速度 $v \leqslant 4\text{m/s}$。

（3）传动链，主要用于在一般机械中传递运动和动力，也可用于输送等场合。通常工作速度 $v \leqslant 15\text{m/s}$。

传动链的种类繁多，最常用的是滚子链，滚子链（套筒滚子链），如图 10-36 所示。由内链板 1、外链板 2、销轴 3、套筒 4 和滚子 5 组成。销轴与外链板、套筒与内链板分别采用过盈配合连接，组成外链节、内链节；销轴与套筒之间采用间隙配合构成外、内链节的铰链副（转动副）。当链条屈伸时，内、外链节之间就能相对转动。滚子装在套筒上，可以自由转动，当链条与链轮啮合时，滚子与链轮轮齿相对滚动，两者之间主要是滚动摩擦，从而减小了链条和链轮轮齿之间的磨损。

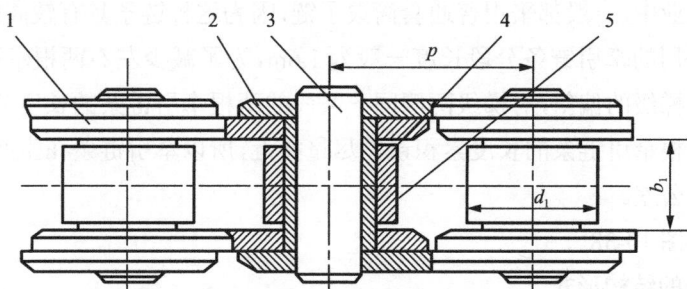

图 10-36　滚子链

1- 内链板；2- 外链板；3- 销轴；4- 套筒；5- 滚子

当需要承受较大载荷、传递较大功率时,可使用多排链。多排链相当于几个普通的单排链彼此之间用长销轴连接而成。其承载能力与排数成正比,但排数越多,越难使各排受力均匀,因此排数不宜过多,一般排数小于4排,否则链受力不均。常用的多排链有双排链和三排链。

滚子链的连接使用连接链节或过渡链节:当链条两端均为内链节时,使用由外链板和销轴组成的可拆卸链节连接,用开口销(钢丝锁销)或弹性锁片连接,如图10-37a)、10-37b)所示,连接后链条的链节数为偶数;当链条一端为内链节、另一端为外链节时,使用过渡链节连接,如图10-37c)所示,连接后的链条的链节数为奇数。由于过渡链节的抗拉强度较低,因此应尽量不采用。

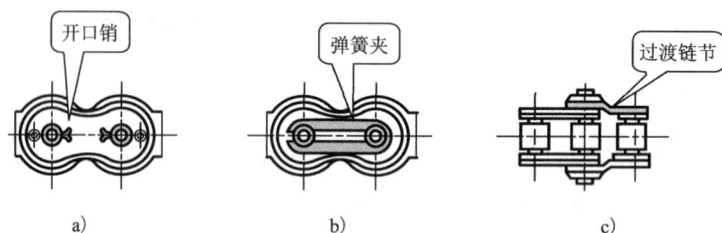

图 10-37　滚子链的接连形式

1. 滚子链主要参数

(1)节距:链条的相邻两销轴中心线之间的距离,用符号 P 表示。链的节距越大,承载能力越强,但链传动的结构尺寸也会相应增越大,传动的振动、冲击和噪声也越严重。

(2)节数:滚子链的长度用节数来表示。链节数应尽量选取偶数,避免奇数时需要过渡链节,而使工作链板受到附加的弯曲应力。

2. 滚子链优缺点

优点:能保证准确的平均速比;可用于中心距较大的两轮轴之间传递动力和运动。

缺点:链条较容易磨损,磨损后的链条节距加大,链条易脱落;链条传动的速度较低,运行时有噪声。

端部驱动装置所用的牵引链条一般为套筒滚子链,它由链片、小轴和套筒等组成。在我国自动扶梯制造业中,一般都采用普通套筒滚子链,因为这种链条具有较高的可靠性且安装方便。目前所采用的牵引链条分段长度一般为1.6m,为了减少左右两根牵引链条在运转中发生偏差而引起梯级的偏斜,对梯级两侧同一区段的两根牵引链条的长度公差应进行选配,保证同一区段两根牵引链条的长度累积误差尽量接近,所以牵引链条在生产后出厂时,就应标明选配的长度公差。

链条结构如图10-38。

3. 牵引链条的结构形式

牵引链条按照梯级主轮的安装位置的不同,分为置于牵引链轮内侧和外侧的形式(图10-39、图10-40),也有置于牵引链条的两个链片之间的形式。置于牵引链条内、外侧的结构,其主轮直径可选用较大的(如直径100mm或更大,以承受较大的轮压),可以使用大尺寸的链片,适用于公共交通型的自动扶梯。置于牵引链条两个链片之间的结构,其主轮既是梯级的承载件,又是与牵引链条相啮合的啮合件,因而主轮直径受到限制,适用于一般提升高度的自动扶梯。

图 10-38　链条结构

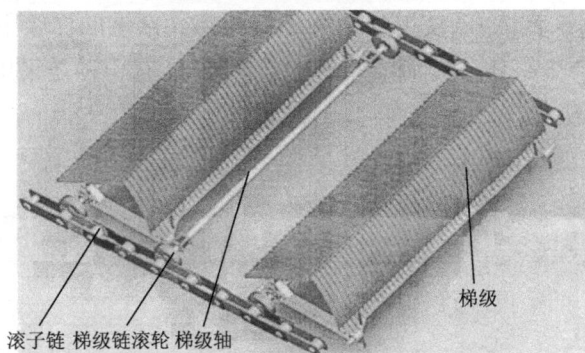

图 10-39　滚子链式梯级链(滚轮外置式梯级链)

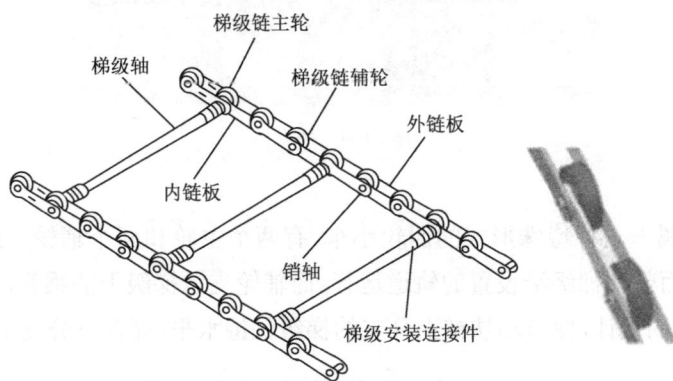

图 10-40　滚轮链式梯级链(滚轮内置式梯级链)

4.牵引链条的主要参数及特点

节距是牵引链条的主要参数。节距越小,工作越平稳,但关节越多、自重越大,价格越高,而且关节处的摩擦越大。反之,节距越大、自重越轻,价格越便宜。为了工作平稳,链轮直径也要增大,这就加大了驱动装置和张紧装置的外形尺寸。一般自动扶梯两梯级间的节距采用 400 ～ 406.4mm,牵引链条节距有 67.7、100、101.6、135、200mm 等。

一般大提升高度的自动扶梯采用大节距的牵引链条,小提升高度的自动扶梯采用小节距的牵引链条。如提升高度为 60m 的自动扶梯,采用 200mm 节距的牵引链条;提升高度为 4m 的自动扶梯,则可采用 67.7mm 节距的牵引链条。

八、自动扶梯梯级及结构组成

(一)梯级

梯级是扶梯中数量最多的部件,如图 10-41 所示,一般小提升高度的自动扶梯中有 50 ～ 100 个梯级,大提升高度扶梯中会多达 600 ～ 700 个梯级。由于梯级数量众多、工作负荷大、始终运转,所以梯级的质量决定了自动扶梯的性能和质量。要求梯级具有自重小、装拆维修方便、工艺性好、使用安全可靠等特点。常见的梯级主要由两种方式制作而成,一种是采用铝合金整体压铸而成的整体式梯级,还有一种是采用不锈钢加工的部件拼装而成的分体式梯级。

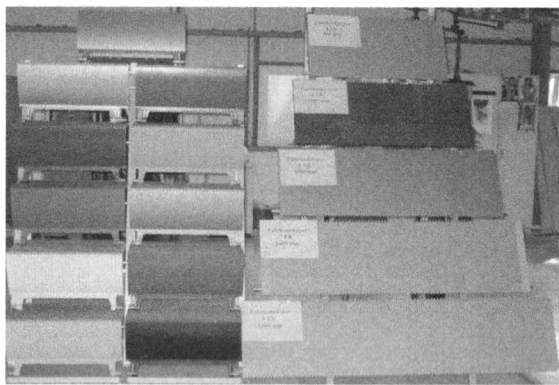

图 10-41　梯级

1. 结构形式

梯级的结构属于一种特殊形式的四轮小车,有两个主轮和两个辅轮。通过牵引链条与主轮的轮轴铰接而带动梯级沿设置的轨道运行;而辅轮支承梯级上的乘客,也沿着设置的轨道运行,通过轨道的设计,使自动扶梯上分支的梯级保持水平,而在下分支中将梯级悬挂。

2. 结构尺寸

梯级的几何尺寸包括梯级宽度、梯级深度、主轮与辅轮之间的基距及主轮间距。对梯级结构形式影响较大的几何尺寸是主轮与辅轮之间的基距。梯级基距一般在 310 ～ 350mm 之间,其分为短基距、长基距以及中基距,如图 10-42 所示。短基距梯级制造方便,能减小驱动链轮的直径,使自动扶梯结构较为紧凑,但梯级不够稳定。长基距梯级在载荷下比较稳定,运转平稳,但尺寸大、自重大,加大了驱动链轮的直径,从而使整个自动扶梯的结构加大。

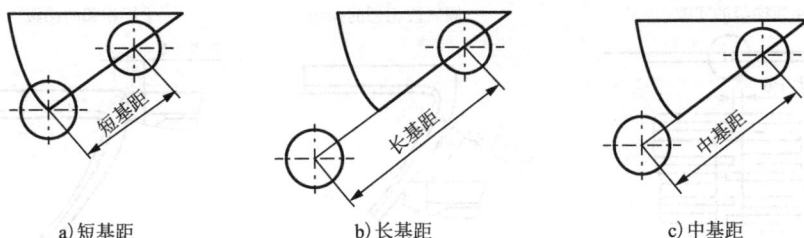

a)短基距　　　　　　b)长基距　　　　　　c)中基距

图 10-42　梯级基距图

梯级的其他几个重要尺寸参数:

(1)梯级宽度:常见有 600、800、1000mm 等。

(2)梯级深度(即梯级踏板的深度):乘客双脚与梯级接触部位的高度,为保证乘客能够稳定的站立,此尺寸须大于 380mm。

(二)结构组成

梯级的基本结构如图 10-43 所示。梯级由踏板、踢板、梯级支架和主辅轮组成。整体式梯级是将踏板、踢板和梯级支架三者于一体整体压铸而成的;分体式梯级是将上述三者拼装组合而成。整体式梯级相比分体式梯级,具有加工快、精度高、自重轻等优点。

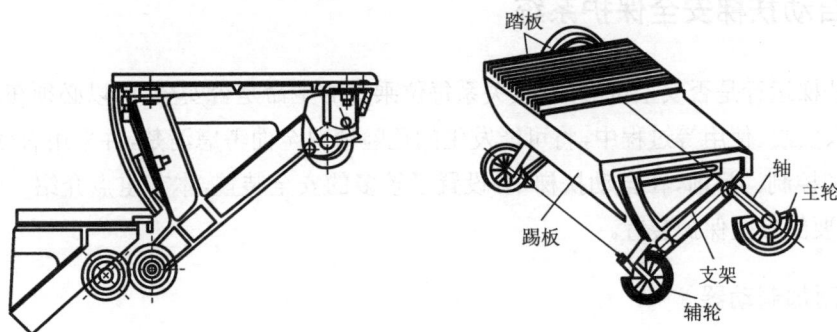

图 10-43　梯级的基本结构

(1)供乘客站立的面称为踏板,其表面应具有节距精度较高的凹槽,它的作用是使梯级通过上下出入口时,能嵌在梳齿中,使运动部件与固定部件之间的间隙尽量小,以避免对乘客的脚产生夹挤等伤害。另外,凹槽还可以增加乘客与踏板之间的摩擦力,防止脚产生滑移。槽的节距应有较高精度,一般槽深为 10mm,槽宽为 5 ~ 7mm;槽齿顶宽为 2.5 ~ 5mm。

(2)踢板面为圆弧带齿的面。在梯级踏板后端做出齿形,这样可以使后一个梯级踏板前端的齿嵌入前一个梯级踢板的齿槽内,使各梯级间相互进行导向,图 10-44 所示。大提升高度自动扶梯的踢板有做成光面的。在运动中,踏面与踢板以齿相啮合,在梯级进入上下水平段时,以齿槽与梳齿板的梳齿相啮合,这样确保了梯级在运动全过程中都不会出现连续缝隙。同时,踏板表面上的齿槽具有一定的防滑功能,使乘客不易在梯级上滑倒。

(3)梯级支架是梯级的主要支承结构,由两侧支架和以板材(或角钢)构成的横向连接件组成。

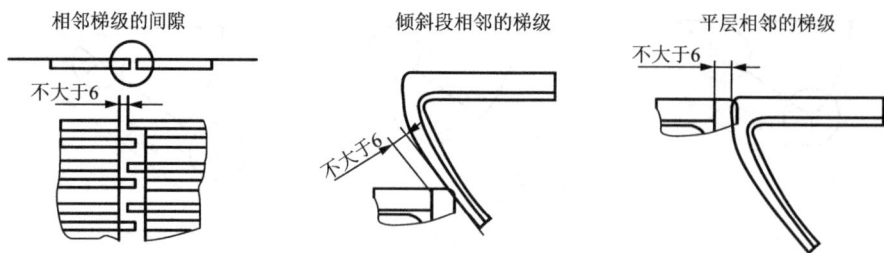

图 10-44 梯级在运动中与相邻梯级间的啮合(尺寸单位:mm)

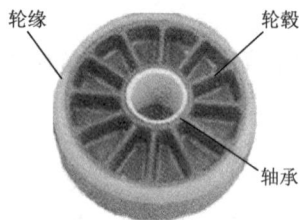

图 10-45 金属轮毂式滚轮

（4）一个梯级有四个车轮,两个铰接于牵引链条上的车轮为主轮,两个直接装在梯级支架短轴上的车轮称为辅轮。自动扶梯梯级车轮工作特性:转速不高,一般在 80～140r/min 范围内,但工作载荷大（达 8000N 或更大）,外形尺寸受到限制（直径 70～180mm）。

目前,郑州轨道交通采用的是金属轮毂式滚轮如图 10-45 所示,原因是金属轮毂有较强的承载能力。轮缘采用防油的聚氨酯,轴承采用防水、防尘轴承,可以提高滚轮的寿命。

九、自动扶梯安全保护系统

自动扶梯运行是否安全可靠,直接关系每位乘员的生命是否安全,所以必须在自动扶梯设计、生产、安装、使用等过程中,将可能发生的危险情况全面考虑清楚,并采用有效的措施,加以防范和控制。目前,在自动扶梯中,设置了较多的安全装置,本节重点介绍一些平时经常动作、重要的安全保护装置。

（一）附加制动器

根据《自动扶梯和自动人行道的制造与安装安全规范》（GB 16899—2011）的要求,在下列任何一种情况下,自动扶梯应设置一个或多个附加制动器:

（1）工作制动器与梯级、踏板或胶带驱动装置之间不是用轴、齿轮、多排链条或多根单排链条连接的。

（2）提升高度大于 6m。

（3）附加制动器与梯级、踏板或胶带驱动装置之间应用轴、齿轮、多排链条或多根单排链条连接。不允许采用摩擦传动元件（如离合器）构成的连接。

（4）附加制动器应能使具有制动载荷向下运行的自动扶梯和自动人行道有效减速停止,并使其保持静止状态。减速度不应超过 $1m/s^2$。附加制动器动作时,不必保证对工作制动器所要求的制停距离。附加制动器应为机械摩擦式的,如图 10-46 所示。

所有自动扶梯均应装设附加制动器,其在单独制动扶梯时,不允许出现倒转。当外部电源故障或断电时,附加制动器应能动作防止溜梯。

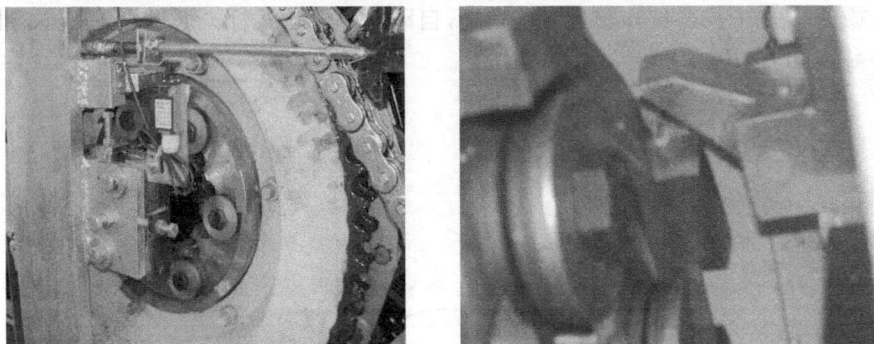

图 10-46 附加制动器

附加制动器工作性能：单独制动扶梯时能使无载或带制动载荷（120kg/级）下行的扶梯，在速度超过 1.3 倍之前，以有效减速度停止并保持静止，其最小制度距离为 0.3m，最大制动距离不应超过倾斜部分的 1/3（但不超过 5m）。

工作制动器和附加制动器的制动不应同时动作。当工作制动器和附加制动器必须同时制动时，其制动距离也应符合在无载或带制动负载（120kg/级）下行时，制动距离应在 0.3 ～ 1.3m 之间的要求。工作制动器和附加制动器动作情况见表 10-11。

工作制动器和附加制动器动作情况　　　　　　　　表 10-11

扶梯状态	工作制动器（动、不动作、延时）	附加制动器（动作、不动作、延时）	制动距离（m）
超速至 1.15 倍时	动作	不动作	0.3 ～ 1.3m
超速至 1.3 倍时	动作	动作	0.3 ～ 1.3m
意外逆转时（速度为 0 之前）	动作	动作	0.3 ～ 1.3m
驱动链断裂时	动作	动作	0.3 ～ 1.3m
供电中断时	动作	动作	0.3 ～ 1.3m
安全电路中断时	动作	不动作	0.3 ～ 1.3m
钥匙开关关停时	动作	不动作	0.3 ～ 1.3m
急停开关动作时	动作	不动作	0.3 ～ 1.3m
车站急停开关动作	动作	不动作	0.3 ～ 1.3m

当扶梯驱动链破断，附加制动器单独对扶梯制动时，应能使乘客安全。

应有制动器松闸检查装置，当制动器未打开时，扶梯不能起动。

（二）梳齿板保护装置

梳齿板保护装置的作用：当梳齿板与梯级之间发生挤压时，以梳齿板支撑板的后移产生缓冲，减少挤压力对人体、机件的损害，并立即使自动扶梯停止，其是自动扶梯必须安装的安全装置。

梳齿板安装固定在梳齿支撑板上，梳齿支撑板采用可活动的结构，平时在压缩弹簧的作用下处于工作位置。当梳齿板受到冲击时，梳齿支撑板在外力下发生移动，触动安装在活动结构上的微动开关(图 16-47),安全回路切断,自动扶梯停止运行。通过调整弹簧的长度(压紧),实现触动压力的调整。

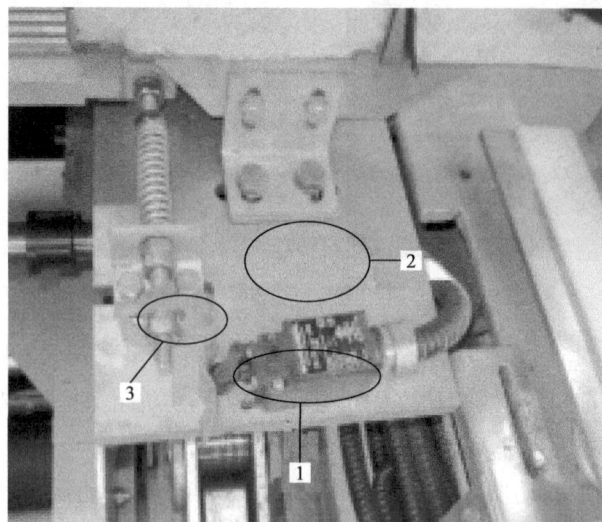

图 10-47 梳齿板开关

1- 梳齿板检测开关;2- 固定钢板;3- 触发检测开关的连杆装置

(三)附加安全保护设施

附加安全保护设施是指:与自动扶梯安装位置有关的安全设施,包括防止人员从护栏外部攀登自动扶梯,防止被自动扶梯与建筑物之间的夹角位剪切、防止在水平外包板上滑行等的设施。

1. 阻挡装置

如图 10-48 所示,在两台自动扶梯之间或自动扶梯与相邻墙之间设置阻挡装置,防止人员在此空隙从护栏外盖板攀登扶梯。

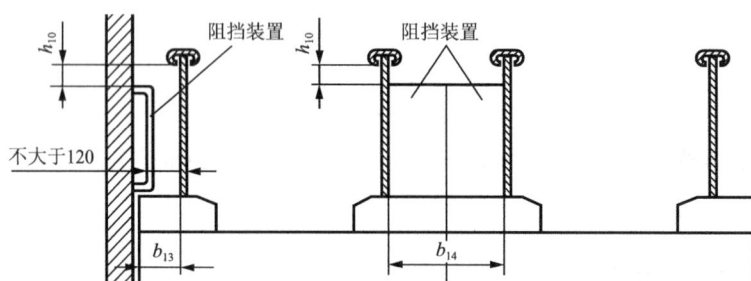

图 10-48 阻挡装置(尺寸单位:mm)

当自动扶梯与墙相邻,且外盖板的宽度(b_{13})大于 125mm 时,在上下端部应安装阻挡装置,防止人员进入外盖板区域,且扶手带下侧边缘和阻挡装置的上缘之间的垂直距离 h_{10} 宜为 25 ～ 150mm。当自动扶梯为相邻平行布置,且共用外盖板的宽度(b_{14})大于 125mm 时,也应安装这种阻挡装置,该装置应延伸到高度 h_{10}。

2. 防滑行装置

当自动扶梯和相邻墙之间装有接近扶手带高度的扶手盖板,且建筑物(墙)和扶手带中心线之间的距离 b_{15} 大于 300mm 时,应在扶手盖板上装设防滑行装置,如图 10-49 所示。该装置应包含固定在扶手盖板上的部件,与扶手带的距离 b_{17} 不应小于 100mm,并且防滑行装置之间的间隔距离应不大于 1800mm,高度 h_{11} 应不小于 20mm。该装置应无锐角或锐边。对相邻自动扶梯扶手带中心线之间的距离 b_{16} 大于 400mm 时,也应满足上述要求。

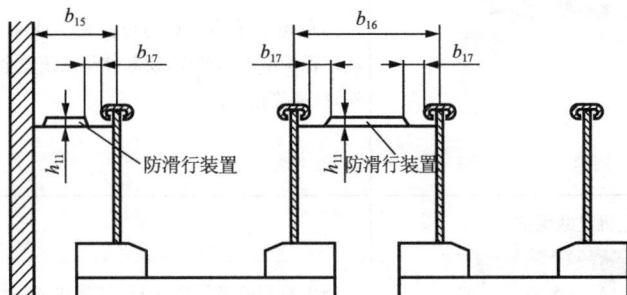

图 10-49　防滑行装置

3. 垂直防护板

垂直防护板如图 10-50 所示。当自动扶梯与建筑物楼板之间、或相邻自动扶梯之间、或与任何障碍物之间形成了夹角,扶手带外缘与其之间的距离小于 400mm 时设垂直防护板,防止人员被剪切。

4. 警示标识

自动扶梯的出入口处,通常张贴各种警示标识,提醒乘客在乘梯时需要注意的安全事项。如紧握扶手带、关注随行儿童、手推车不能进入扶梯、小心夹脚等,如图 10-51 所示。

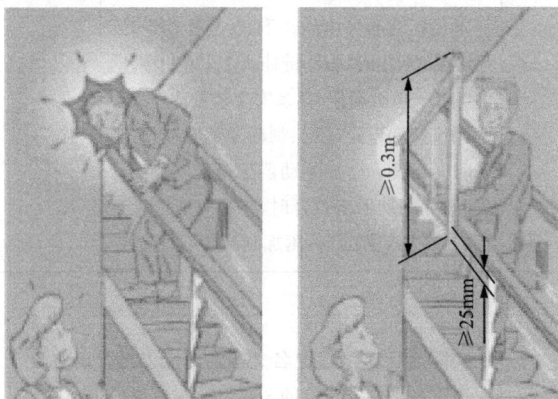

图 10-50　垂直防护板

图 10-51　警示标识

(四)安全回路

自动扶梯有很多安全装置,将这些安全装置串接在一起,就形成了自动扶梯的安全回路,见表 10-12。它可以直接对自动扶梯的电动机、接触器电源进行控制,即使控制计算机出现了问题,系统也能安全制动。

安 全 装 置

表 10-12

安全功能配置			
序号	功能名称	动作原理	安装部位
1	错、断相保护 	当供电系统输入动力电源错相或断相,相序保护继电器动作,切断控制系统安全电路,扶梯停止运行	控制柜
2	电机过载保护 	当电机短路或过载运行,持续电流过大,超过过载保护设定值,保护动作,切断控制系统安全电路,扶梯停止运行	控制柜
3	工作制动器 	机-电式工作制动器,在动力电源失电和控制电路失电情况下均可动作;配置制动器打开检测装置,闸瓦检测装置,制动距离检测装置;当制动器不能打开,闸瓦磨损严重或超过标准制动距离的1.2倍,扶梯都不能启动或停止后再启动	主机
4	附加制动器 	附加制动器失电动作形式:非操作逆转、超速至1.3倍时、驱动链伸长2%或断链、动力电源失电时动作,其余安全装置动作或外部操作扶梯停止,附加制动器延时动作,延时时间可调。附加制动器配置松闸检测开关,附加制动器未打开时,扶梯只能向上运行3s,在正常停止时,附加制动器延时释放	上部机房主驱动
5	超、欠速保护装置 	实际运行速度超过名义额定速度115%或小于名义额定速度的80%,超、欠速保护装置动作,切断控制系统安全电路,扶梯停止运行。当实际运行速度超过名义额定速度130%时,附加制动器同时动作	主驱动大链轮齿

	安全功能配置		
序号	功能名称	动作原理	安装部位
6	非操纵逆转保护装置 	非人为操作导致梯级、踏板或胶带改变规定的运行方向,非操纵逆转保护装置动作,切断控制系统安全电路,扶梯停止运行,同时附加制动器动作	主驱动大链轮齿
7	梯级链破断或伸长保护 	梯级链在使用中断裂或在张紧装置移动超过±20mm之前,梯级链保护装置动作,切断控制系统安全电路,扶梯或人行道停止运行	下部机房
8	扶手带断带保护装置 	当扶手带断裂或松弛,位于在上部扶手带回转部的下方的保护装置动作,切断控制系统安全电路,扶梯或人行道停止运行	上部扶手带回转部
9	扶手带速度检测 	当扶手带与梯级的速度差超出0%～2%时,扶梯报警,当这种速度持续5s以上时,扶梯可以设定停止。扶手带速度低于梯级、踏板实际运行速度15%且持续时间超过15s,扶手带速度检测动作,切断控制系统安全电路,扶梯运行	扶梯上扶手带张紧轮组件
10	扶手带入口保护装置 	扶手带在转向端入口处有异物卡入,扶手带入口保护装置动作,切断控制系统安全电路,扶梯停止运行。扶手带入口间隙确保小孩的手不可伸入	上下部扶手入口
11	梳齿保护装置 	梯级或踏板进入与梳齿板啮合处时有异物夹住,梳齿板与梯级或踏板不能正常啮合,发生碰撞,梳齿板保护装置动作,切断控制系统安全电路,扶梯停止运行	上下部前沿板

	安全功能配置		
序号	功能名称	动作原理	安装部位
12	梯级下陷保护装置 	梯级的任何部分下陷,将导致在出入口处与梳齿板的啮合不能保证要求的间隙时,梯级下陷保护装置,切断控制系统安全电路,扶梯或人行道停止运行	上下部梯路由水平段转倾斜段弯曲处
13	围裙板保护装置 	在围裙板与梯级边缘有异物卡住时,围裙板保护装置动作,切断控制系统安全电路,扶梯停止运行。安装开关直线距离不大于10m,根据提升高度配置	裙板后面
14	驱动链破断保护装置 	主机驱动链断链或伸长时,驱动链断裂保护装置动作,切断控制系统安全电路,扶梯停止运行,附加制动器动作与工作制动器同时动作	上部机房
15	紧急停止按钮 	在扶梯出入口处,设有急停按钮,按下急停按钮,扶梯停止。当自动扶梯高度大于12m时,倾斜部分的中部位置左右各附加一个急停按钮	上下部出入口
16	接地保护	动力、控制、安全电路设置短路保护。当线路出现接地故障,断路器切断扶梯动力电源、控制电路、安全回路,扶梯停止运行。照明电路独立于扶梯动力电源,当照明电路发生短路,只切断照明电源	控制柜
17	梯级缺失检测保护装置 	扶梯在运行中出现梯级掉落,或由于人为原因未将梯级全部安装,在空隙运转至两端回转端时,梯级缺失检测保护装置动作,切断控制系统安全电路,扶梯停止运行,防止空隙运转至输送面造成踏空危险	上下部回转段

安全功能配置			
序号	功能名称	动作原理	安装部位
18	防梯级上冲安全装置 	扶梯导轨上有异物或梯级跳动幅度过大时,梯级防跳安全装置动作,切断控制系统安全电路,扶梯停止运行	上下驱动部紧急导轨
19	上下机房盖板打开保护装置 	上下机房盖板有任何一处被打开,机房盖板打开保护装置动作,切断控制系统安全电路,扶梯停止运行,只有在检修状态下,可切除该功能	上下机房盖板下
20	扶手带静电保护 	消除扶手带在运行中产生的静电	梯路由水平段转倾斜段弯曲处扶手带张紧轮组件处
21	梯级静电保护 	消除梯级在运行中产生的静电	上下部梯部由水平段转倾斜段弯曲处
22	工作制动器动作检测保护装置 	主机工作制动器无法正常打开或在运行时工作制动器损坏后闭合,工作制动器动作检测保护装置动作,切断控制系统安全电路,扶梯停止运行	主机工作制动器
23	工作制动器闸瓦磨损检测 	监控主机工作制动器刹车片磨损情况,刹车片磨损到一定程度后,若不及时更换,将无法启动扶梯	主机

第十章 城市轨道交通电梯设备

安全功能配置			
序号	功能名称	动作原理	安装部位
24	工作制动器制停距离检测 	主机工作制动器制停距离超过名义速度规定的制停距离 1.2 倍,工作制动器制停距离检测动作,无法再次启动扶梯,只有通过人为手动解除故障锁定,才能重新启动扶梯	梯级链大链轮齿
25	接触器粘连保护 	控制系统中任意一个接触器在不应动作状态下仍处于吸合状态,粘连保护动作,并只有通过人为手动解除故障锁定,才能重新启动扶梯或人行道	控制柜
26	梯级间隙照明 	在梯级上下端部水平过渡段,避免乘客进出扶梯时踏在两个梯级之间的接处,而发生危险,在梯级下面装有绿色照明,提醒乘客	上下部前沿板梯路
27	梯级防护罩 	将机房与梯级等运动部件隔离,提供检修或维护的安全空间	上下部回转段
28	梳齿照明 	扶梯入口安装梳齿照明灯,在梯级上下端部水平过渡段,提供足够亮度,方便乘客安全乘坐自动扶梯	上下部出入口
29	围裙毛刷 	梯级与围裙板之间存在一定的间隙。为了防止乘客的脚或其他的尖锐物体夹入间隙内,可以选择在围裙板上配置保护毛刷	扶梯裙板

安全功能配置			
序号	功能名称	动作原理	安装部位
30	运行方向指示	外部运行方向显示模块用于显示自动扶梯运行的方向,位于自动扶梯上端部左侧的外盖板和下端部右侧的外盖板处。选择自启动配置的自动扶梯必须安装交通灯,以显示运行方向	上下部出入口

十、自动扶梯桁架

桁架是扶梯的基础构件,起着连接建筑物两个不同高度地面、承载着各种载荷及安装支撑所有零部件的作用,如图 10-52 所示。桁架一般用多种型材焊接而成,表面一般进行热处理。对于小提升高度的自动扶梯桁架,一般将驱动段、中间段和张紧段(端部驱动扶梯)三段在厂内拼装或焊接为一体,作为整体式桁架出厂;对于大、中提升高度的扶梯,出于安装和运输的考虑,桁架一般采用分体焊接,采用多段结构,现场组装,而且为保证刚性和强度,在桁架下弦处设有一系列支撑,形成多支撑结构。

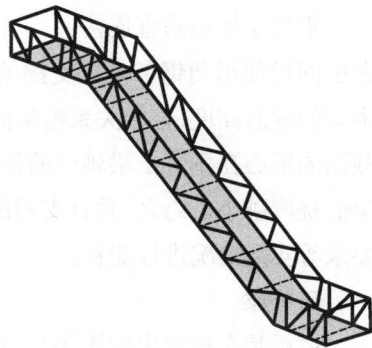

图 10-52 桁架结构

(一)桁架的基本结构

桁架是自动扶梯内部结构的安装基础。它的整体和局部刚性对扶梯性能影响较大,因此一般规定它的挠度控制在两支撑距离的 1/750 范围内,对于公共型自动扶梯,要求挠度控制在两支撑距离的 1/1000 范围内。郑州轨道交通所采用的扶梯挠度控制在两支撑距离的 1/1500 范围内。

桁架是由各金属构件通过焊接而成的一个整体,一般由支撑梁,上、下弦杆,斜拉支撑,垂直支撑,横梁,底部封板,起吊部件和附属结构等构件焊接而成。

1.支撑梁

支撑梁是用于搭接在建筑物承重梁上预留的钢板上固定桁架的角钢,支承角钢与钢板之间垫有防震橡胶垫。支撑梁的结构形式主要有一体式和分体式两种,如图 10-53 所示。它通常是由角钢型材制作而成。

2.上、下弦杆

上弦杆和下弦杆由上段、中段、下段弦杆组成,其材料有角钢和中空方钢两种。由于上弦杆所承受的载荷相对于下弦杆大,为了提高材料的利用率,通常下弦杆的材料规格会比上弦杆小。

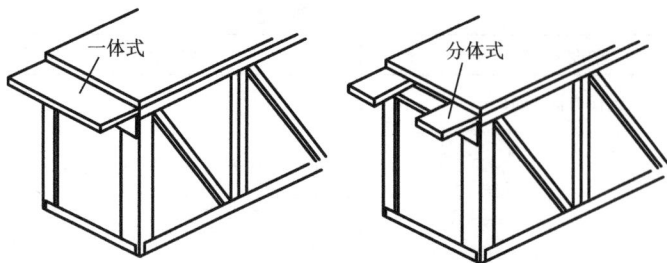

图 10-53　支撑梁的结构形式

3. 斜拉支撑

斜拉支撑是倾斜连接上、下弦杆的支撑。其材料使用槽钢,只是中间段的斜拉支撑规格要小于上、下段的规格。一般斜拉支撑呈对角线形式布置,其作用通常只在于增加桁架强度及挠度,防止扭曲变形。

4. 垂直支撑

垂直支撑是垂直连接上、下弦杆的支撑。其材料使用槽钢和角钢:在上、下段使用槽钢,在中间段使用角钢。垂直支撑的分布关系桁架的强度与刚度,其中垂直支撑的高度决定了桁架的截面高度,直接关系桁架的挠度(梁在弯曲变形后,梁中横截面的位置将发生改变,横截面的形心在垂直于梁轴向的位移,称为挠度)。同样规格及承载情况下,垂直支撑越高,桁架的挠度越小。总之,垂直支撑的间距、高度与型材规格,需根据自动扶梯的提升高度、挠度要求等实际情况进行配置。

5. 横梁

横梁是在桁架中间连接左右垂直支撑,用于安装各种导轨的支架,主要用于安装导轨支架等。

6. 底部封板

底部封板用于封闭左右下弦杆,一般采用钢板制作。使用底部封板主要是为防止润滑油及梯级运行时掉落的垃圾,影响其他设备和污染环境。同时,由于在自动扶梯装配期间和后期维保时,扶梯桁架内需要站人,因此采用底板。

桁架整体进行热浸镀锌处理,表面进行抛丸、喷砂处理,并延长浸锌时间,降低锌温,有效保证锌层厚度不小于 $100\mu m$;所有与桁架连接的焊接件在镀锌之前全部焊好,避免以后焊破坏锌层;按照规范要求,无特殊腐蚀性气体环境下,外置桁架锌层年腐蚀厚度不大于 $2\mu m$,故 $100\mu m$ 锌层厚度的镀锌可保证 40 年以上使用寿命。

(二)桁架的附属结构

1. 梳齿、梳齿板、前沿板

为了确保乘客上下自动扶梯的安全,必须在自动扶梯进、出口设置梳齿前沿板,它包括梳齿、梳齿板、前沿板三部分,如图 10-54 所示。梳齿的齿应与梯级的齿槽相啮合,齿的宽度不小于 2.5mm，端部修成圆角，保证在啮合区域即使乘客的鞋或物品在梯级上相对静止，也会平滑地过渡到楼层板上。一旦有物品不慎阻碍了梯级的运行，梳齿被抬起或位移，触发微动开关切断电路，使扶梯停止运行。梳齿的水平倾角不超过 40°，梳齿可采用铝合金压铸而成，也可采用工程塑料制作。

梳齿板被固定支撑在前沿板上固定梳齿，水平倾角小于 10°，梳齿板的结构可调，应保证梳齿啮合深度大于 6mm。

自动扶梯梯级在出入口处应有导向，使从离开梳齿梯级的平直段和将进入梳齿板梯级的平直段至少为 0.8m（该距离从梳齿根部量起），在平直运动段内，两个相邻梯级之间的最大高度误差为 4mm，若额定速度大于 0.5m/s 或提升高度大于 6m，该平直段至少为 1.2m（始测点与上述相同）。

2. 楼层板

楼层板，又称踏板或盖板（图 10-55），主要是供人站立和通过，以保障安全。此外，楼层板还具有装饰作用。另外，也有一些人性化的设计，如有独特的导乘指示设计可指引乘客更安全地乘梯等，不同厂家的产品花纹不尽相同，也可以根据客户要求设制花纹或者展示楼层信息，甚至广告内容等。

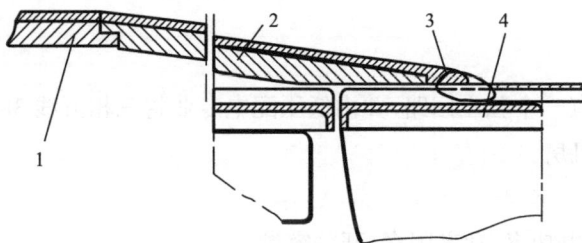

图 10-54　梳齿前沿板示意图　　　　　　　图 10-55　自动扶梯踏板

1- 前沿板；2- 梳齿板；3- 梳齿；4- 梯级踏板

楼层板之间通过相插扣接缝拼接，成为一体，提高强度，能减少直接进入机房的泥砂和水。车站出入口的自动扶梯机房盖板都有防盗措施，盖板采用嵌入式的锁装置，不影响乘客进出扶梯。只有专用钥匙才能打开机房盖板。当用专用钥匙打开机楼层板，扶梯不能运行，只能用维修控制盒操纵。

十一、自动扶梯与其他专业接口

（一）与环境设备监控系统（BAS）的接口

环境设备监控系统是买方的车站设备监控系统，扶梯要求向 BAS 系统提供扶梯监视信号。接口采用 RS485 通信接口，通信协议为 MODBUS-RTU 协议。接口分界点在自动扶梯控制柜接线端子排上，自动扶梯提供 RS485 通信接口，接口电缆由 BAS 系统负责设计；由

BAS 系统商提供车控室至扶梯之间的 IBP 急停按钮与扶梯的接口电缆。

扶梯卖方责任：

（1）按要求向 BAS 系统提供扶梯监视信号，并提供监视信号代码表。

（2）在 BAS 系统布线时进行施工配合。

（3）配合 BAS 系统的设计及联调。

（二）与综合监控系统接口

IBP 是综合监控系统的控制装置，扶梯卖方按要求向综合监控系统提供扶梯紧急停止接口。接口的分界点在自动扶梯控制柜接线端子排上。综合监控系统负责提供急停按钮。

扶梯卖方的责任：

（1）实现扶梯接收 IBP 指令后紧急停止功能，包括为实现功能所需要的电源供给。

（2）对控制线提出规格要求。

（3）提供急停按钮的规格要求。

（4）负责两端的接线。

（5）配合综合监控系统的设计、施工及联调。

（三）与低压配电系统的接口

低压配电系统给每台自动扶梯设有一个独立回路，并由低压配电专业将三相五线 380V 的一条供电电缆拉到每台扶梯的上部机房。

扶梯卖方的责任：

（1）提供每台扶梯的输入功率、输出功率、功率因素、开关容量。

（2）向低压配电专业提供扶梯机房位置和电缆预留长度。

（3）负责扶梯端的接线，并分出所需的 220V 电源。

（四）与装修接口

（1）向装修专业提供经买方设计确认后的扶梯安装大样图。

（2）装修专业应根据扶梯安装大样图考虑与周边地面、侧墙及顶部的装修接口设计，侧墙接口界面划分：

①站厅至站台的自动扶梯在桁架侧面的全高安装外包板（靠墙一侧扶栏顶面用外包板延伸至结构面，可承受 $300N/m^2$ 的荷载），两台扶梯并列布置时，两台扶梯的扶栏顶面用水平外包板相接。

②出入口扶梯，靠墙一侧扶栏顶面用外包板延伸至结构面。靠步行楼梯一侧，在桁架侧面的全高安装外包板。

③车站所有自动扶梯底部可视部分均安装外包板。

④靠墙安装和并列安装扶梯的上、下水平段与墙或扶梯间的水平空隙，需计入外包板范

围,表面应采用厚度不小于 3mm 的花纹不锈钢板。

⑤扶梯与三角房之间的连接装饰条,需计入外包板范围,表面采用厚度不小于 3mm 的发纹不锈钢板。

⑥外包板及盖板水平总宽度超过 300mm 时,应防止小孩爬上下滑,每隔 3m 设一个凸台。当两扶梯无间隙并列布置,中间的盖板总宽度超过 300mm 时,也应加设凸台。凸台纳入外包板范围。

⑦外包板内不允许用木板或其他可燃材料支承或加固,外包板发纹方向为竖向。

⑧应有足够的强度和刚度,在其表面任何部位,垂直施加一个 500N 的力(非冲击力),在 $25cm^2$ 的面积上不应出现深度大于 4mm 的凹陷或永久变形。

⑨外包板无明显缝隙,在倾斜段接缝与斜面垂直,在弯曲段不能有接缝。

⑩外包板使用发纹不锈钢板,厚度不小于 1.5mm。

⑪扶梯专业负责与扶梯周边结构及建筑装修接口收边工作,采用不锈钢板,厚度不小于 1.5mm,装修专业配合。

|第二篇|实 务 篇

第十一章　电扶梯设备维护

第一节　电扶梯设备巡检流程及方法

日常巡检内容：向站务人员详细了解电扶梯系统设备的工作状态，是否有故障等情况，见表 11-1。

电梯、自动扶梯日常巡检表　　　　　　　　　表 11-1

电梯日常巡检表										
站名：　　　巡检人：　　　巡检日期：　年　月　日　　　　　编码：BG/ZY/WX/JDS/001-4/002										
序号	总体卫生情况	三角牌	通道情况	轿厢照明	轿厢风扇	上下运行情况	地坎情况	内外呼梯按钮	层门自动关闭装置	对讲装置	存在的问题
1										
2										

说明：检查项目正常注"√"，不良注"×"，并详细报告如下：

自动扶梯日常巡检表										
项目梯号	总体卫生情况	三角牌	通道情况	梯级运行情况（平稳无明显震动）	毛刷	装潢部件	扶手带运行情况（是否与梯级同步）	梳齿	开关控制位置	备用间
1										
2										

（1）按电扶梯日常巡检的项目内容进行巡检，巡检表格详见"电扶梯作业指导书"，并对异常状态详细记录。

（2）巡检人员现场若不能及时解决故障，应上报调度，安排人员进行维修。

（3）日常巡检表格应做好存档管理。

第二节　自动扶梯设备维护

一、自动扶梯主驱动及减速箱维护

对主驱动进行检查、调整,要求运行中电机温度和减速箱油温正常,轴承无异常发热,无异响,齿面无不正常磨损。

二、自动扶梯电气控制系统维护

(1)对继电器接触器进行检查、调整,要求触点无接触不良,触头无硬化、氧化,如图 11-1 所示。

(2)检查电子板,要求电子元器件无损坏,如图 11-2 所示。

图 11-1　继电器接触器

图 11-2　电子板

三、自动扶梯驱动链、梯级链及其他传动链条维护

对主驱动轮进行检查,要求其表面应无裂纹,无明显磨损,轴承工作正常,转动灵活,不过热,如图 11-3 所示。检查、调整链,要求链无不正常磨损、伸长。

四、自动扶梯梯级及其附属装置维护

(1)对梯级与梯级轮进行检查、调整,要求梯级无变形、无破损和不正常磨损,梯级轮无明显磨损,转动灵活,如图 11-4 所示。

(2)对梯级链轮导轨进行检查,要求其防锈可靠,无锈蚀现象,无明显变形,如图 11-5 所示。

图 11-3 主驱动轮

图 11-4 梯级与梯级轮

五、自动扶梯安全保护系统维护

安全保护开关应有效,围裙板开关如图 11-6 所示。

图 11-5 导轨

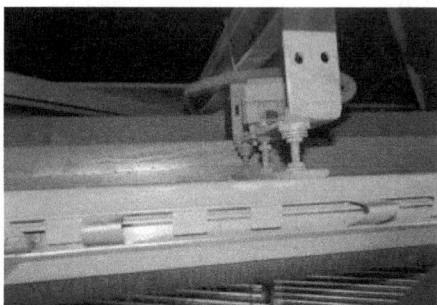

图 11-6 围裙板开关

第三节 电梯设备维护

一、电梯曳引系统维护

(1)对电梯曳引力进行检查、调整,要求曳引力均匀。

(2)对曳引轮及缆压设备情况进行检查,要求曳引轮表面无明显磨损,无裂纹,如图 11-7 所示。

二、电梯导向系统维护

对导向轮、复绕轮进行检查、调整,要求导向轮、复绕轮对铅垂线的偏差不大于 ±2mm,

对重如图 11-8 所示。

图 11-7　曳引轮

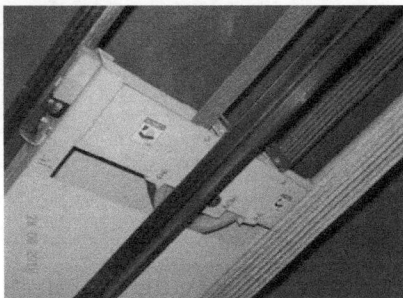

图 11-8　对重

三、电梯轿厢系统维护

（1）对轿厢顶的环境进行检查，如图 11-9 所示，要求无垃圾无杂物。对轿厢架进行检查、紧固，要求螺栓无松脱，如图 11-10 所示。

图 11-9　轿厢顶

图 11-10　轿厢架

（2）对轿厢导靴、滚轮进行检查、调整，要求导靴、滚轮与导轨间隙小于或等于 2mm，如图 11-11 所示。

（3）对轿厢门进行检查、调整，要求门扇、门与门套门与地坎间隙 2 ～ 6mm，如图 11-12 所示。

图 11-11　轿厢导靴、滚轮

图 11-12　轿厢门

（4）对轿厢内部状况进行检查，如图 11-13 所示。

（5）对轿厢操作板进行检查、测试，按钮功能应正常，如图 11-14 所示。

图 11-13　轿厢

图 11-14　轿厢操作板

（6）对轿厢灯、风扇及应急灯进行检查，电梯停电时应急灯起作用。

（7）对指示器进行检查，电梯运行箭头指示与电梯运行方向一致，楼层显示与电梯停靠位置一致，指示器如图 11-15 所示。

（8）对安全触板、光幕功能进行检查，安全触板遇到障碍物反弹，如图 11-16 所示。

图 11-15　指示器

图 11-16　安全触板

（9）对乘坐舒适度进行检查，启动和停梯应平稳、无抖动。轿厢如图 11-17 所示。

（10）对平层进行检查、测量，平层精度 ±5mm 以内。厅门及轿门地坎如图 11-18 所示。

图 11-17　轿厢

图 11-18　厅门及轿门地坎

四、电梯门系统维护

（1）对电梯门机进行检查、调整，要求开关门平均速度不大于 0.3m/s。门机如图 11-19 所示。

（2）对关门机构进行检查、调整，要求关门可靠。门刀如图 11-20 所示。

（3）对门拖动及连锁装置进行检查、调整，要求锁紧啮合深度不小于 7mm。门连锁如图 11-21 所示。

图 11-19　门机

图 11-20　门刀

（4）对关门力进行检查，要求关门力不大于 150N。

五、电梯重量平衡系统维护

（1）对对重导靴及滚轮进行检查、调整，要求导靴、滚轮与导轨间隙小于或等于 2mm，如图 11-22 所示。

图 11-21　门连锁

图 11-22　对重导靴及滚轮

（2）对对重装置及对重滚轮进行检查、调整，要求无松脱，如图 11-23 所示。

（3）对支架及导轨进行检查、紧固，要求螺栓无松脱，如图 11-24 所示。

图 11-23　对重

图 11-24　支架

六、电梯驱动系统维护

（1）对电机铜头、槽坑、炭刷进行检查，要求表面无氧化现象。

（2）对主机安装情况进行检查、紧固，要求螺栓无松脱。

（3）对制动器进行检查、调整，要求抱闸间隙 0.5 ～ 0.7mm。

七、电梯控制系统维护

（1）对接地线进行检查，要求连接可靠。

（2）对相序继电器进行检查、测试，要求电源反相时电梯不能启动。

（3）对保险管、保险丝进行检查，要求无损坏。

八、电梯安全保护系统维护

对运行机件进行检查、调整，要求限速器动作时棘轮卡死。对限速轮、轮槽、轴承进行检查，要求限速轮表面无裂纹、无明显磨损，轮槽、轴承表面无磨损。对限速器钢丝绳进行检查、调整，要求钢丝绳垂直度无偏移。每两年做一次限速器校核试验。

第十二章　电扶梯设备常用维修工具及仪器仪表的使用

第一节　常用维修工具

一、螺丝旋具

螺丝旋具是设备日常维护检修及故障抢修的常用工具，螺丝旋具又称螺丝刀、起子和改锥等，用来紧固和拆卸各种紧固力较小螺钉。螺丝旋具是由刀柄和刀体组成，刀口形状有"一"字、"十"字、内六角、六角套筒等旋具。根据刀体长度和刀口的不同，每一类型都有不同型号。电气维护用的螺丝旋具，刀体部分用绝缘管套住。

使用螺丝旋具时，首先根据螺钉头部槽的形状和大小，选择合适的旋具，否则会损坏旋具或螺钉槽；然后用大拇指、食指和中指夹住刀柄，手掌顶着刀柄末端；最后把刀口放入螺钉头部槽内，使用合适的压力旋紧或旋松螺钉。

螺丝旋具用力时不能对着别人或自己，以防脱落伤人。除了允许敲击的撞击外，一般螺丝旋具不允许用锤子等工具敲击。不允许用螺丝旋具代替凿子或撬棍使用。

二、扳手

扳手是用于旋紧或拧松有角螺丝钉或螺母的工具。常用的扳手有活动扳手、呆扳手、梅花扳手、两用扳手、套管扳手、内六角扳手、棘轮扳手、扭力扳手和专用扳手等。使用扳手时，手握手柄，手越靠后，扳动起来越省力。不允许将扳手当作撬棍或锤子使用。

三、钳

按功能和形状的不同,钳可以分为克丝钳、尖嘴钳、扁嘴钳、鹰嘴钳、剥线钳、斜口钳、压线钳等。克丝钳具有较强的夹持和剪切功能,常用来夹持器件、剪切金属线、弯绞金属线、紧固和拧松螺丝等。尖嘴钳的头部尖细,适合狭小空间操作,可以用来夹持小的器件、剪切细小金属线、修整导线形状、紧固和拧松小螺丝。扁嘴钳的头部扁平,有带齿和不带齿两种,适合用来夹持和修整器件,不带齿的不会在器件上留下夹压的痕迹。鹰嘴钳的头部尖细且弯曲,适合用来夹持小的器件。斜口钳的头部有锋刃,用来剪切金属线。剥线钳用于剥除截面面积在 $6mm^2$ 以下导线的绝缘层,可避免损伤芯线。

压接钳用来压接各类接头,分为机械式和油压式。根据压接接头、压接线径的不同,选择不同规格的压线钳,常用的有网线接头压接钳。不同的钳有不同功能,切不可混用。不允许用锤子等工具敲击钳,或将钳当作锤子敲击。

四、锤子

锤子是一种敲击工具,为了适应各种不同的工作要求,它们有各种类型、规格和形状。锤子可分为羊角锤、圆头锤、钳工锤、泥工锤、除锈锤、安装锤等,不同类型的锤子适用于不同的工作要求,错误的使用方法,可能会导致打击面破碎,甚至导致眼睛和其他部位受到严重伤害。

五、扭力扳手

(一)用途

扭力扳手又称扭矩扳手,是一种测量扭力值的工具。当达到扭力扳手预设值时,它能把负荷在扳手另一头的力值,通过自身的内部机构表现出来。

(二)使用方法

(1)在使用扭力扳手时,先将受力棘爪连接好辅助配件(如内六角套筒、一字头、十字头、梅花头、标准头等),确保连接没问题。

(2)在加固扭力之前,拧动扭矩扳手手柄,按照标尺设定好需要加固的扭力值,并锁好紧锁装置,然后调整好方向转换钮到加力的方向。

(3)当拧紧螺纹紧固件时,手要握住把手的有效范围,沿垂直于管身方向慢慢加力。当若实际扭矩达到设定值时,扳手发出"咔嗒"报警响声,此时应立即停止扳动。

(4)为了使测量结果准确,使用扭力扳手时,应施加一个稳定力。

（三）使用注意事项

（1）扭力扳手是精密机械仪器，操作时应小心谨慎，不可突然施加作用力，否则会导致测量不准，甚至内部机构失灵。

（2）不准把扭力扳手当铁锤进行敲击，使用时应轻拿轻放，不可乱丢。

（3）出现故障时不能随意拆卸，需送计量部门进行维修和校准。

（4）不能超量程工作，当达到设定值和听到"咔嗒"报警响声后，应停止加力。

（5）不可用异物堵塞、粘接、固定扭矩调节套筒或把手。

（6）在使用扭力扳手前应确认扭矩值设置是否正确，特别注意的是扭力扳手上往往会有多个扭力单位，应选择正确的扭力单位。

（7）需要定期将扭力扳手送计量部门进行校准。

六、游标卡尺

（一）用途

游标卡尺是常用的高精度长度测量工具，可以用它来测量零件的内径、外径、长度、深度等，如图 12-1 所示。

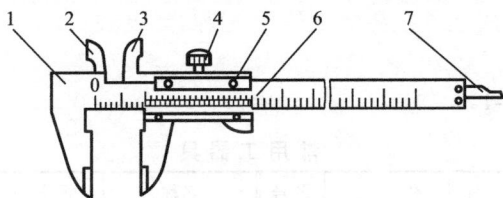

图 12-1　游标卡尺结构示意图

1- 尺身；2- 量爪；3- 游标量爪；4- 游框紧固螺钉；5- 游框；6- 游标；7- 测深直尺

（二）使用方法

测量外尺寸时，应先把游标卡尺量爪张开得比被测尺寸稍大，再把固定测量爪与被测表面靠上，然后慢慢推动尺框，使活动测量爪轻轻接触被测表面，并稍微游动一下活动测量爪，以便找出最小尺寸部位，然后读数。

测量内尺寸（内径）时，先将主尺上方量爪与孔壁接触好，再轻轻摇动和拉动游标，找出最大内径位置，并使之与孔壁接触好，然后读数。

测量深度时，卡尺尾端端面与被测件的测量基准面贴合，向下推动测深直尺，使之轻轻接触被测底面，然后读数。测深直尺不能倾斜，否则影响测量精度。

读数方法：

（1）先读出左边离游标尺零刻度最近的主尺刻度上的读数，这读数可以精确到毫米。

（2）再看游标尺上右方哪条刻度线与主尺刻度线重合，读出该刻度线在游标上代表的数值，即为毫米后小数值。

（3）将整数和小数值相加，即为被测尺寸值。

（三）使用注意事项

（1）使用前应将卡尺擦拭干净，合拢卡尺量爪，调零。

（2）测量时与零件接触不要过松或过紧。

（3）如果不便读数，可先用游框紧固螺钉将游框固定，再取下卡尺进行读数。

（4）测量时，手动推力或拉力不宜过猛、过大，否则会使游框摆动，影响测量精度。

（5）测量时，合理选用量爪形式和方法，被测量长度与卡尺的卡爪不得歪斜，否则会影响测量精度。

（6）应在足够光线下读数，并使卡尺处于水平位置，两眼的视线与卡尺的刻划线表面垂直，以减少读数误差。

（7）需要定期送计量部门检测，以保证游标卡尺的精确度。

（8）游标卡尺属于精密工具，使用时要小心轻放，不用时要平放回包装盒内，以免变形影响测量精度。

七、常用工器具

常用工器具见表 12-1。

常用工器具   表 12-1

名称	型号	实物图	图号	名称	型号	实物图	图号
安全防护栏			1	万用表	FLUCK		4
直板尺	世达		2	电梯三角钥匙	定制		5
塞尺			3	一字形、十字形螺丝刀	世达		6

名称	型号	实物图	图号	名称	型号	实物图	图号
毛刷	青岛	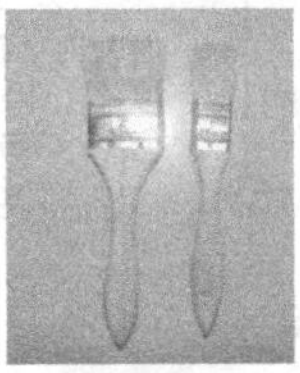	7	梯级扳手		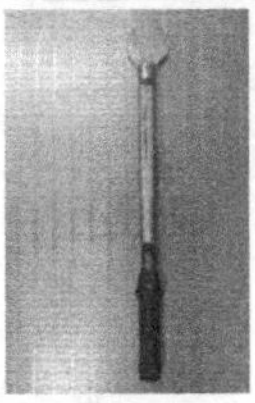	10
扳手	世达	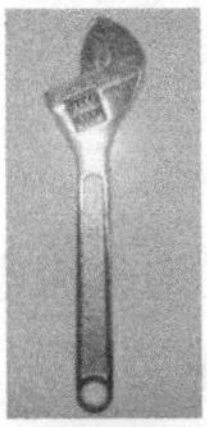	8	尖嘴钳、钢丝钳	世达	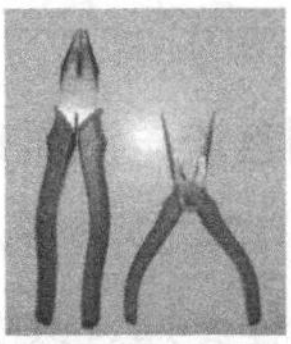	11
内六角扳手	世达	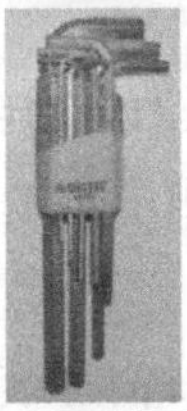	9	手电筒	正辉	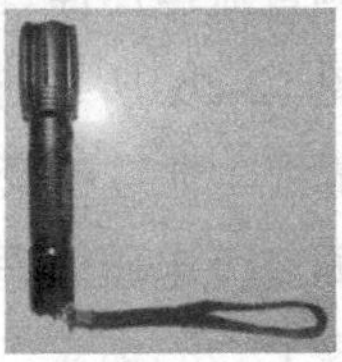	12

第二节　常用仪器仪表

一、万用表

（一）用途

　　万用表是信号设备维护检修及故障排查中最常用的仪表。它可以测量电路中的电压、电路，导体的电阻值,有些还可以测量电压频率、电容值、电感值、三极管的放大倍数（β 值）、温度等。根据这些测试数值,可以快速判断电路特性、故障位置、元件质量。

　　万用表可以分为机械式万用表和数字式万用表。

（二）万用表的基本原理

　　万用表的基本原理是利用一个灵敏的磁电式直流电流表（微安表）做表头,当微小电流通过表头,就会有电流指示。由于表头不能通过大电流,所以,必须在表头上并联与串联一些电阻进行分流或降压,从而测出电路中的电流、电压和电阻,如图 12-2 所示。

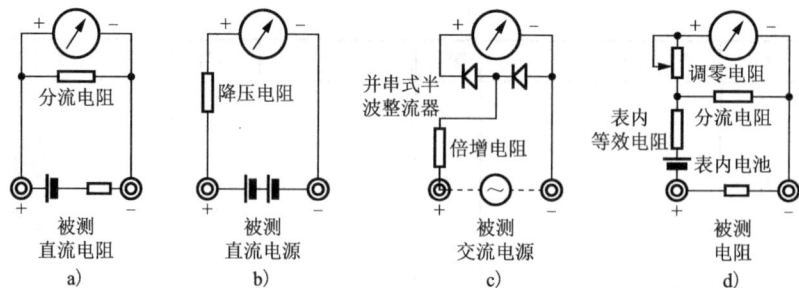

图 12-2　万用表基本原理

1. 测直流电流原理

如图 12-2a)所示,在表头上并联一个适当的电阻(称之为分流电阻)进行分流,就可以扩展电流量程。通过改变分流电阻的阻值,就可改变电流测量范围。

2. 测直流电压原理

如图 12-2b)所示,在表头上串联一个适当的电阻(称之为倍增电阻)进行降压,就可以扩展电压量程。通过改变倍增电阻的阻值,就可改变电压的测量范围。

3. 测交流电压原理

如图 12-2c)所示,因为表头是直流表,所以测量交流时,需加装一个并、串式半波整流电路,将交流进行整流变成直流后再通过表头,这样就可以根据直流电来测量交流电压。扩展交流电压量程的方法与直流电压量程相似。

4. 测电阻原理

如图 12-2d)所示,在表头上并联和串联适当的电阻,同时串接一节电池,使电流通过被测电阻,根据电流,就可测量出电阻值。改变分流电阻的阻值,就能改变电阻的量程。

(三)指针式万用表的使用与原理

万用表能测量电流、电压、电阻,有的还可以测量三极管的放大倍数,测量频率、电容值、逻辑电位、分贝值等。万用表有多种,现在最流行的有机械指针式万用表和数字式万用表,它们各有优点。对于电子知识初学者,建议使用机械指针式万用表,因为它对熟悉一些电子知识原理很有帮助。下面介绍万用表的原理和使用方法。

(四)机械指针式万用表的使用

机械指针式万用表(以 105 型为例)的表盘如图 12-3 所示,通过转换开关的旋钮来改变测量项目和测量量程。机械调零旋钮用来保持指针在静止时处在左零位。"Ω"调零旋钮是用来测量电阻时,使指针对准右零位,以保证测量数值准确。

万用表的测量范围如下:

(1)测量直流电压,分 5 挡:0 ~ 6V、0 ~ 30V、0 ~ 150V、0 ~ 300V、0 ~ 600V。

(2)测量交流电压,分 5 挡:0 ~ 6V、0 ~ 30V、0 ~ 150V、0 ~ 300V、0 ~ 600V。

（3）测量直流电流,分3挡:0～3mA、0～30mA、0～300mA。

（4）测量电阻,分5挡:R×1、R×10、R×100、R×1K、R×10K。

1. 测量电阻

先将表棒搭在一起,形成短路,使指针向右偏转,随即调整"Ω"调零旋钮,使指针恰好指到0。然后,将两根表棒分别接触被测电阻（或电路）两端,读出指针在欧姆刻度线（第一条线）上的读数,再乘以该挡标的数字,即为所测电阻的阻值,如图12-4所示。例如用R×100挡测量电阻,指针指在80时,则所测得的电阻值为80Ω×100=8kΩ。由于"Ω"刻度线左部读数较密,难以看准,所以测量时应选择合适的欧姆挡,使指针在刻度线的中部或右部,这样读数比较清楚准确。每次换挡时,都应重新将两根表棒短接,重新调整指针到零位,才能测准。

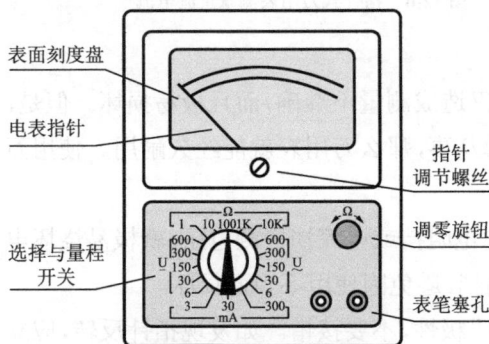

图12-3　机械指针式万用表

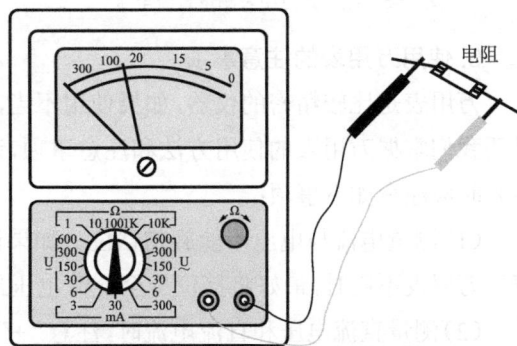

图12-4　指针式万用表测量电阻

2. 测量直流电压

首先估计一下被测电压的大小,然后将转换开关拨至适当的V量程,将正表棒接被测电压"+"端,负表棒接被测量电压"−"端。然后根据该挡量程数字与标直流符号"DC−"刻度线（第二条线）上的指针所指数字,来读出被测电压的大小,如图12-5所示。如用V300挡测量,可以直接读0～300的指示数值;如用V30挡测量,只须将刻度线上300这个数字去掉一个"0",看成是30,再依次把200、100等数字看成是20、10,即可直接读出指针指示数值。例如,用V6挡测量直流电压,指针指在15,则所测得电压为1.5V。

3. 测量直流电流

先估计一下被测电流的大小,然后将转换开关拨至合适的mA量程,再把万用表串接在电路中,如图12-6所示。同时观察标有直流符号"DC"的刻度线,如电流量程选在3mA挡,这时,应把表面刻度线上300的数字,去掉两个"0",看成3,又依次把200、100看成是2、1,这样就可以读出被测电流数值。例如,用直流3mA挡测量直流电流,指针在100,则电流为1mA。

4. 测量交流电压

测量交流电压的方法与测量直流电压相似,所不同的是因交流电没有正、负之分,所以测量交流电压时,表棒也就不需分正、负。读数方法与上述的测量直流电压的读法一样,只是数字应看标有交流符号"AC"的刻度线上的指针位置。

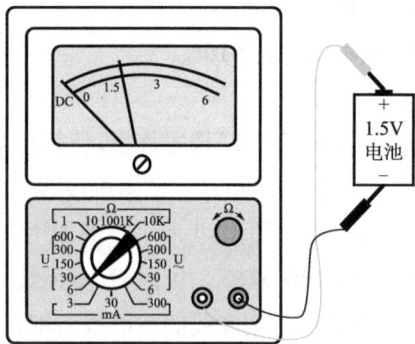

图 12-5　指针式万用表测量直流电压　　　　图 12-6　指针式万用表测量直流电流

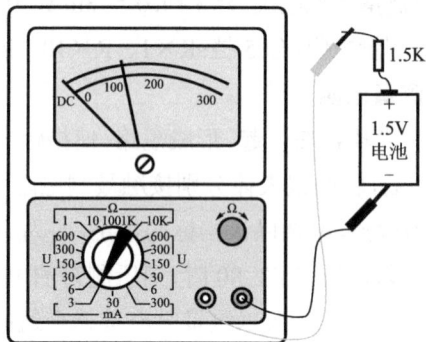

5. 使用万用表的注意事项

万用表是比较精密的仪器,如果使用不当,不仅造成测量不准确,而且极易损坏。但是,只要我们掌握万用表的使用方法和注意事项,谨慎从事,那么万用表就能经久耐用。使用万用表时应注意如下事项:

(1)测量电流与电压不能旋错挡位。如果误用电阻挡或电流挡去测电压,就极易烧坏电表。万用表不用时,最好将挡位旋至交流电压最高挡,避免因使用不当而损坏。

(2)测量直流电压和直流电流时,注意"+""−"极性,不要接错。如发现指针反转,应立即调换表棒,以免损坏指针及表头。

(3)如果不知道被测电压或电流的大小,应先用最高挡,而后再选用合适的挡位来测试,以免因表针偏转过度而损坏表头。所选用的挡位越靠近被测值,测量的数值就越准确。

(4)测量电阻时,不要用手触及元件的裸体两端(或两支表棒的金属部分),以免人体电阻与被测电阻并联,使测量结果不准确。

(5)测量电阻时,若将两支表棒短接,调"零欧姆"旋钮至最大,指针仍然达不到 0 点,这种现象通常是由于表内电池电压不足造成的,应换上新电池,方能准确测量。

(6)万用表不用时,不要旋在电阻挡,因为内有电池,如不小心易使两根表棒相碰短路,不仅耗费电池,严重时会损坏表头。

(五)数字式万用表

1. 基本功能
数字式万用表的基本功能是把被测的模拟量转化成数字量,并在数码管显示。

2. 主要结构
数字式万用表的主要由直流数字电压表、模数转换器、发光二极管显示器或液晶显示器、保护电路等组成。

3. 使用注意事项
(1)如果无法预先估计被测电压或电流的大小,则应先拨至最高量程挡测量一次,再视情况逐渐把量程减小到合适位置。测量完毕,应将量程开关拨到最高电压挡,并关闭电源。

(2)满量程时,仪表仅在最高位显示数字"1",其他位均消失,这时应选择更高的量程。

(3)测量电压时,应将数字万用表与被测电路并联;测量电流时,应与被测电路串联,测量交流时不必考虑正、负极性。

(4)当误用交流电压挡去测量直流电压,或者误用直流电压挡去测量交流电压时,显示屏将显示"000",或低位上的数字出现跳动。

(5)禁止在测量高电压(220V 以上)或大电流(0.5A 以上)时换量程,以防止产生电弧,烧毁开关触点。

(6)当显示"BATT"或"LOWBAT"时,表示电池电压低于工作电压。

(7)正确使用表笔接入电路或元件,接入时应避免与其他无关接点接触,防止损害电器或万用表。

(8)在读取测量值时,应稍等片刻,使读数趋于稳定时才读取。

(9)当出现电池电量不足的提示,必须马上更换万用表电池,否则,可能会导致测量结果不准确。

4. 万用表保养方法

(1)万用表是精密仪器,使用时要小心轻放,注意避免雨淋和防潮,避免长期暴露在高温环境下。

(2)使用前一定要选择合适的量程,不要试图超量程测量。

(3)不要试图使用万用表测量带电电路的电阻值或测量电源的内阻值。

(4)万用表使用后,机械表要把量程选择高电压挡,数字表要关闭电源开关。长期不用的万用表需要把电池取出。

(5)万用表需要定期送计量部门检测,以保证其精确度。

二、兆欧表的使用

兆欧表又称绝缘电阻摇表,是一种测量高电阻的仪表,经常用它测量电气设备或供电线路的对地绝缘电阻值。兆欧表是一种可携带式的仪表,其表盘刻度以兆欧为单位。

(一)兆欧表的选用

兆欧表测量范围的选择原则:要使测量范围适应被测绝缘电阻的数值,以免读数时产生较大的误差。如有些兆欧表的读数不是从零开始,而是从 1MΩ 或 2MΩ 开始,这种表就不适宜用于测定处在潮湿环境中的低压电气设备的绝缘电阻。因为这种设备的绝缘电阻有可能小于 1MΩ,使仪表得不到读数,容易误认为绝缘电阻为零,而得出错误结论。

电阻量程范围的选择:摇表的表盘刻度线上有两个小黑点,小黑点之间的区域为准确测量区域。在选表时,应使被测设备的绝缘电阻值在准确测量区域内。

兆欧表在工作时,自身产生高电压,而测量对象又是电气设备,所以必须正确使用,否则就会造成人身或设备事故。

(二)兆欧表使用前准备

(1)测量前必须将被测设备电源切断,并对地短路放电,决不允许设备带电进行测量,以保证人身和设备的安全。

(2)对可能感应出高压电的设备,必须消除这种可能性后,才能进行测量。

(3)被测物表面要清洁,减少接触电阻,确保测量结果的正确性。

(4)测量前要检查兆欧表是否处于正常工作状态,主要检查其"0"和"∞"两点。即摇动手柄,使电机达到额定转速,兆欧表在短路时应指在"0"位置,开路时应指在"∞"位置。

(5)兆欧表引线应用多股软线,而且应有良好的绝缘。

(6)不能全部停电的双回架空线路和母线,在被测回路的感应电压超过12V时,或当雷雨发生时的架空线路及与架空线路相连接的电气设备,禁止进行测量。

(7)兆欧表使用时应放在平稳、牢固的地点,且远离大的外电流导体和外磁场。

(三)使用兆欧表测量电阻时的步骤

(1)兆欧表的选择:主要根据不同的电气设备,选择兆欧表的电压及其测量范围。对于额定电压在500V以下的电气设备,应选用电压等级为500V或1000V的兆欧表;额定电压在500V以上的电气设备,应选用1000 ~ 2500V的兆欧表。

(2)测试前的准备:测量前将被测设备切断电源,并短路接地放电3 ~ 5min,特别是电容量大的,更应充分放电,以消除残余静电荷引起的误差,保证正确的测量结果及人身和设备的安全;被测物表面应擦干净,绝缘物表面的污染、潮湿,对绝缘性能的影响较大,而测量的目的是为了解电气设备内部的绝缘性能,因此一般都要求测量前用干净的布或棉纱擦净被测物,否则达不到检查的目的。

(3)兆欧表在使用前应平稳放置在远离大电流导体和有外磁场的地点;测量前对兆欧表本身进行检查。开路检查时,两根线不要绞在一起,将发电机摇动到额定转速,指针应指在"∞"位置。短路检查时,将表笔短接,缓慢转动发电机手柄,看指针是否到"0"位置。若零位或达不到无穷大,说明兆欧表有故障,必须进行检修。

(4)接线:一般兆欧表上有三个接线柱,"L"表示"线"或"火线"接线柱,"E"表示"地"接线柱,"G"表示屏蔽接线柱。一般情况下,应用"L"和"E"接线柱时,用有足够绝缘强度的单相绝缘线将"L"和"E"分别接到被测物导体部分和被测物的外壳或其他导体部分(如测相间绝缘)。

(5)在特殊情况下,如被测物表面受到污染不能擦干净、空气太潮湿,或者有外电磁场干扰等,就必须将"G"接线柱接到被测物的金属屏蔽保护环上,以消除表面漏流或干扰对测量结果的影响。

（6）测量：摇动发电机，使转速达到额定转速（120r/min）并保持稳定。一般以 1min 以后的读数为准。当被测物电容量较大时，应延长时间，以指针稳定不变时为准。

（7）拆线：在兆欧表没停止转动和被测物没有放电以前，不能用手触及被测物和进行拆线工作，必须先将被测物对地短路放电，然后再停止兆欧表的转动，防止电容放电损坏兆欧表。

（8）测量电动机的绝缘电阻时，E 端接电动机的外壳，L 端接电动机的绕组。

（四）测量电缆的绝缘电阻时兆欧表使用方法

兆欧表有三个接线柱：一个为"L"，一个为"E"，还有一个为"G"（屏蔽）。测量电力线路或照明线路的绝缘电阻时，"L"接被测线路上，"E"接地线。测量电缆的绝缘电阻时，为使测量结果精确，消除线芯绝缘层表面漏电所引起的测量误差，还应将"G"接到电缆的绝缘纸上。在测量绝缘电阻时要注意以下几点：

（1）测量电气设备的绝缘电阻，必须先切断电源，遇到有电容性质的设备，例如电缆，线路必须先进行放电。

（2）兆欧表使用时，必须平放。

（3）兆欧表在使用之前要先转动几次，看看指针是否在最大处，然后再将"L"和"E"两个接线柱短路，慢慢地转动兆欧表手柄，查看指针是否在"零"处。

（4）兆欧表引线必须绝缘良好，两根线不要绞在一起。

（5）用兆欧表进行测量时，要以转动 1min 后的读数为准。

（6）在测量时，应使兆欧表转数达到 120r/min。

（7）兆欧表的量程往往达几千兆欧，最小刻度在 $1M\Omega$ 左右，因而不适合测量 $100K\Omega$ 以下的电阻。

（五）兆欧表使用注意事项

（1）禁止在雷电时或高压设备附近测绝缘电阻，只能在设备不带电，也没有感应电的情况下测量。

（2）摇测过程中，被测设备上不能有人工作。

（3）摇表线不能绞在一起，要分开。

（4）摇表未停止转动之前或被测设备未放电之前，严禁用手触及。拆线时，也不要触及引线的金属部分。

（5）测量结束时，对于大电容设备要进行放电。

（6）要定期校验其准确度。

三、数字式钳形电流表

钳形电流表是一种用于测量正在运行的设备线路的电流值的仪表，可在不断电的情况下测量电流,有些钳形电流表还可以测试电压。钳形电流表可分为机械式和数字式。

通常用普通电流表测量电流时,需要将电路切断后,才能将电流表接入进行测量,而使用钳形电流表就显得很方便,可以在不切断电路的情况下测量电流。用钳形电流表检测电流时,一定要夹住一根被测导线(电线),夹住两根(平行线)则不能检测电流。用直流钳形电流表检测直流电流时,如果电流的流向相反,则显示出负数。

使用时的注意事项

首先,根据被测电流的种类电压等级,正确选择钳形电流表,被测线路的电压要低于钳形电流表的额定电压。测量高压线路的电流时,应选用与其电压等级相符的高压钳形电流表。低电压等级的钳形电流表只能测低压系统中的电流,不能测量高压系统中的电流。

其次,在使用前要正确检查钳形电流表的外观,一定要检查表的绝缘性能是否良好,外壳应无破损,手柄应清洁、干燥。若机械式钳形电流表指针未在零位,应进行机械调零。钳形电流表的钳口应紧密接合,若指针抖晃,可重新开闭一次钳口,如果抖晃仍然存在,则应仔细检查,注意清除钳口杂物、污垢,然后再进行测量。由于钳形电流表要接触被测线路,所以钳形电流表不能测量裸导体的电流。

用高压钳形电流表测量时,应由两人操作,测量时应戴绝缘手套,站在绝缘垫上,不得触及其他设备,防止短路或接地。

测量时,首先,应按紧扳手,使钳口张开,将被测导线放入钳口中央,然后松开扳手,并使钳口闭合紧密。钳口的结合面如有杂声,应重新开合一次,仍有杂声,应处理结合面,以使读数准确。另外,不可同时钳住两根导线。读数后,将钳口张开;将被测导线退出,将挡位置于电流高挡或 OFF 挡。

其次,根据被测电流大小,来选择合适的钳型电流表的量程。选择的量程应稍大于被测电流数值。若无法估计被测电流值,为防止损坏钳形电流表,应从大量程开始测量,逐步变换挡位,直至量程合适。严禁在测量进行过程中切换钳形电流表的挡位,换挡时应先将被测导线从钳口退出,再更换挡位。

当测量小于 5A 以下的电流时,为使读数更准确,在条件允许时,可将被测载流导线绕数圈后,放入钳口进行测量。此时,被测导线实际电流值应等于仪表读数值除以放入钳口的导线圈数。

测量时应注意身体各部分与带电体保持安全距离,低压系统安全距离为 0.1 ~ 0.3m。测量高压电缆各相电流时,电缆头线之间的距离应在 300mm 以上,且绝缘良好,待认为测量方便时,方能进行。观测钳形电流表时,要特别注意保持头部与带电部分的安全距离,人体任何部分与带电体的距离不得小于钳形电流表的整个长度。测量低压可熔保险器或水平排列低压母线电流时,应在测量前将各相可熔保险或母线用绝缘材料加以保护隔离,以免引起相间短路。当电缆有一相接地时,严禁测量,防止出现因电缆头的绝缘水平低,发生对地击穿爆炸而危及人身安全。如果采用一般常见的磁电系钳形电流表测量时,指示值与被测量的实际值会有很大的出入,甚至没有指示,其原因是磁电系钳形电流表的表头与互感器二次线圈连接,表头电压是由二次线圈得到的。

由电磁感应原理可知,互感电动势为 $E_2 = 4.44fW\Phi m$,由该计算式不难看出,互感电动势的大小与频率成正比。当采用磁电系钳形电流表测量转子电流时,由于转子上的频率较低,表头上得到的电压将比测量同样工频电流时的电压小得多(因为这种表头是按交流 50Hz 的工频设计的)。有时电流很小,甚至不能使表头中的整流元件导通,所以钳形电流表没有指示,或指示值与实际值有很大出入。

如果选用电磁系钳形表,由于测量机构没有二次线圈与整流元件,被测电流产生的磁通通过表头,磁化表头的静、动铁片,使表头指针偏转,与被测电流的频率没有关系,所以能够正确指示转子电流的数值。

第十三章 电扶梯设备故障处理

岗位应知应会

1. 明确电扶梯常见故障及处理方法。
2. 掌握电扶梯常见故障的处理方法。

重难点

重点：自动扶梯安全回路故障及处理方法、电梯门锁开关故障及处理方法。

难点：自动扶梯控制柜继电器故障及处理方法、电梯启动溜车故障及处理方法。

第一节 自动扶梯设备常见故障及处理方法

一、自动扶梯梳齿夹异物故障处理

自动扶梯梳齿夹异物故障处理见表 13-1。

自动扶梯梳齿夹异物处理   表 13-1

序号	专业	系统/设备	故障现象	故障原因	处理指南	故障影响	故障分类
1	电扶梯	自动扶梯	自动扶梯停梯或异响	自动扶梯卡异物	详细步骤见操作卡片1	自动扶梯无法使用	I

自动扶梯梳齿夹异物故障处理操作卡片，见表 13-2。

操作卡片1：自动扶梯梳齿夹异物故障处理步骤   表 13-2

序号	故障处理
1	采用疏齿专用拆除工具，对疏齿进行拆除，在拆除疏齿后、取出异物
2	检查疏齿是否有变形或断齿情况，如一块疏齿有 3 个或 3 个以上的断齿，则须更换整块疏齿；如在一块梳齿连续有 2 个断齿，也须更换
3	检查调整完成后，对自动扶梯运行状况进行检查
4	确认设备正常后，恢复使用

二、自动扶梯扶手带失速故障处理

自动扶梯扶手带失速故障处理见表 13-3。

自动扶梯扶手带失速处理 表 13-3

序号	专业	系统 / 设备	故障现象	故障原因	处理指南	故障影响	故障分类
1	电扶梯	自动扶梯	自动扶梯停梯	扶手带失速	详细步骤见操作卡片 2	自动扶梯无法使用	I

自动扶梯扶手带失速故障处理操作卡片,见表 13-4。

操作卡片 2:自动扶梯扶手带失速故障处理步骤 表 13-4

序号	故障处理
1	维修人员采用玻璃吸盘工具在扶梯扶手驱动装置位置的护壁板上(扶梯上下转弯处)进行拆除
2	检查扶手带与压带轮的压紧程度,对压紧轮的位置进行调整
3	对扶梯进行试运行,用手拉扶手带,观察扶手带的运行情况,同时查看扶手带表面压紧痕迹,判断扶手带是否过于压紧,如都无问题,则停止扶梯运行
4	采用玻璃吸盘工具进行护壁板安装
5	检查完成后,对自动扶梯运行状况进行检查

三、自动扶梯安全回路故障处理

自动扶梯安全回路故障处理见表 13-5。

自动扶梯安全回路故障处理 表 13-5

序号	专业	系统 / 设备	故障现象	故障原因	处理指南	故障影响	故障分类
1	电扶梯	自动扶梯	自动扶梯停梯	扶手带入口保护装置动作	详细步骤见操作卡片 3	自动扶梯无法使用	I
2	电扶梯	自动扶梯	自动扶梯停梯	裙板安全开关动作	详细步骤见操作卡片 4	自动扶梯无法使用	I
3	电扶梯	自动扶梯	自动扶梯停梯	驱动链断链保护动作	详细步骤见操作卡片 5	自动扶梯无法使用	I
4	电扶梯	自动扶梯	自动扶梯停梯	梯级链保护开关动作	详细步骤见操作卡片 6	自动扶梯无法使用	I
5	电扶梯	自动扶梯	自动扶梯停梯	梯级缺失触点动作	详细步骤见操作卡片 7	自动扶梯无法使用	I
6	电扶梯	自动扶梯	自动扶梯停梯	梯级塌陷开关动作	详细步骤见操作卡片 8	自动扶梯无法使用	I

自动扶梯安全回路故障处理操作卡片,见表 13-6 ～表 13-11。

操作卡片 3:自动扶梯扶手带入口保护装置动作故障处理步骤 表 13-6

序号	故障处理
1	维修前做好防护
2	检查扶手带入口保护装置,若无异物,则复位开关
3	若开关损坏,则进行更换
4	检查完成后,对自动扶梯运行状况进行检查
5	确认设备正常后,恢复设备,出清现场

操作卡片 4:自动扶梯裙板安全开关动作故障处理步骤 表 13-7

序号	故障处理
1	维修前做好防护
2	检查裙板安全开关,若有异物,则取出异物
3	若开关损坏或开关间隙不合适,则进行更换、调整间隙
4	检查完成后,对自动扶梯运行状况进行检查
5	确认设备正常后,恢复设备,出清现场

操作卡片 5:自动扶梯驱动链断链保护动作故障处理步骤　　　表 13-8

序号	故障处理
1	维修前做好防护
2	检查驱动链保护开关位置是否偏移,或驱动链拉长比率是否超过 3%
3	如为保护开关位置偏移,则调整驱动链保护开关的位置;如为驱动链拉长比率大于 3%,则更换驱动链
4	检查完成后,对自动扶梯运行状况进行检查
5	确认设备正常后,恢复设备,出清现场

操作卡片 6:自动扶梯梯级链保护开关动作故障处理步骤　　　表 13-9

序号	故障处理
1	维修前做好防护
2	检查梯级链张紧装置位置是否移动,张紧弹簧是否损坏,梯级链伸长比率是否大于 3%,张紧装置的轴承座有无损坏
3	如梯级链张紧装置有移动,则检查异常移动原因,将对张紧装置进行调整紧固;如张紧弹簧出现松动或损坏,则对弹簧进行更换;如因梯级链伸长造成保护开关动作,则对弹簧进行调整,确保梯级链的张紧度;如梯级链伸长比率超过 3% 时,则需更换梯级链;如张紧装置的轴承座损坏,则包含梯级链保护开关在内的多个开关同时动作,需要将张紧装置及部分梯级拆除,重新更换新的轴承座
4	检查完成后,对自动扶梯运行状况进行检查
5	确认设备正常后,恢复设备,出清现场

操作卡片 7:自动扶梯梯级缺失光电开关动作故障处理步骤　　　表 13-10

序号	故障处理
1	维修前做好防护
2	检查梯级缺失感应触头位置是否正确,是否有梯级缺失,梯级缺失感应装置是否损坏
3	如梯级缺失感应触头位置有偏差,则调整此触头位置并紧固;如梯级缺失,则在扶梯两端头设置禁止进入的护栏,打开下平台地台板,用检修控制盒将扶梯缺失梯级处运行到下机仓处,将梯级安装好;如梯级缺失感应装置有问题,则更换新的感应装置
4	检查完成后,对自动扶梯运行状况进行检查
5	确认设备正常后,恢复设备,出清现场

操作卡片 8:自动扶梯梯级塌陷开关动作故障处理步骤　　　表 13-11

序号	故障处理
1	维修前做好防护
2	检查梯级塌陷开关是否安装过松(在运行振动时误动作),梯级塌陷开关是否安装过于靠近梯级(在重载情况下梯级向下偏差,造成开关动作),梯级是否损坏,往下是否有塌陷
3	如梯级塌陷开关安装过松,则调整开关紧度,使之不易误动作,同时也不会不动作;如梯级塌陷开关安装过高,很靠近梯级,则调整塌陷开关的位置,使之与梯级间隙增大,消除误动作;如梯级有损坏,则在扶梯两端头设置禁止进入的护栏,打开下平台地台板,用检修控制盒,将扶梯损坏梯级处运行到下机仓处,更换新的梯级
4	检查完成后,对自动扶梯运行状况进行检查
5	确认设备正常后,恢复设备,出清现场

四、自动扶梯主机故障处理

自动扶梯主机故障处理见表 13-12。

自动扶梯主机故障处理　　　　　　　　　　　　　　　　　表 13-12

序号	专业	系统 / 设备	故障现象	故障原因	处理指南	故障影响	故障分类
1	电扶梯	自动扶梯	自动扶梯停梯	主机轴 / 电机轴承 / 润滑油问题	详细步骤见操作卡片 9	自动扶梯无法使用	I

自动扶梯主机故障处理操作卡片，见表 13-13。

操作卡片 9：自动扶梯梯级塌陷开关动作故障处理步骤　　　　表 13-13

序号	故 障 处 理
1	维修人员在扶梯两端头放置防护栏，然后打开上平台地台板，检查主机表面的温度及润滑油的标尺，检查润滑油的油量及油质
2	如主机表面过热，而润滑油没有问题时，则只能由主机生产厂家派技术人员，对主机轴、电机轴等进行检查
3	如润滑油油量或润滑油油质有问题，则需要更换润滑油，并将此情况提交给主机生产厂家
4	检查完成后，对自动扶梯运行状况进行检查
5	确认设备正常后，恢复设备，出清现场

五、自动扶梯控制柜继电器故障处理

自动扶梯控制柜继电器故障处理见表 13-14。

自动扶梯控制柜继电器故障处理　　　　　　　　　　　　表 13-14

序号	专业	系统 / 设备	故障现象	故障原因	处理指南	故障影响	故障分类
1	电扶梯	自动扶梯	自动扶梯停梯	自动扶梯继电器故障	详细步骤见操作卡片 9	自动扶梯无法使用	I

自动扶梯控制柜继电器故障处理操作卡片见表 13-15。

操作卡片 10：自动扶梯梯级塌陷开关动作故障处理步骤　　　表 13-15

序号	故 障 处 理
1	维修人员在扶梯两端头放置防护栏
2	打开上平台检修板，进入自动扶梯上机仓，打开控制柜门
3	检查各继电器是否能正常动作，触头有无氧化及烧焦痕迹，更换损坏的继电器
4	检查完成后，对自动扶梯运行状况进行检查
5	确认设备正常后，恢复设备，出清现场

第二节　电梯设备常见故障及处理方法

一、电梯启动溜车故障处理

电梯启动溜车故障处理见表 13-16。

电梯启动溜车故障处理 表 13-16

序号	专业	系统 / 设备	故障现象	故障原因	处理指南	故障影响	故障分类
1	电扶梯	电梯	电梯启动溜梯	电梯称重不准	详细步骤见操作卡片 1	电梯无法使用或困人	I

电梯启动溜车故障处理见表 13-17。

操作卡片 1:电梯启动溜车故障处理步骤 表 13-17

序　　号	故 障 原 因
1	切断电梯电源
2	查看故障记录,判断溜车是由于称重不准造成
3	准备砝码,对电梯负荷进行校对、调整
4	维修完成后,对电梯运行状态进行检查
5	确认设备正常后,恢复使用

二、电梯反复失位故障处理

电梯反复失位故障处理见表 13-18。

电梯反复失位故障处理 表 13-18

序号	专业	系统 / 设备	故障现象	故障原因	处理指南	故障影响	故障分类
1	电扶梯	电梯	电梯反复失位	电梯位置感应系统故障	详细步骤见操作卡片 2	电梯无法使用	I

电梯反复失位故障处理见表 13-19。

操作卡片 2:电梯反复失位故障处理步骤 表 13-19

序号	故 障 原 因
1	维修人员按进入轿顶安全程序进入轿顶,然后在轿顶手动操作电梯上下运行,在运行过程中观察电梯感应装置是否有问题,或感应码板位置是否偏移
2	对有问题的感应码板重新调整位置,且对其他感应码板进行紧固
3	如电梯感应装置有问题,则更换电梯感应装置
4	维修完成后,对电梯运行状态进行检查
5	确认设备正常后,恢复使用

三、电梯门机故障处理

电梯门机故障处理见表 13-20。

电梯门机故障处理 表 13-20

序号	专业	系统 / 设备	故障现象	故 障 原 因	处理指南	故障影响	故障分类
1	电扶梯	电梯	门无法开关	电梯门电机损坏	详细步骤见操作卡片 3	电梯无法使用或困人	I
2	电扶梯	电梯	电梯厅门关不紧	厅门关紧弹簧故障	详细步骤见操作卡片 4	电梯无法使用	I
3	电扶梯	电梯	电梯反复开关	厅门有异物,阻碍厅门关闭,或门光幕装置有问题	详细步骤见操作卡片 5	电梯无法使用	I

序号	专业	系统 / 设备	故障现象	故障原因	处理指南	故障影响	故障分类
4	电扶梯	电梯	电梯厅门关不上	门机关门力矩设置过小	详细步骤见操作卡片 6	电梯无法使用	I

电梯门机故障处理见表 13-21 ～ 表 13-24。

操作卡片 3：电梯门电机更换处理步骤   表 13-21

序　号	故 障 原 因
1	维修人员按进入轿顶安全程序进入轿顶
2	更换门机，门机安装位置正确，连接牢固
3	门机开关灵活，无撞击，各触点调整到位
4	门机清洁，无杂物，门机盖板安装到位，门机接线正确
5	确认设备正常后，恢复使用

操作卡片 4：电梯厅门关紧弹簧更换处理步骤   表 13-22

序　号	故 障 原 因
1	更换前切断电梯电源
2	更换门关紧弹簧
3	调整弹簧至合适位置，确保厅门可以自闭
4	做开关门试验
5	确认设备正常后，恢复使用

操作卡片 5：电梯门反复开关故障处理步骤   表 13-23

序　号	故 障 原 因
1	查看电梯厅门及轿厢门是否有异物
2	若没有异物，检查光幕是否正常
3	确认光幕损坏后，进行更换
4	做开关门试验
5	确认设备正常后，恢复使用

操作卡片 6：电梯厅门关不上故障处理操作步骤   表 13-24

序　号	故 障 原 因
1	使用电梯专用调试工具，对电梯门机关门力矩进行调整
2	做开关门试验
3	确认设备正常后，恢复使用

四、电梯底坑限速器绳张紧开关动作故障处理

电梯底坑限速器绳张紧开关动作故障处理见表 13-25。

电梯底坑限速器张紧开关故障处理   表 13-25

序号	专业	系统设备	故障现象	故障原因	处理指南	故障影响	故障分类
1	电扶梯	电梯	电梯无法启动	限速器绳张紧装置动作	详细步骤见操作卡片 7	电梯无法使用或困人	I

电梯底坑限速器绳张紧开关动作故障处理步骤见表13-26。

操作卡片7:电梯限速器绳张紧开关故障处理步骤　　　　表13-26

序号	故 障 原 因
1	进入底坑检查张紧开关
2	若开关损坏,则进行更换
3	检查限速器绳张紧装置的张紧情况,确认限速器绳是否处于张紧状况,并对张紧装置进行调整
4	检查调整完成后,对电梯运行状况进行检查
5	确认设备正常后,恢复使用

五、电梯门锁开关继电器故障处理

电梯门锁开关继电器故障处理见表13-27。

电梯门锁开关继电器故障处理　　　　表13-27

序号	专业	系统设备	故障现象	故障原因	处理指南	故障影响	故障分类
1	电扶梯	电梯	电梯无法启动	门锁开关继电器故障	详细步骤见操作卡片8	电梯无法使用或困人	Ⅱ

电梯门锁开关继电器故障处理步骤见表13-28。

操作卡片8:电梯门锁开关继电器故障处理步骤　　　　表13-28

序号	故 障 原 因
1	维修人员在各厅门处设置护栏,防止人员进入电梯
2	关闭电梯电源
3	打开电梯控制柜门,检查门锁开关继电器是否运作正常,更换损坏的门锁开关继电器
4	检查调整完成后,对电梯运行状况进行检查
5	确认设备正常后,恢复使用

第十四章　电扶梯设备典型故障

岗位应知应会

1. 会分析实际使用中自动扶梯典型故障。
2. 掌握设备故障处理流程及应急处理措施。

重难点

重点：自动扶梯扶手带脱轨故障分析处理。

难点：自动扶梯下溜故障分析处理。

第一节　自动扶梯扶手带脱轨故障分析处理

一、故障现象

自动扶梯扶手带脱轨。

二、故障影响

自动扶梯停梯。

三、处理过程

现场人员发现扶手带导轨上固定的尼龙导件翘起变形，扶手带在弯曲处脱离导轨位置。现场更换变形的尼龙导件，并且检查故障自动扶梯的其余尼龙导件，确认完成后安装扶手带，检查其他部件均正常，进行自动扶梯试运行。

四、原因分析

经分析，扶手带脱轨原因为扶手带导轨上的尼龙导件翘起导致扶手带脱轨，进而触碰扶手带入口，开关动作停梯，如图 14-1 所示。

扶手带导轨上的尼龙导件主要起固定扶手带导夹作用。故障扶梯扶手带在运行过程中摩擦尼龙导件，导致尼龙导件边缘翘起，进而将扶手带顶离导轨范围，扶手带脱轨，如图14-2所示。

图14-1　扶手带支架

图14-2　扶手带脱轨

扶手带在被顶离导轨位置后，由于该自动扶梯为下行扶梯，扶手带在下行过程中，被顶起位置以下扶手带均脱离导轨范围，扶手带脱落长度约为10m。由于扶手带驱动装置在盖板下部，扶手带在拉力作用下，脱轨扶手带被拉直，如图14-3所示。

扶手带脱轨处触碰扶手带入口开关，安全开关动作后自动扶梯停梯。正常情况下，尼龙导件的安装情况如图14-4所示。

图14-3　扶手带入口保护开关动作

图14-4　尼龙导件

无故障尼龙导件及支架与本次故障尼龙导件及支架对比如图14-5所示。

五、采取措施

扶梯长期运行时，扶手带与尼龙导件极易产生摩擦，进而将扶手带顶出导轨位置，在设计上存在缺陷。现将尼龙导件支件更改为"几"字形，两端采用防松螺栓紧固在导轨上，可有效解决此类故障，如图14-6所示。

故障尼龙导件及支架

无故障导件及支架

图14-5　导件及支架

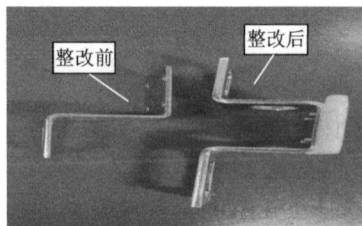

整改前

整改后

图14-6　整改前后对比

第二节　自动扶梯下溜故障分析处理

一、故障现象

上行扶梯紧急停梯后有下溜趋势。

二、故障影响

该故障未造成乘客受伤,但溜梯事件易造成乘客情绪恐慌。

三、处理过程

故障发生后,专业人员立即赶到现场处理故障,组织厂家技术人员召开故障分析专题会,并现场查看设备状态。

四、原因分析

经讨论分析,造成自动扶梯下溜的主要原因为主抱闸没有完全抱死。主抱闸不能完全抱死的主要原因如下:

(1)闸瓦间隙没有调整到位,可能出现抱闸臂动作不同步情况。

(2)抱闸臂弹簧长度超过标准要求,造成抱闸臂弹力不够,抱闸臂不能完全抱死。

(3)保留行程间隙不足,可能造成螺栓顶住机构,导致抱闸臂不能完全抱死。

(4)抱闸臂摩擦片磨损过多,造成抱闸臂不能完全抱死。

以上四个原因均可能造成主抱闸不能完全抱死,自动扶梯制动距离超过国标要求,抱闸示意图如图 14-7 所示。

(一)空载制动距离

国标《自动扶梯和自动人行道的制造与安装安全规范》(GB 16899—2011)和技术规格书要

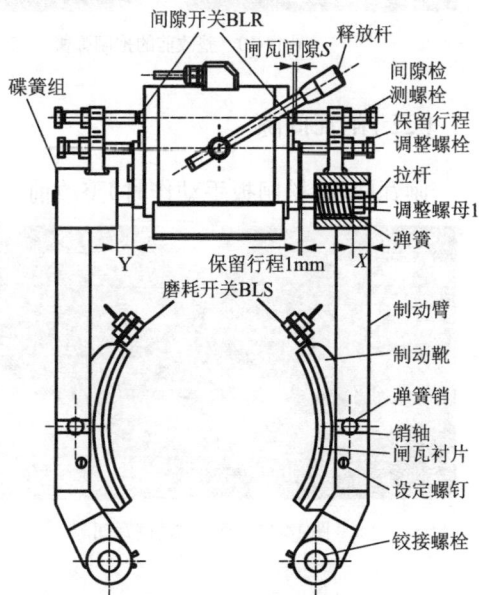

图 14-7　抱闸示意图

X- 碟弹簧长度调节范围

求:以 0.5m/s 速度运行的自动扶梯空载制动距离为 0.2～1.0m,厂标要求为 0.2～0.5m。

现场测量空载制动距离为 1.8m,如图 14-8 所示。

整改后空载制动距离如图 14-9 所示。

图 14-8　制停距离

图 14-9　整改后空载制动距离

(二)抱闸弹簧

抱闸弹簧整改前、后状况如图 14-10、图 14-11 所示。

图 14-10　整改前的抱闸弹簧

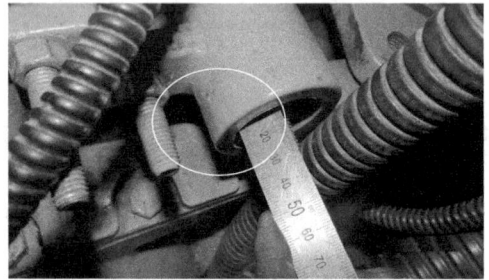

图 14-11　整改后的抱闸弹簧

(三)闸瓦间隙

闸瓦间隙(松闸扳手动作时)整改前、后状况如图 14-12、图 14-13 所示。

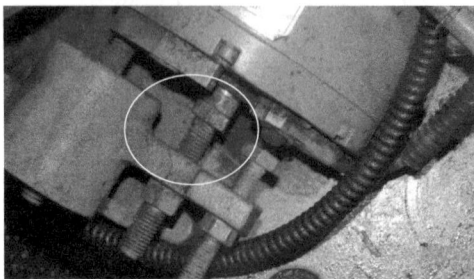

图 14-12　整改前的闸瓦间隙

图 14-13　整改后的闸瓦间隙

(四)保留行程

保留行程整改前、后状况如图 14-14、图 14-15 所示。

图 14-14　整改前的保留行程

图 14-15　整改后的保留行程

经过检查,闸瓦间隙、抱闸臂弹簧长度和保留行程均不满足要求,自动扶梯空载制动距离超出《自动扶梯和自动人行道的制造与安装安全规范》(GB 16899—2011)要求。

五、采取措施

为提高自动扶梯维保质量,对自动扶梯维保关键环节进行量化,加强各维保单位管理,将对各维保单位的量化表打印成册,放到自动扶梯的机仓内（一梯一册）,每次保养填写一次,保养过程中测量一项、记录一项。加强对维保单位的监督、考核管理,发现弄虚作假者,严格按照公司相关规定予以处理。

附录一 屏蔽门检修工考核大纲

序号	分类	编号	考核内容	掌握程度	考核形式
1	基础知识篇	1.1	城市轨道交通屏蔽门系统概述	了解	笔试
		1.2	城市轨道交通屏蔽门系统主要技术标准	了解	笔试
		1.3	城市轨道交通屏蔽门系统功能及实现	熟悉	笔试
		1.4	城市轨道交通屏蔽门技术的发展趋势	了解	笔试
		2.1	技术参数及要求	熟悉	笔试
		2.2	供电设备	掌握	笔试
		2.3	门体设备	掌握	笔试
		2.4	门机设备	掌握	笔试
		2.5	控制设备	掌握	笔试
		2.6	安全防护装置	熟悉	笔试
		2.7	屏蔽门系统与其他设备的接口关系	掌握	笔试
2	实务篇	3.1	屏蔽门巡检流程及方法	精通	笔试＋实操
		3.2	屏蔽门计划检修流程及方法	精通	笔试＋实操
		4.1	屏蔽门基本操作方法	掌握	笔试＋实操
		4.2	屏蔽门故障情况操作指引	掌握	笔试
		5.1	屏蔽门故障分析方法	精通	笔试
		5.2	屏蔽门常见故障处理方法	精通	实操
		6.1	常用维修工具	熟悉	实操
		6.2	常用仪器仪表	熟悉	实操
		7.1	屏蔽门设备实操平台现状分析	了解	笔试
		7.2	屏蔽门设备实操平台搭建	熟悉	实操
		8.1	屏蔽门门机电源模块故障	掌握	笔试
		8.2	屏蔽门导靴安装板脱落故障	掌握	笔试
		8.3	屏蔽门滑动门闸锁回弹不畅故障	掌握	笔试

附录二 电扶梯检修工考核大纲

序号	分类	编号	考核内容	掌握程度	考核形式
1	基础知识篇	9.1	城市轨道交通电扶梯设备概述	了解	笔试
		9.2	城市轨道交通电扶梯设备主要技术标准	了解	笔试
		9.3	城市轨道交通电扶梯设备功能及实现	熟悉	笔试
		9.4	我国城市轨道交通电扶梯设备的发展趋势	了解	笔试
		9.5	城市轨道交通电扶梯设备的发展趋势	了解	笔试
		10.1	电梯设备	掌握	笔试
		10.2	自动扶梯设备	掌握	笔试
2	实务篇	11.1	电扶梯设备巡检流程及方法	掌握	笔试
		11.2	自动扶梯设备维护	精通	笔试
		11.3	电梯设备维护	精通	笔试
		12.1	常用维修工具	熟悉	笔试
		12.2	常用仪器仪表	熟悉	笔试
		13.1	自动扶梯常见故障及处理方法	熟悉	笔试
		13.2	电梯设备常见故障及处理方法	精通	实操
		14.1	自动扶梯扶手带脱轨故障处理	掌握	笔试
		14.2	自动扶梯溜梯故障处理	掌握	实操

参 考 文 献

[1] 上海市电梯行业协会 . 电梯——原理·安装·维修 [M] . 北京：中国纺织出版社，2011.

[2] 饶美婉 . 地铁设计中的公共交通型重载自动扶梯 [J] . 都市快轨交通，2008（5）：76-79.

[3] 朱昌明，等 . 电梯与自动扶梯：原理、结构、安装、测试 [M]. 上海：上海交通大学出版社，1995.